河北省高校人文社会科学重点研究基地——冀东文化研究中心立项资助

生态批评视野中的冀东乡土小说

郭艳红 著

燕山大学出版社
·秦皇岛·

图书在版编目（CIP）数据

生态批评视野中的冀东乡土小说 / 郭艳红著. —秦皇岛：燕山大学出版社，2020.6
（2026.1重印）
ISBN 978-7-81142-915-2

Ⅰ. ①生… Ⅱ. ①郭… Ⅲ. ①乡土小说—小说研究—中国—当代 Ⅳ. ①I207.42

中国版本图书馆 CIP 数据核字（2020）第 035427 号

生态批评视野中的冀东乡土小说

郭艳红 著

出 版 人：陈 玉
责任编辑：张 蕊
封面设计：刘韦希
出版发行：燕山大学出版社 YANSHAN UNIVERSITY PRESS
地 址：河北省秦皇岛市河北大街西段 438 号
邮政编码：066004
电 话：0335-8387555
印 刷：廊坊市印艺阁数字科技有限公司
经 销：全国新华书店

开 本：700mm×1000mm 1/16　印 张：15.75　字 数：240 千字
版 次：2020 年 6 月第 1 版　印 次：2026 年 1 月第 2 次印刷
书 号：ISBN 978-7-81142-915-2
定 价：58.00 元

目　录

绪　论

一、地域与文学

中国是一个具有五千年历史、拥有辽阔疆域和有效行政管理及美妙文学现象的文化大国，它的各个区域不仅具有独立的文化传统和发展规律，而且具有时间长、空间广的特征。从整体和本质上而言，地域文学属于中国文化和文学的一部分。因此，研究地域文学，为中国文化和文学的发展提供了丰富而有力的精神支援，同时也弥补了学科体制在时间上的断裂和文学史研究在空间上的缺失。

其实地域与文学、地域与文化的关系，并不是一个新鲜的话题，古今中外都有人论及。法国思想家孟德斯鸠从地域气候条件与民性的角度论及了这个话题："在南方的国家，人们的体格纤细、脆弱，但是感受性敏锐……在北方的国家，人们的体格健康魁伟，但是迟笨……你将在北方气候之下看到邪恶少、品德多、极诚恳而坦白的人民。当你走进南方国家的时候，你便将感到自己已完全离开了道德的边界；在那里，最强烈的情欲产生犯罪……在气候温暖的国家，你将看到风尚不定的人民，邪恶和品德也一样无常。"[①]德国批评家J. G. 赫尔德则从自然历史主义理论视角，认为每部作品都是社会环境的 个组成部分，认为气候、风暴、种族、地理环境、风俗习惯、历史事件乃至雅典民主政体之类的政治条件等都会对文学产生深刻的影响，这些条件的综合作用是文学的生产和繁荣发展所依赖的主要社会生活条件。[①]文学批评家斯达尔夫人沿着赫

① 孟德斯鸠：《论法的精神》，张雁深译，商务印书馆2005年版，第273页。

① 雷纳・韦勒克：《近代文学批评史》第一卷，杨岂深等译，上海译文出版社1987年版，第261页。

尔德的思想，于 1800 年发表了《论文学》（又名《从文学与社会制度的关系论文学》）一文，在序言中，她明确提出文学研究的任务是“考察宗教、风俗和法律对文学的影响。反过来，也考察后者对前者的影响”[①]。斯达尔夫人还论述了“南方文学”与“北方文学”的差异。她说：“存在着两种完全不同的文学，一种来自南方，一种源出北方。”“南方诗人不断把清新的空气、繁茂的树林、清澈的溪流这样一些形象和人的情操结合起来。”而“北方各民族萦怀于心的不是逸乐而是痛苦，他们的想象却因而更加丰富”。[②]在这部著作里，斯达尔夫人对以德国为代表的北方文学与以法国为代表的南方文学做了生动的比较，认为：北方文学带有忧郁和沉思的气质，这种气质是北方阴沉多雾的气候和贫瘠的土壤的产物；而南方文学则耽乐少思并追求与自然的和谐一致，这也与南方的气候和风光密切相关，这里有着太多新鲜的意象、明澈的小溪和茂盛的树林，自然的美丽使得南方人有“较广的生活乐趣，较少的思想强度”[③]。在 1813 年出版的《论德国》里，斯达尔夫人又论述了民族心理、社会环境与德国文学的关系，认为“文学并不是天才的产物，而是受其社会环境诸多因素所制约的；文学的人物和内容是一定时代社会生活的体现，而人们对文学的评价也受其社会条件差异的影响”[④]。

19 世纪的法国哲学家丹纳沿着赫尔德、斯达尔夫人的方向，继续研究文学与社会环境之间的关系。在著名的《英国文学史》的序言中，丹纳明确提出影响文学发展的社会因素有三大方面：种族、环境与时代。丹纳认为“种族”指因民族的不同而不同的先天、遗传的倾向，这种倾向是文学生产的原动力或“内部主源”；“环境”包括地理和气候条件，是影响文学的“外部压力”。丹纳以具体的事例说明了这种影响：在气候寒冷的地区、惊涛骇浪的海岸带以及阴湿的森林地带，人们往往“为忧郁和过激的感觉所缠绕，因而倾向于狂醉和贪食。喜欢战斗和流血”。而在可爱的风景区和风平浪静、光明愉快的海边生

① 斯达尔夫人：《论文学》，徐继曾译，人民文学出版社1986年版，第320页。

② 同上。

③ 刘小新：《文学地理学：从决定论到批判的地域主义》，《福建论坛·人文社会科学版》2010年第10期。

④ 同上。

活的人，则“向往航海或商业，没有多大的胃欲。但一开始就对社会事业发生兴趣”。①不同的地理环境带来的不同的生活习惯和性格气质，必然会影响到文学风格。他在《艺术哲学》中也提到“作品的产生取决于时代精神和周围的风俗”。②另外，他对因地域环境导致的两大拉丁民族的特质做了比较：“一个是法国民族，更北方式，更实际，更重社交，拿手杰作是处理纯粹的思想，就是推理方法和谈话的艺术；另外一个是意大利民族，更南方式，更富于艺术家气息，更善于掌握形象，拿手杰作是处理那些诉之于感觉的形式，就是音乐与绘画。”③丹纳还认为希腊特殊的气候条件和自然环境对希腊的雕塑艺术的繁荣起到了很大的影响作用：一方面，四季温和的气候使希腊人有可能长年过着露天生活，他们的形体本身就是大自然的雕塑。另一方面，希腊是岛国，为防御异族入侵，人们在生活中长时间与角斗、掷铁饼、拳击、赛跑等带有竞技类的活动相伴，使希腊人的形体更趋健美。可以说，他从艺术发展史的角度证明了地理、气候、社会环境与风俗对艺术所起的决定性作用。傅璇琮在《〈唐代诗人丛考〉余论》中曾指出：“从丹纳的书我得到了很大启发，我觉得研究文学应当从文学艺术的整体出发，这所谓整体，包括文学作为独立的实体的存在，还应包括不同流派、不同地区相互排斥而又相互渗透的作家群，以及作家所受社会生活和时代思潮的影响。这牵涉到总的研究观念的转变。”④

可见，从赫尔德、斯达尔夫人到丹纳，在讨论文学与地域环境、社会环境的关系问题时，都十分重视地理因素对文学的影响。所谓地理因素包括气候、土壤、河流、海洋、山地、交通、地理位置、森林植被乃至自然风景，等等。这些因素对文学的影响是不言而喻的。首先它们构成了文学直接描写的对象；其次，一方水土养一方人，人的性格气质的确与其生长环境的自然地理条件有着密切的关系。而文学是人学，通过人这个中介，地理因素与文学之间产生了密切的关联。可以说这种对地域环境与文学关系的认识是最素

① 伍蠡甫：《西方文论选》下卷，上海译文出版社1979年版，第238页。

② 同上。

③ [法]丹纳：《艺术哲学》，傅雷译，人民文学出版社1963年版，第34页。

④ 傅璇琮：《〈唐代诗人丛考〉余论》，傅璇琮：《唐代诗学丛稿》，京华出版社1999年版，第80页。

朴的文学观念之一。

其实，无论是中国古代的文学地域理论，还是西方文学地域理论，都认识到了环境与文学关系问题，都认为人和其他生物一样，是地理环境的产物，人类的体质和心理的形成，都是受地理环境影响的，都注意到了地理环境对作家气质以及文学风格的差异性形成的影响。今天，我们应该在此基础之上进一步认识到，地理环境不仅影响文学创作活动，反过来，文学书写也对地理空间产生一定的意义。此外，我们在强调文学的地域风格的差异性的同时，也应该注意到同一区域内文学也存在异质性。

文学与自然有着天然的联系，这种联系可以说十分复杂。文学是人的文学，研究一个地域的环境与文学的关系，其实就是研究自然、社会与人的关系。一定的环境（包括自然环境和人文环境）影响着人的生存方式，不管是物质生存方式还是精神生存方式。而一个地域的人的生存方式也会影响此地的环境，从而形成了特定的地域文化。因此可以说，它们之间是相互影响的。

我国学者很早就注意到了文学的文化品格与地理环境的联系。早在先秦时期，士大夫们就已经认识到“黄帝以姬水成，炎帝以姜水成”以及“成而异德”的地域文化的差异性。从夏、商到周族统治，都存在着较大的区域文化差异。尤其是周王朝时，看起来是一个相对统一的邦国，然而王室直接治理的王畿之地仅仅位于渭河流域的关中平原，那些通过分封制建立的诸侯国则分布在其他不同的地区，它们各自有着不同的自然环境、民俗文化氛围和历史沿袭。由于受自然条件限制，交通又不发达，沟通受到阻隔，所以他们都形成了自己相对突出的风俗习惯、方言土语和经济、文化形态发展状态，也影响了当地民众的生存方式、思维方式、审美情趣和价值取向。有些地域文化因世代传承，已经融进人们的骨血，从而形成了具有地域性的精神文化特质，并潜移默化地影响了当地历代作家的文学创作，从而孕育出风格各异的文学作品。[①]例如《诗经》中的“十五国风”，就生动地体现了生活在不同地区的先民们的不同的风土民情和思想感情。

中国的很多古籍文献中都有关于地域环境与文学乃至文化之间关系的探

① 周振甫：《文心雕龙今译》，中华书局1986年版，第417页。

讨和思考。例如刘勰的《文心雕龙》中的《原道》篇就提到:“日月叠璧,以垂丽天之象;山川焕绮,以铺理地之形;此盖道之文也……。”[①]另外在《吕氏春秋·音初》《管子·水地》《大戴礼记·千乘》《汉书·地理志下》《史记》《晋书》和《世说新语》中都有谈论到地域环境与文学创作之间的问题,并在后世的文学论述中常常被引用,成为阐释文学艺术地域风格形成的重要根据。如《左传·襄公二十九年》中云:

……为之歌《邶》《鄘》《卫》曰:“美哉,渊乎!忧而不困者也。吾闻卫康叔、武公之德如是,是其《卫风》乎?”……为之歌《齐》,曰:“美哉!泱泱乎!大风也哉!表东海者,其大公乎!国未可量也。”……为之歌《唐》,曰:“思深哉!其有陶唐氏之遗民乎?不然,何忧之远也?非令德之后,谁能若是?”[②]

这里通过吴公子季札在鲁国观乐的故事,表现了季札的音乐鉴赏能力,揭示出了各种诗乐的地域文化特征。

《礼记·王制》中云:

凡居民材,必因天地寒暖燥湿。广谷大川异制,民生其间异俗:刚柔轻重迟速异齐,五味异和,器械异制,衣服异宜。……中国戎夷,五方之民,皆有其性也,不可推移。东方曰夷,被发文身,有不火食者矣。南方曰蛮,雕题交趾,有不火食者矣。西方曰戎,被发衣皮,有不粒食者矣。北方曰狄,衣羽毛穴居,有不粒食者矣。[③]

《管子·水地》中云:

地者,万物之本原,诸生之根菀也,美恶、贤不肖、愚俊之所生也。……

① 周振甫:《文心雕龙今译》,中华书局1986年版,第417页。
② 左丘明:《春秋左传》,史东梅编,云南人民出版社2011年版,第450页。
③ 陈戍国:《礼记校注》,岳麓书社2004年版,第97页。

夫齐之水道躁而复，故其民贪粗而好勇；楚之水淖弱而清，故其民轻果而贼；越之水浊重而洎，故其民愚疾而垢；秦之水泔聚而稽，淤滞而杂，故其民贪戾罔而好事；齐、晋之水枯旱而运，淤滞而杂，故其民谄谀葆诈，巧佞而好利；燕之水萃下而弱，淤滞而杂，故其民愚戆而好贞，轻疾而易死；宋之水轻劲而清，故其民闲易而好正。①

阐述了一方水土孕育一方人的精神气质的观点。

《淮南子•地形训》中也认为人跟生活的环境是相互影响而趋于一致的：

土地各以其类生，是故山气多男，泽气多女，障气多喑，风气多聋，林气多癃，木气多伛，岸下气多肿，石气多力，险阻气多瘿，暑气多夭，寒气多寿，谷气多痹，丘气多狂，衍气多仁，陵气多贪。轻土多利，重土多迟，清水音小，浊水音大。湍水人轻，迟水人重，中土多圣人。皆象其气，皆应其类。②

西汉时期的戴德在《大戴礼记•千乘》中提道：

是故立民之居，必于中国之休地，因寒暑之和，六畜育焉，五谷宜焉；辨轻重，制刚柔，和五味，以节食时事。……及中国之民，曰五方之民，有安民和味，咸有实用利器，知通之，信令之。③

这里说的就是不同的地域环境孕育出人的不同性格气质、精神品格乃至相貌特征。

《汉书•地理志》中也提到了地理环境对人的影响：

凡民函五常之性，而其刚柔缓急，音声不同，系水土之风气，故谓之风；

① 郭沫若、闻一多、许维：《管子集校》，科学出版社1956版，第879页。

② 《诸子集成》，中华书局1986年版，第271页。

③ [清]王聘珍：《大戴礼记解诂》，王文锦点校，中华书局1983年版，第162页。

好恶取舍，动静亡常，随君上之情欲，故谓之俗。[①]

……

韩地“土堰而险，山居谷汲，男女亟聚会，故其俗淫”；赵地、中山之地，“山地薄人众，犹有沙丘纣淫乱余民，丈夫相聚游戏，悲歌忼慨，起则椎剽、掘冢、作奸巧、多弄物”；邯郸“北通燕、涿，南有郑、卫，漳、河之间一都会也。其土广俗杂，大率精急，高气势，轻为奸”；鲁地“地狭民众，颇有桑麻之业，亡林泽之饶，俗俭啬，爱财，趋商贾，好訾毁，为巧伪”。

凡民函五常之性，而其刚柔缓急，音声不同，系水土之风气，故谓之风；好恶取舍，动静亡常，随君上之情欲，故谓之俗。孔子曰：“移风易俗，莫善于乐。”言圣王在上，统理人伦，必移其本，而易其末，此混同天下一之乎中和，然后王教成也。[②]

这里强调了由于地域环境不同孕育出不同的人文环境，影响了人的秉性纲常。因为人总是在特定的地理环境中生活，因此，他的思想、品格、精神、气质就不能不受到地理环境各要素的影响。这种影响是无形的，是潜移默化的。

现代学者王水照先生在《北宋洛阳文人集团与地域环境的关系》中对此也有论述：

人类的生存和发展有赖于地理环境所提供的空间，地理环境对于该地区人们的生活方式、行为方式和精神状态、性格好尚等起着一定的制约作用。在人们的文化制造和文学活动中，环境的作用更为显著……[③]

人地关系构成了人类历史进程中的基本关系，而文人在地理空间上的聚合与分离给文学带来刺激，给文化的发展带来生机。地域环境以其地缘人文因子的显隐形态影响着文学风气和审美风貌的形成。赫姆林·加兰曾说：“艺术的地方色彩是文学生命的源泉，是文学一向独具的特点。地方色彩可以比作一个

---

① [汉]班固：《汉书》，傅东华点校，中华书局1962年版，1640页。

② 同上，1649页。

③ 王水照：《北宋洛阳文人集团与地域环境的关系》，《文学遗产》1994年第3期，第76页。

无穷地、不断地涌现出来的魅力。我们首先对差异发生兴趣；雷同从来不能吸引我们，不能像差异那样有刺激性，那样令人鼓舞。如果文学只是或者主要是雷同，文学就毁灭了。”①相对于时代意义上文学发展的历时性，地域意义上的空间性显然更具有永久性的魅力。

二、“冀东文学”界定

在冀东这块土地上流传着伯夷、叔齐“兄弟让国”和“宁死不食周粟”的佳话，留下了“老马识途”和“寻蚁求水”的历史典故；传诵着“东临碣石，以观沧海”的千古诗篇；诞生了影响全国的大剧种——评剧、中国第一座机械化矿井、第一条标准轨距铁路、第一桶机制水泥和第一件卫生陶瓷；出现了“特别能战斗的精神”，“患难与共、百折不挠、公而忘私、勇往直前”的抗震精神，和“感恩、博爱、超越”的新人文精神。其深厚的历史文化底蕴孕育了一代又一代的作家，不管是从战争年代走过来的老一辈作家，还是从改革开放的号角中成长起来的中青年作家，无论是土生土长的本土作家，还是因为种种“机缘”生活、工作在这里的作家，他们都生存、挣扎在这片热土上，这片土地上的种种也宿命般地积淀在他们的血脉里。这片土地对于他们已不仅是生于斯长于斯的温暖的自然家园，还是深深地扎根在他们的血液里的强大而发达的文化根系。心中的厚土孕育了笔下的厚土，冀东作家都怀有强烈的忧患意识和使命意识以及深沉激越的阳刚之气，这给他们的作品注入了像土地一样朴素而凝重的气韵，显示了他们雄阔的胸襟，从而形成了冀东文学朴实无华、蕴藉深厚、开阔雄浑、古朴苍劲的精神文化品格。这便是冀东土地特有的自然条件和人文环境的产物。

本书以冀东这一区域为单位讨论文学主要基于以下三方面的原因：

第一，文化区域的划分，有地理环境、经济发展状况以及人口构成等多方面的条件，也与历史上的行政区划有一定的相互关系。冀东承德、秦皇岛和唐山三座城市，由于地理位置上的特点，他们之间的文化联系相较于河北省其他

① [美]赫姆林·加兰：《破碎的偶像》，《美国作家论文学》，刘保端等译，生活·读书·新知三联书店1984年版，第84～85页。

行政区，接触更频繁，联系更紧密，且具有一体化发展趋势。

第二，冀东文化虽然属于燕赵文化的燕文化圈，但是由于其在地理位置上的相对独立，使其在文化上具有自己的独特性。

第三，冀东文学已形成“山庄文学”“唐山文学”“山海文学”等文学现象以及“承德作家群”“秦皇岛作家群”“唐山作家群”等实力较为雄厚的创作群体，且其“作品带有明显的地域特色”，故而可将冀东作为一个文学区域来进行讨论。

从自然条件来讲，数千万的冀东人民在这块土地上生息繁衍，土地与人的生长紧密相依，土地造就了人们的个性气质和心理结构。从政治经济角度看，河北是一个农业大省，以农业为经济中心，其上层建筑必定也是围着农业转的，作家的创作势必也会受到这种政治经济格局的影响，把目光转到农业和农民身上。因而，冀东作家扎根于农村，具有浓重的乡土情结。他们善于从古典文学、民间文学、方言土语中汲取营养，创造出一种朴素、鲜活、散发着泥土气息的文学风格。他们从历史的、文化的、精神的多种角度探索乡土的深厚的历史文化底蕴，使作品具有浓重的批判意识和理性色彩。从文化侧面来讲，滦河流域是冀东文化的源流，它以儒家传统文化为本质，这使冀东文学继承和发扬了现实主义创作传统，而且能够自觉地把现实主义作为自己的创作宗旨。这些都有形无形地影响着冀东一代代的作家，出现了一批既拥有本土性雄厚力量又拥有美学上的独异品格的翘楚之作。虽然在近些年来，冀东文学创作表现出了方法的多样化、创作思维的多元化等趋向，但是仍然没有动摇现实主义创作的深厚根基，反而使传统的现实主义走向更加开放的现实主义。

冀东文学在半个世纪的发展历程中，像燕山山脉一样曲折起伏，变化多端，但是它始终绵延不息，拥有着自己的风格和气派。纵观冀东文学几十年来的发展历程，曾出现了在前辈的基础之上进行的现实主义实践和一些年轻作家在艺术上大胆地对现代主义表现方法的探索。在表现对象上，主要以农村和农民生活为关照对象，乡土气息浓厚；在艺术表现方法上，虽然后新时期以来一些作家在艺术上进行了大胆的探索，目前形成了多样化格局，但仍以现实主义为基本表现方法。在创作题材上，多取近距离的现实生活，表现乡土文化、地方特色、民情风俗等。其中即便是写历史题材，也多是基于现实的思考。经过几十年的求索与发展，冀东文学始终不渝地坚持着自己带有地域文学特征的博大而丰富的精神内涵。

美国女作家弗兰纳尔·奥康纳认为："美国小说中最好的作品向来都是地域性的……任何地方的人民只要有共同的经历，有一种认同感，有可能以共同的眼光阅读一段小小的历史，最佳之作就会转移到那里，就会在那里停留得最长久。"[①]冀东文学以其内容的厚重、思想的深沉、形式的守正在中国当代文学中应该占有一席之地，这在文学变得越来越浮化、软化的今天是难能可贵的。当然我们也应看到，冀东文学创作现状还有许多的局限和不足，譬如表现和把握生活的距离太近，削弱了作品的审美价值高度，影响了作品艺术生命力的长久。另外，一些青年作家，由于文学理论素养的根底薄弱，对生活的把握缺乏深度和理性，难免会出现对生活表面现象的概念化、感性化的堆积和描写，还需进一步扎根生活，夯实底蕴，寻找到属于自身的本土审美形态，把现实与智慧完美对接并化为一体，在宏观的格局中生成自己独特的文学特质。相信冀东未来的文学创作一定会有更广阔的前景。

三、乡土文学与农村题材小说的范畴

"20世纪以来的中国文学，乡村中国一直是最重要的叙述对象。因此，对乡村中国的文学叙述，形成了百年来中国的主流文学……但是，这个主流文学在中国社会历史发展的左右下，出现了两次转折：一次是乡土文学向'农村题材'的转移，发生于20世纪40年代初期；一次是'农村题材'向'新乡土文学'的转移，发生于80年代初……乡土文学转向'农村题材'之后，中国主流文学在思想倾向和审美取向上发生了重大变化：在思想倾向上，是民粹主义的民众崇拜；在审美取向上，是暴力美学崇拜。"[②]孟繁华先生在谈到中国百年主流文学的时候如是说。

"乡土"一词是传统与现代、文化与地理环境共同观照下形成的一个社会学与文化学交叉的概念。它既是指具有独特地域历史文化的乡村，也指生活在

---

① Flannery O'Connor：Mystery and Manners，Occasional Prose，1969，p58。

② 孟繁华：《百年中国的主流文学》，《天津社会科学》，2009年第2期。

这个地域内的人生活习俗及性格命运。它具有一定的地域文化色彩、传统文化积淀和特定的自然地理空间。它既是一种现实的地理意义上的存在，也是一种艺术想象中的审美意义上的建构。在中国现当代文学研究中，乡土文学和农村题材小说是经常使用的概念，这两个概念的范畴在理念上具有一定的交叠。

在讨论“乡土文学”的时候，很多学者都会提到周作人的《地方与文艺》一文。在这篇文章中，周作人尽管没有直接用“乡土文学”一词，但基本概括了“乡土文学”的特征，即地域性、民俗性和乡土气息。文中提出：“风土与住民有着密切的关系，大家都是知道的，所以各国文学各有特色，就是一国之中也可以因了地域显出一种不同的风格，譬如法国的南方普洛凡斯的文人作品，与北方法兰西便有不同，在中国这样广大的国土当然更是如此。”“我们的希望即在于摆脱这些自加的枷锁，自由地发表那从土里滋长出来的个性。”“地方性与个性，也即是他的生命”“我们说到地方，并不以籍贯为原则，只是说风土的影响，推重那培养个性的土之力……”。[①]他认为当时的中国虽然取得了相当的成绩，但是缺乏本土化的个性表现，所以显得活力不足。此后，郑伯奇先生在《国民文学论》中则明确地使用了“乡土文学”一词，他说：“无论什么人对故乡的土地，都有执着的感情。离乡背井的时候，泪湿襟袖的，固然多是妇孺之流，大丈夫所不屑为，但是一旦重归故乡的时候，就是不甘槁首乡井的莽男儿，也禁不得热泪迸出。爱乡心的表现，不仅在这冲动一时的感情上。在微妙的感情里，也渗入了不少的爱乡心。故乡的山川草木亭园，常常萦绕在我们的梦想里。……实在是一部分文学作品的源泉。所谓乡土文学、乡土艺术，便是这种。”[②]郑伯奇先生特别强调了“乡土文学”这一概念的地域文化特征。随后，张定璜先生对鲁迅的文学创作进行批评时说：“鲁迅先生便是这少数人们里面的一个，他嫌恶中国人，咒骂中国人，然而他自己是一个纯粹的中国人，他的作品满熏着中国的土气，他可以说是眼前我们唯一的乡土艺术家，他毕竟是中国的儿子，毕竟忘不掉中国。”[③]在这里，张定璜认为鲁迅先生是乡土艺术家，他的创作当然属于乡土文学。但是张定璜并没有对乡土文学的内涵进行界

① 周作人：《地方与文艺》，《之江日报》，1923年3月20日。

② 郑伯奇：《国民文学论》，《创造周刊》，第三十三号，1923年12月。

③ 张定璜：《鲁迅先生》，《现代评论》，1925年 2月 1日，第1卷第8期。

定。而鲁迅先生真正梳理了中国乡土文学创作的历史，奠定了现代文学史中的乡土文学叙述。他在《新文学大系》中在对乡土题材的作家进行评论的时候说："蹇先艾叙述过贵州，裴文中关心着榆关，凡在北京用笔写出他的胸臆来的人们，无论他自称为用主观或客观，其实往往是乡土文学，从北京这方面说，则是侨寓文学的作者。但这又非如勃兰兑斯所说的'侨民文学'，侨寓的只是作者自己，却不是这作者所写的文章，因此也只见隐现着乡愁，很难有异域情调来开拓读者的心胸，或者炫耀他的眼界。许钦文自名他的第一本短篇小说集为《故乡》，也就是在不知不觉中，自招为乡土文学的作者，不过在还未动手来写乡土文学之前，他却已被故乡所放逐，生活驱逐他到异地去了，他只好回忆'父亲的花园'，而且是已不存在的花园，因为回忆故乡的已不存在的事物，是比明明存在，而只有自己不能接近的事物较为舒适，也更能自慰的。"[①]茅盾先生也专门论述过乡土文学，他说："关于'乡土文学'，我以为单有了特殊的风土人情的描写，只不过像看一幅异域的图画，虽能引起我们的惊异，然而给我们的，只有好奇心的餍足。因此在特殊的风土人情而外，应当还有普遍性的与我们共同的对于命运的挣扎。一个只具有游历家的眼光的作者，往往只能给我们以前者；必须是一个具有一定世界观与人生观的作者方能把后者作为主要的一点而给予了我们。"[②]显然，茅盾先生对乡土文学内涵的界定更为明确，他认为乡土文学不应该只是向读者展示某地域内的风土人情，更重要的是要表现生活在那里的人的生活和命运。茅盾在《新文学大系》中对此类创作还用了"农村文学"一词，显然这里的"农村"是从政治经济的维度使用的，更注重现代工业文明对乡土政治、经济的冲击，其超越了现代启蒙意义上的乡土叙事的范畴。其实鲁迅和茅盾二人都认为乡土文学不应只关注乡风、乡景，也要关注乡土世界中人的生活和命运，只不过茅盾更突出其现代性。沙汀和沈从文等乡土作家都曾经把"乡土""农村""故乡"等词语交相使用：把四川的故乡作为创作主要题材的沙汀，认为乡土特色和农村题材是自己创作的重要倾向；主要描写湘西故乡生活的沈从文也强调过自己作品所表现的农村社会的人情美、自然

---

① 鲁迅：《〈新文学大系〉小说二集序》，《鲁迅全集》，人民文学出版社1981年版，第6卷，第247页。

② 茅盾：《关于乡土文学》，《文学》，1936年2月1日，6卷2号。

美和成长于地方的小儿女的人性美等方面的显著。当时的批评家和作家对于乡土与农村、乡土文学与农村题材的理解在范畴上大体是一致的。

随着 20 世纪 40 年代解放区文学运动的发展，尤其是毛泽东《在延安文艺座谈会上的讲话》的发表，乡土文学与农村题材创作界限逐渐分明。毛泽东同志强调将具有农民阶级立场、农民阶级意识以及农民的生活作为文学的重要题材和重要内涵。强化了乡土叙事的阶级性、革命性、工具性，其话语范畴涉及民族、国家、政党等。周扬在《论赵树理的创作》中说："我们把选择的标准放在这样一个重点上：要求一个作品比较真实、比较生动地反映抗日战争和农村改革，反映工农兵的斗争与生活。……这些作品，主要是文艺座谈会以后的东西，或者更正确地说，是文艺座谈会讲话方向在创作上具体实践的结果。在内容上，这些作品反映现实虽然还是非常不够，但他们究竟反映出了中国历史上从来没有的新的生活和新的人物。"[①]周扬对文学（主要指小说）在题材类型上作了规范，并且提倡农村题材写作，树立了"赵树理方向"，其对后来的文学作品在题材上进行严格的划分具有决定性的意义。随着"第一次文代会"上提出的"文艺为工农兵服务、为人民服务"的话语实践，以劳动人民为反映对象的农村题材作品逐步取得了主流地位。农村题材小说中的"乡土"成为革命历史语境下反映特定历史时期农民革命斗争和生产生活的历史场域，而不是文化审美立场上的叙事背景，从此人们用"农村题材小说"取代了"乡土文学"。

在此后的半个多世纪里，乡土文学和农村题材小说在叙事范畴上给研究者带来了不少的困惑。从 1949 年到 20 世纪 80 年代初期，在题材的划分上，把凡是以农村生活为题材的小说，都划归为农村题材小说。这一时期农村题材小说与 20 世纪二三十年代的乡土文学有着明显的差异，其更强调主题上的政治性和社会性。其实，不管是乡土文学还是农村题材小说，其题材特征几乎是等同的，都是中国作家的乡土怀旧与形象建构，都表现了现代性历史进程中乡村世界人的生存与命运。只不过在不同的时代背景与文化背景下，他们的表现各有侧重而已。但是不管是侧重表现经济、政治和社会，还是侧重表现地域色彩、乡土民风民情，它们都反映了现代性与传统乡土文化的关系，都离不开乡土社

① 周扬：《解放区短篇创作选·编者的话》，解放军文艺出版社2000年版，第1页。

会的深层文化内涵与人的关系。因此，从某种意义上来说，它们是一脉相承的。正如有学者主张将乡土文学范畴泛化，以使其能包容农村题材文学。

四、从“农村题材”到“新乡土小说”

20 世纪 80 年代的思想解放运动，促使西方文学思潮大量涌进中国文坛。尤其是异域作家对家乡、对乡土的写照，给当代中国作家以很大启示或灵感。如美国小说家马克·吐温对位于密西西比河的家乡生活的描摹，意大利小说家维尔加对故乡西西里岛乡村生活的叙写，福克纳对美国南方风俗民情的诗意描绘，俄罗斯作家屠格涅夫、契诃夫、托尔斯泰等人对家乡广袤的草原、茂密的森林和淳朴的乡村生活的由衷赞美以及拉美加西亚·马尔克斯对古老神奇的土著神秘习俗的记载等。正如莫言所说：“从 80 年代开始，翻译过的外国西方作品对我们这个年纪的一代作家产生的影响是无法估量的，如果一个 50 岁左右的作家，说他的创作没受任何外国作家的影响，我认为他的说法是不诚实的。我个人的创作在 80 年代中期到 90 年代中期，这 10 年当中，是受到了西方作家的巨大的影响，甚至说没有他们这种作品外来的刺激，也不可能激活我的故乡小说，看起来我在写小说，但是外加的刺激让我产生丰富联想的是外国作家的作品。”“魔幻现实主义对我的小说产生的影响非常巨大，我们这一代作家谁说他没有受到过马尔克斯的影响？我的小说在 1986、1987、1988 年这几年里面，甚至可以说明显是对马尔克斯小说的模仿。”[①]批评家朱大可先生在谈到这一特殊现象时，曾提出批评：“‘马尔克斯语法’对中国文学的渗透，却是一个无可否认的事实。长期以来，马尔克斯扮演了中国作家的话语导师，他对中国当代文学的影响，超过了包括博尔赫斯在内的所有外国作家。其中莫言的‘高密魔幻小说’，强烈彰显着马尔克斯的风格印记。但只有少数人才愿意承认‘马尔克斯语法’与自身书写的亲密关系。对于许多中国作家而言，马尔克斯不仅是无法逾越的障碍，而且是不可告人的秘密。”[②]因此说，作为中国主流文学的“农村题材”小说在中国本土叙事传统和外国文学对乡土文化描摹的双重影响

① 新浪网：《著名作家莫言做客新浪网访谈实录》，book. sina. com. Cn，2003 年 8 月 6 日。

② 朱大可：《马尔克斯的噩梦》，《中国图书评论》，2007 年第 6 期。

下，整体面貌上发生了改变，致使作家对中国乡村历史有了更为多元的发现。

后新时期以来的文学研究者也开始重新关注农村题材文学作品的文化与审美特征，诸如地域色彩、民俗风情、故土情怀等，批判其政治化倾向。我们不得不承认，20 世纪 80 年代的“伤痕文学”“反思文学”“寻根文学”，一直到“新写实小说”乃至“先锋文学”“新历史主义小说”，其“农村题材”又回归了“乡土”本体之中，不再只是乡土怀旧想象，而是真实地再现了“乡土”依然落后与蒙昧的状态，这些乡土叙事在思想倾向和审美取向上都产生了较大的变化，标志着农村题材小说进入新的政治、文化审美层次。尤其是在现代性的冲击下，出现了传统乡村中国身份认同危机和精神的危机，它潜移默化地、深刻地影响了后新时期以来中国主流乡土文学的创作，使其在内容、形式、艺术表现手法以及审美特征等方面都有所突破。由于时代和社会变革的影响，早期的中国乡土文学中体现的诗意的精神家园消弭了。

随着时代的变革，农村题材小说将面临着重新整合“乡土经验”、凸显现代审美特征、确立创作主体新的价值理念的种种挑战。特别是进入 20 世纪 90 年代后，《白鹿原》《受活》《白豆》《妇女闲聊录》《笨花》《秦腔》《空山》《白纸门》《高兴》等一批影响力较大的农村题材长篇小说，在前现代、现代、后现代文明相互冲突、交混的历史语境下，书写了工业文明对农业文明的冲击，使传统农耕文明逐渐淡出历史主流走向边缘的历程，构成了中国当代文坛的崭新图景。学界对这一时期的乡土小说概念的阈定赋予了一个“新”字，即“新乡土小说”。这是历史的使然，是乡土小说走向新的辉煌的契机，它又一次改变了中国主流文学的面貌。

五、新乡土小说“生态”视域的开创

在中国乡土小说史上，20 世纪中后期的新乡土小说占据着重要的地位，人与自然的书写向度也显示出了其空前的活力。从某种意义上来说，自然性是其灵魂。“乡土”构成了人类生存的地理空间与精神的栖息地。新乡土小说不仅蕴含着源远流长的中国传统的生态智慧，而且有着面对西方文明的焦虑与思索。它萌生和发展于“乡土中国”与现代性的坐标之中，既继承了传统中国“士”

对乡土的依恋，也是农业文明向工业文明过渡时期的一部现代中国知识分子的心灵史。尤其是20世纪90年代中期以来，随着生态批评理论逐渐成为学界思考和讨论的热点，人们在对现代性的反思中已经意识到后现代乃是生态学时代的到来，越来越认识到只有生态智慧才能使人类走出目前所面临的生态危机困境。乡土小说对自然与人性的着意关注使其复归久违了的本质的审美风范。乡土生态小说正是在日常的多元、嘈杂中呈现了新的美学视界，其对自然与人性、自然与社会和文化的生态性整合，给文学发展带来新的视域和转机。

生态批评视域下研究“乡土小说”的生态意识，不仅是生态批评理论本土建构和批评实践的需要，也是现代乡土叙事理论形成中西融通的“生态整体主义”的文学观所承担的生态责任和生态使命的需要。生态批评视野中的乡土叙事诠释了人们对乡村与城市、传统与现代、自然与人类的双向思考。在乡土与现代的相生相克中演绎着人与自然的深层力量。

目前，中国的生态题材的小说创作，其实大部分称之为“乡土生态小说”才更恰当。因为大部分的生态书写都是乡土的、自然的书写，注重人与乡土、人与原生态的自然之间的关系。乡土生态小说，呈现的是现代乡土美学新特征。而在传统乡土叙事中这种乡土美学思维是缺席的。就如葛红兵所言：“我们在现代化过程中遗失了乡土生活的丰富性指认。而将大地单向度化了：一是愚昧化。乡土成了愚昧的代名词，大地上除了愚昧什么也没有，它死气沉沉，没有生机和活力，没有自我革新和拯救的可能。二是苦难化。大地是苦难的来源和承载者，它是人类幸福生活的反对形式，这里根本没有福祉可言。三是伪浪漫化。乡土和大地成了一些人寄托出世情怀的幻想之地，他们笔下的乡土是只有感情世界而没有社会生活的。”[①]这个论断虽然有些片面，但也不无中的之语。正是因为传统的乡土文学无法达到文学应该具有的对社会问题的敏锐度和理性批判的尖锐性以及精神向度的穿透力，当西方生态主义思潮辐射到中国后，生态批评作为一种新的文学批评理念，具有启蒙主义的意义，拓展了传统乡土小说的批评空间和理论支撑，也丰富了后新时期文学的哲学蕴含和伦理维度，同时也开阔了乡土小说的审美视野。

---

① 葛红兵：《乡土诗性书写传统的复活》，《文艺报》，2006年1月26日。

中国社会历史发展到世纪之交以来，随着改革开放的不断深入，发展是硬道理的观念逐步深入人心，许多西方现代工业文明的发展成果，使我们感受到了前所未有的兴奋和刺激。同时，随着工业化进程的加速，由于科技至上主义和消费主义的膨胀，对自然资源的掠夺也在加剧，甚至不惜以牺牲生态环境为代价去换取社会经济的繁荣，不仅破坏了自然界的生态平衡，也使人类陷于“生存与发展”的矛盾之中。尤其是中国的城市化进程，使国人也不得不对已习惯了的几千年农耕文明下形成的价值观念、生活方式、文化取向做出相应的调整，逐渐失去了中国赖以生存的乡土文明的根基。而在文学领域，人与自然、人与乡土一直是中国文学创作的重要母题之一。从古代神话到古典诗词，山川大地从来都是骚人墨客的重要审美对象。“我国东临浩渺的大洋，西有擎天高山，既有干旱的大漠草场，又有湿润的丘陵平原。先辈们生活在复杂多变的环境中，秉山川之灵，关天地之运，神与物游，意与境谐，思维方式，心理感应，艺术创作，无不受到启迪。天人合一的传统，加深了自然与文艺的内在联系。”[①]然而，随着现代启蒙的进程，中国当代文学创作的主流更重视文学的政治性、社会性、经济性，人与自然之间的和谐发展关系被矛盾对立关系所代替，自然成为被人类改造和征服的对象。自然书写逐渐边缘化，“乡土”的自然性和生态性也在一定程度上被忽视了。纵然一些文学作品也有对自然的描绘，但它只是表现人事、人情的背景和道具。虽然也有些作品通过张扬原始生命力，来批判现代人的生命力的日趋羸弱，但它们并不含有自觉的生态意识，所表达的情感伦理不是对人与自然之间和谐美好关系的向往。有些作品尽管蕴含着生态意识，如李杭育的《最后一个渔佬儿》《珊瑚沙的弄潮儿》《船长》等，但也不能算是真正意义上的生态写作。直至20世纪90年代后，在现代化、工业化、城市化的步伐中，我们离自然、离乡土的现实距离和心理距离都在逐渐地疏离。就如阿尔・戈尔先生所言：“在感性上，我们离超级市场更近，而不是麦田，我们对包装面包的五彩塑料纸给予更多的关注，却较少关注麦田表土的流失。于是，我们越来越关注用技术手段来满足自己的需求，我们与自然界相联系的感受却变得麻木不仁了。”[②]但是，“人要在现实客观中存在，就必须有一个周

① 胡兆量、阿尔斯朗、琼达等：《中国文化地理概述》，北京大学出版社2003年版，第105页。
② [美]阿尔・戈尔：《濒临失衡的地球》，中央编译出版社1997年版，第177页。

围世界，正如神像不能没有一座庙宇来安顿一样”，这个世界“首先挤到我们面前来的就是外在自然”①。因此对现实世界具有敏锐洞察力的作家们面对日益严重的自然环境问题，在“现代性焦虑”以及悲悯、感伤、忧虑、守望中，试图探讨自然环境在特定的历史时期与人类之间的关系是以何种方式存在的，人类的思想观念、社会的发展模式是如何影响了地球的生态的，力图唤起和增强读者的环境保护意识。乡土、自然、人、文学仿佛构成了一个完整的绿色之链。在对现代性的建构与批判中，生态文学作家们努力进行着对心灵中原生态农耕文明的和谐、宁静与美好的坚守。乡土生态小说逐渐成为乡土小说创作领域的生力军。其文本主旨凸显了批判工业文明对乡土文明的冲击，批判现代性的物化掠夺所导致的反生态意识和反生态行为，张扬人与自然之间和谐的生态意识。乡土小说转型中的生态伦理叙事，作为一种文类，它对现实问题的干预和影响虽然不会立竿见影，但我们坚信，它会以一种深刻的文化反思和直面现实的思想力量在人类的物质生存需求与工业文明之间的冲突中逐渐积淀为一种潜在的效应，潜移默化地完成对后现代性的反启蒙——生态启蒙。

① 黑格尔:《美学》第1卷，人民文学出版社1958年版，第312页。

第一章　文学批评新视域的开启

20 世纪以来，随着工业文明的不断发展，供人类社会保持可持续发展所需要的自然资源日渐减少，甚至趋向枯竭。环境的污染也日趋严重，自然界的生态平衡遭到严重破坏，人类正面临“生存与灭亡”的严峻问题。日益加重的全球化生态灾难和生态危机，使得关于环境保护和拯救自然的问题越来越紧迫。人与自然的关系问题也成为全球性的问题。随之，文学文本所呈现出的人与自然之间的关系，也成为许多文学评论者重点关照的对象。它转变了传统的“文学是人学”的基本理念，把“以人为中心”、以“人的世界”为论域的批评理念转变为以“人与自然的关系为中心”、以“整个生态系统”为论域的新的批评理念。生态批评成为从根本上颠覆传统文学批评的一个独特的审美视角。随着审美视角和批评立场的转换，开启了文学批评的新视域，呈现出一幅全新的文学理论图景。

第一节　生态批评观念的异军突起

作为一种新的文学批评理论，生态批评不仅是一种文学批评，同时也属于文化批评，它最早形成于 20 世纪后期的美国，后来逐渐成为美国的一个重要的文学理论流派。这一理论形态的出现既有现实原因又有理论基础。简言之，其现实原因就是全球性的生态环境日益恶化；其理论基础是已经成熟了的生态学理论和生态哲学思想。它是自然科学与哲学社会科学及人文科学的有机融合。因为它具有跨学科、跨文化、跨文明的特点，很快成为一股具有世界性的理论思潮。

一、生态批评兴起的现实动因

生态批评作为一种新的理论潮流，最初发源于美国。20 世纪以来，由于世界范围内的生态环境急剧恶化，人类生存遭遇了前所未有的危机，从而引起了人们对人与环境关系的焦虑。正如英国生态批评学者乔纳逊·贝特在《大地之歌》中写道："公元第三个千年刚刚开始，大自然已经显示出种种危机，……矿物燃料的大量使用所产生的二氧化碳限制了来自太阳的热量的散发，导致了全球变暖。冰川和冻土不断融化，海平面持续上升，降雨模式在改变，暴风日益凶猛。海洋遭受过度捕捞，沙漠化程度在加剧，森林覆盖率正急剧下降，淡水资源匮乏日益严重，我们这个星球上的物种在加速灭绝。我们生存在一个到处都是有毒废弃物、酸雨和各种有害化学物质的世界，……我们不得不一再地叩问：我们究竟从哪里开始走错了路？"[①] 对生态环境问题的关注直接导致了人们对生态文化与生态文明建设的讨论。于是，生态主义社会思潮应运而生，并且表现出了极大的包容性，与科学主义、人文主义相互兼容、相互渗透，既有科学主义的内涵又有人文主义的底蕴。随着人们对人与自然生态相互依存的可持续状况的深层思考，不禁开始追问："生态主义能成为新世纪甚至新千年的思维范式吗？生态主义的终极关怀是人的生存命运，生态主义能够提供存在论意义上的伦理关怀吗？生态文学与生态批评以自己的视角对这些问题作出了一定的回应。"[②]尤其是 20 世纪后半叶以来，随着自然生态的恶化，一大批学者、作家开始用自己的方式表达对人与自然关系问题的重新思考。于是，生态批评应运而生。

生态批评产生的根本动因应该说是现代的环境主义运动，而现代环境主义

---

① Jonathan Bate：The Song of the Earth，Cambridge，MA：Harvarrd University Press，2000，p.24。

② 张艳梅等：《生态批评》，人民出版社2007年9月版，第3页。

运动开始的标志一般认为是《寂静的春天》一书的问世。生态问题是20世纪以来全人类面临的重大问题之一，因为它对人类生存所造成危害的急迫性而被称为“生态危机”。最初揭露生态危机对人类文明造成威胁的文学作品是1962年美国海洋生物学家莱切尔·卡逊的《寂静的春天》。书中描写了美国中部的一个小镇，原本是天蓝草绿、鸟语花香，人与自然相处和谐。但是由于人们滥用农药对环境造成了毁灭性的破坏，不仅再也听不到各种鸟儿们的歌唱，就连其他野生动物甚至家畜也面临灭绝，世界从此陷入一片死寂。这本惊世骇俗的著作引发了人们对环境问题的关注，引发了全世界环境保护事业的兴起，各种环境保护组织纷纷成立，还促使联合国于1972年6月12日在斯德哥尔摩召开了“人类环境大会”，各国纷纷签署了“人类环境宣言”，从此唤起了人们的环境保护意识。

急剧恶化的生态环境和世界范围内保护生态环境运动的勃兴也促使了具有忧患意识的作家们的觉醒，很多作家不约而同地把目光投向了我们赖以生存的自然家园。保护生态环境，唤醒人们的生态意识，成为诸多作家共同的心声。他们或通过描述亲身经历，或记录人类所具有的共性的心灵渴求，使人类社会以外的世界获得了主体性的关照。于是出现了名目繁多的生态文本，如“大地写作”“自然写作”“公害写作”“绿色写作”“环境写作”等大量出现。致力于生态写作的文人们肩负着时代赋予的历史使命，积极投身到这场“时代运动”中，这不仅改变着读者的接受视野，引发大众对文学与自然关系的广泛思考，同时也触动了文学批评家们的批评视角和取向，开始考虑文学研究的“绿化”问题。于是，经由研究者和作者的良性互动，生态文学的创作日趋繁荣，同时也掀起了生态批评的汹涌浪潮。可以说，生态文学为生态批评提供了文本视域和话语支撑，生态批评也给生态文学提供了坚实的理论支撑，并且对生态文学创作起着推动和指导作用，二者紧密相连，互为因果。

其实生态学与文学之间并不存在必然的联系，但是作为自然科学的生态学的社会实践价值和作为人文科学的文学应和时代发展的需要而产生了交叉，生态文学和生态批评就应运而生了。生态批评的兴起是对文学和生态共同关注的结果。生态批评丰富了文学研究的哲学蕴含和理论维度，为文学创作重新关注影响人类生存发展的重大现实事件以及精神世界提供了理论资源。

总之，生态批评的兴起既有现实的要求，也有深厚的思想基础，现实的环境危机所引发的环境保护运动、生态文学的出场、大众对生态危机的关注及其环境意识的觉醒等都对生态批评提出了要求。生态批评试图通过哲学反思、文化批判，挑战甚至颠覆导致环境恶化和生态危机的根源——人类中心主义，调整人类的发展理念和科学至上的理念，唤醒人类的环境意识、生态意识，使人的精神生态与非人类的自然生态形成良性互动关系，最终实现人与自然的和谐发展。同时也期待着文学能够通过关注全球性生态危机问题来重塑“崇高”，摆脱消费化、庸俗化、碎片化倾向，再创“宏大”叙事模式和深度。

二、生态批评兴起的学术背景

生态批评作为一种跨学科的理论，其产生的直接动因是现代日益严重的生态危机和不断发展的环境运动。其兴起的学术背景简而言之就是对回避社会现实问题的文学批评现状的不满与反拨。众所周知，生态批评思潮最早发源于美国。在美国的生态文学史上，可追溯的最早的具有生态意识的文学作品当属美国博物学家约翰·缪尔的发表于1894年的《加利福尼亚的山》和发表于1902年的《我们的国家公园》。缪尔以优美的文笔，记录了美国中西部自然山水的秀美壮丽，吸引了读者的目光。尤其是对建立国家公园以及发动民众保护自然环境运动的倡导，被认为是后来生态主义运动的先声。随之，另一位美国林业生态学家阿尔多·利奥波德于1949年出版了《沙乡年鉴》一书。作者从当时还不被人熟知的生态视角，描写了原生态的自然之美，对美国传统的“征服自然、征服土地”的狭隘的人类中心主义思想进行反思，强调对自然的开发和利用要建立在肯定“其生存权”的基础之上。该书表现出来的生态伦理思想具有超前性和深刻性，可以看成是生态伦理学的开山之作。

这里还要提到美国生态文学家莱切尔·卡逊的《寂静的春天》一书。作者当时身患乳腺癌，她怀疑与化学污染有关。于是拖着病体，四处奔走去搜集证据，历时四年终于完成了这部著作。书中用大量的事实和数据揭露了由于化学农药的广泛应用给自然环境带来的严重破坏，对日益发达的科学技术造成的人与自然之间的紧张关系以及生态环境的恶化表示极度的忧虑，抨击了人类日益膨胀的征服欲。并指出这种单一向度的发展观、生活观和自然观，皆来自西方文化传统中的根深蒂固的人类中心主义观念。在这种观念中，大自然只是人类征服、控制和利用的对象。这本书的特别之处在于，作者并没有因为自己的遭遇从自我出发去控诉和讨伐，而是把满腔同情倾注给了饱受化学制剂摧残和毒杀的自然万物，将人的伦理关怀拓展到整个自然界，对自然统治逻辑提出质疑。作者以生动的笔触将哲理思考、伦理批判和审美体验与生态视角结合在一起，唤醒了人们的生态意识，转变了传统的人与自然对立的态度，促进了现代生态主义世界观的诞生和生态哲学、生态美学、生态伦理学以及生态批评的发展和成熟，对开创生态时代新文明具有重要意义。这本书一经问世，就在美国社会激起了轩然大波，引发了全社会激烈的论战和影响深远的环境运动，可以称得上是生态批评史上里程碑式的著作。美国另一位作家利奥·马克斯于 1964 年出版的《花园中的机器》一书对美国文学中的自然主义、田园主义进行了研究，由于其表现出的明显的生态意识而被认为是推动美国生态批评的经典之作。而有关生态批评的理论著作最早可追溯到 1974 年美国比较文学学者约瑟夫·米克出版的《幸存的喜剧：文学生态学研究》一书。20 世纪 50 年代米克曾经在加州大学伯克利分校攻读生态学，在 60 年代又获得比较文学的硕士和博士学位，这种跨学科的学习背景和经历是他尝试进行跨学科学术视野的学科建构的基础。他主张“细致并真诚地审视和挖掘文学对人类行为和自然环境的影响”[①]，认为“应该如实地研究文学，以便发现它对人类行为以及自然环境的影响，即：明确它对人类福祉和生存有何作用，如果有作用的话，它能为我们在处理人与其他物种之间关系以及人与自然之间关系中提供什么洞见”[②]。在该著作中，作者运用跨学科的研究方法，从生物学及生态学引入文学研究，透过生态学视野探讨文学与自然环境之间的关系，第一次提出了“文学生态学”的概念。作者主张从文学的角度探讨人类与自然及其他生物之间的关系：不仅要挖掘文学的生态内涵和生态意识，还要重视揭露和批判文学理论、文学流派和文学作

① Joseph W. Meeker：The Comedy of Survival：Study in Literary Ecology，New York：Charles Scribner，1974，pp.3-4。

② 同上。

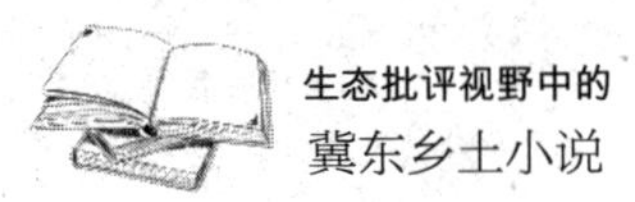

品中的反生态思想，并且对文学经典的解读进行颠覆和重构。同时呼吁文学研究者积极建构生态学取向的文学理论，使文学生态绿色化。米克的观点深刻地影响了后来的学者，使他们在具体的研究中开始关注一个重要议题，即重审文学对生态环境的关注。因此该书被誉为生态批评的开山之作，作者也被誉为美国生态批评的开拓者。

生态学是研究有机世界与无机世界之间相互关联的科学，它通过对自然的观察、分析和概括得出结论，而文学主要描述人与自然、人与社会、人与人之间的关系，它通过文字叙述和思想表达反映某种逻辑联系。作为自然科学的生态学与作为人文科学的文学虽然视角不同、方法各异，但存在明显而广泛的重叠交叉，存在着可以结合和沟通的基础。广义地说，生态学与文学之间在历史、伦理、社会，甚至形而上学等层面上存在许多共通之处。它们同样要面对整个人类社会与自然环境之间关系的所有问题。可以说，不管是生态科学还是人文科学，其终极目标是生态关怀、人文关怀。因为自然危机的深层原因在人类自身，人类一度把自身看作是万物的主宰，这种自我中心意识在不断膨胀，人类为了满足自己的欲望，一再把自然当成奴隶。而我们应该做的就是重新建立人与自然的互惠共存的平衡关系。从这个意义上说，生态文学不是简单的文学与生态学的联姻，也不是某种自然科学观念或人文科学的发展应用，而是对生态学和文学本身的不断完善，是建构文学批评的阅读和写作方式的新的学科视角，是在生态学语境中重新审视人类文化、政治、经济等，在文学中获得一种可能的科学性的世界观，为文学批评提供一个可以释放自身能量的话语场。

文学生态学提出文学生态学研究的对象不是环境，而是文学。文学文本和文学活动作为这一意识活动产物，包含文学对人类物种生存选择的影响，也包含自然观念对行为后果的影响。它会在无意中强调自身与传统的区别，表现人与自然关系的观念演变的进程。同时，从再现人与自然关系的生态观念的演变角度来看，对文学进行生态学视角的研究，有助于进一步拓展文学及生态学的概念内涵。因此，“文学的生态学就是研究文学作品中出现的生物学主题和关系，同时试图论述文学在人类物种生态学中所起的作用”[①]。

① Joseph W. Meeker：The Comedy of Survival：Study in Literary Ecology，New York：Charles Scribner，1974，pp.3-4。

虽然生态批评的学术实践始于 1972 年，但直至 1978 年美国生态批评家鲁克尔特在他的《文学与生态学：一次生态批评实践》一文中才真正提出“生态批评”这一术语。生态批评的兴起是对 20 世纪后期文学研究领域回避现实矛盾、躲避在封闭的象牙塔里的文学批评现状的反拨，是文学研究“向外转”的一次大变革，使文学研究将文本与外部世界重新联系起来，它也使文学研究的视域不仅仅限于人类社会和人类文化以及人类自身，而是拓展到非人类世界，甚至是整个自然生物界。就如另一位生态批评家克鲁伯在《生态文学批评：浪漫的想象与生态意识》一书中所言：“我们远远没有深刻地意识到，过去半个世纪的文学批评，甚至自封的意识形态批评，毫无疑问，暗自承认坚持的是‘为艺术而艺术’的虚无主义的信条。现在我们的文学批评固守审美领域的有效孤独，在心理上和哲学上普遍地拒绝关注对社会现实发展有现实意义的事物。一个恢复文学批评价值的好方法必须认识到自我探索……应该有助于帮助我们认清人与自然环境之间有益而又紧张的关系。因为所有的意识形态、所有的社会和所有的文化归根结底是依靠自然世界的健康。”①克鲁伯在书中还进一步批判了当地文学批评的局限性，认为当代文学批评为了逃避直面现实问题的责任，将自己封闭在狭小圈子里。他极力倡导要直面广大的社会群体，让所有的人，特别是文学批评家建构生态视野和生态思维，从整体生态主义的观念出发，承担起对其他生物存在的重要责任。并且认为要扭转“为艺术而艺术”的虚无主义文艺观，倡导“诗意生态系统”和“为自然而艺术”的生态思维和生态学视野。

随着环境保护运动的风起云涌，很多人文学科的研究都呈现出了“生态化”态势。而文学的“生态化”起步是比较晚的。究其原因，美国拉特格斯人学生物学教授戴维·埃伦费尔德认为是出于面对人类生存的问题时，我们“最爱我们自己”，奉行人类利益至上的观念。20 世纪 80 年代末期，美国生态批评家、西部文学会主席洛夫在《重评自然：走向生态文学批评》中曾呼吁文学批评应该直面人类的生存问题，倡导文学批评家关注世界的生态问题，为建构生态文化献力。他也指出：“在其他人文学科呈现普遍绿化的大趋势下，

---

① Karl Kroeber：Ecological Literary Criticism：Romantic Imagining and the Biology of Mind，New York：Columbia University Press，1994，p.47。

文学批评理论却表现得异常冷淡，除了回避现实痛苦这个原因之外，另一个重要原因就是学科的人文主义视野的局限及其狭隘的人类中心主义观点。”[①]所以，文学研究者要克服这种根深蒂固的偏见，面对当下的生态危机，应该抛弃自我意识，把生态意识作为文学批评的价值标准。

著名生态思想家唐纳德·沃斯特也曾指出：“我们今天所面临的全球性生态危机，不是因为生态系统出了问题，而是我们的伦理系统出了问题。要渡过这场危机，必须尽可能准切地理解我们对自然的影响，甚至还需理解这些伦理系统，并对它们进行变革。历史学家、文学学者、人类学家和哲学家虽然不能直接进行文化革命，但却能够帮助我们理解”，“整个文化的发展早已走到了尽头，自然的经济体系早已被推向崩溃的极限，而‘生态学’正酝酿万众的呐喊，呼唤一场文化革命”。[②]米克在《生存的喜剧：文学生态研究》中也写道：“人类是地球上唯一能够创造文学的动物……如果创造文学是人类的一个重要特征，那么就应该仔细而又诚实地审视文学，发现它对人类行为和自然环境的影响——如果有的话，确定它对人类福祉和生存起到何种作用，对人与其他物种及周围环境的关系提供何种洞见。它是一个让我们更好地适应世界的活动呢？还是一个使我们疏离世界的活动呢？从不可抗拒进化和自然选择的观点来看，文学有助于我们的生存呢？还是导致我们的灭亡？”[③]

随着1992年美国“文学与环境研究协会”（ASLE）的成立，西方生态批评界开始有组织地、自觉地开展有关生态批评的内涵、任务、方法、理论建构等方面的系统研究，推动了西方生态批评学者以及流派之间的对话与交流，使生态批评越来越受到广泛的关注，在很多国家都成立了文学与环境研究协会，为生态批评演变为世界范围内的文学、文化批评思潮起到了至关重要的作用。来自不同国家的生态批评学者们从深层生态学、生态女性主义、环境保护主义、

① Glen A.Love：Revaluing Nature Toward Ecological Literary Critisim，The Ecocriyicism Reader：Landmarks in Literary Ecology，University of Georgia Press，1996，pp.226-232。

② Donald Worster：Nature's Economy A History of Ecological Ideas，Cambridge：Cambridge University Press，1994，p.356。

③ Joseph W. Meeker：The Comedy of Survival：Studies in Literary Ecology，New York：Charles Scribner's Sons，1974，pp.3-4。

田园主义的再现等角度多层面、有张力地论述人与自然之间的关系。生态批评从此如雨后春笋般焕发出勃勃生机。

生态批评的学术实践历程主要有以下几个节点：1972年约瑟夫·米克出版的文学批评开山之作《生存的喜剧：文学生态学研究》；1973年被看成英国生态批评学术开端的雷蒙德·威廉斯的《乡村与城市》出版；1978年美国生态批评家威廉·鲁克尔特在其《文学与生态学：一次生态批评实践》中首次提出“生态批评”这一术语；1993年墨菲创刊第一家生态批评刊物《文学与环境跨学科研究》，表明生态批评已经成为被学界认可的学术流派。而生态批评开始引起整个学术界广泛关注并认真对待应该是从1995年劳伦斯·布伊尔的著作《环境想象：梭罗、自然书写和美国文化的形成》和1996年格罗特费尔蒂与弗罗姆主编的生态批评论文集《生态批评读本：文学生态的里程碑》的问世开始的。

从 1972 年以来，除了上面提到的重要的学者、学术著作以及学术事件以外，还涌现出了一大批有影响的学者和学术著作。如斯科特·斯洛维克、乔纳森·贝特、约翰·埃尔顿、迈克尔·P. 布兰奇、威廉·豪沃思、戴维·麦泽尔、马克斯·厄尔斯莱格、罗伯特·波格·哈里森、梅丽莎·沃克、德里克·沃尔、特里·吉福德、丹尼尔·G. 佩恩、理查德·克里治、安妮特·克洛妮特、苏珊·格里芬、卡洛琳·麦茜特、洛兰·安德森、约翰·P. 奥格雷迪、詹姆斯·汉斯、菲利普·达纳、阿伦·布利克利等学者，以及《想象地球：诗歌与自然景象》《浪漫生态学》《荒野理念：从史前到生态学时代》《美国自然书写中的意识探寻》《森林：文明之阴影》《绿色历史：环境文学、哲学及政治读本》《美国自然书写作家》《生态文学批评：浪漫的想象与生态意识》《阅读大地：文学与环境研究的新方向》《文学与环境：自然文化读本》《文化与环境》《生态批评与科学：走向一致》《生态批评、文学理论和生态学真谛》《绿色文化研究：电影、小说及理论中的自然》《自然文学：一本国际性的资料汇编》《绿色之声：理解美国当代自然诗》《荒野之声：美国自然书写与环境政治》《绿色书写：浪漫主义与生态学》《重评自然：走向生态文学批评》《环境批评的未来》《为处于危险的世界写作》《加勒比文学与环境》《地形：美国生活和文学中作为经验和历史的隐喻》《女性与自然》《自然之死》《自然取向的文学研究之广阔领域》《文学研究之绿化：文学、理论及环境》《绿色研究读本：从浪漫主义到生态批评》《动物化想象：图腾崇拜、文本性及生态批评》《在自然符号下阅读：生态批评新论文》《美国印第安文学、环境公正与生态批评：中间地带》《为濒危的世界而写作：文学、文化及环境》《超越自然书写：扩大生态批评的边界》《超越绿色：美国西南当代环境文选》《生态批评：美国印第安文学中的自我与地方建构》《绿化诗歌：环境诗学与伦理》《文学批评的生态思想》《实用生态批评：文学、生物学及环境》《生态批评》《大地经纬：作家、艺术与国家公园》《生态男人：关于阳刚与自然的新视野》《自然的价值是什么：环境价值的叙述表达》《环境批评的未来：环境危机与文学想象》《绿色世界：生态批评解读中世纪后期英国文学》《第二次到来：美洲当代文学中的风景与归属》《走出去思考：入世、出世及生态批评的职责》《城市自然：生态批评与城市环境》《文学与文化研究中的生态批评探索》等论著。他们从不同的视角阐明了自己的生态批评立场、观点、方法，对生态批评的内涵和目的进行界定，他们作为生态批评发展进程中的中坚力量，对生态批评的理论建构和主流学派的确立起到了重要的推动作用。

总之，生态批评是在人类乃至整个地球面临生态危机的大背景下，人类为了消除或者减轻人为造成的自然灾难以解除自身危机的使命感在思想学术领域的表现，是受生态危机的逼促、生态哲学的引领、社会环境运动的推动以及具有良知和情怀的作家、批评家们的积极参与和强烈呼吁下兴起的思潮。生态批评在未来将如何发展？英国学者詹姆斯·霍普金认为：生态批评必将成为文学批评的主流。

三、生态批评兴起的文化背景

作为 20 世纪后期的一种重要的理论思潮，生态批评的兴起有着特定的文化背景和文化渊源，也有着特定的文化体系作为支撑，其发展趋向也受到社会文化思潮的影响。20 世纪六七十年代，世界范围内的文化研究思潮蓬勃发展，主流文化、大众文化、边缘文化都进入文化批判的研究视野。从文学视角出发的文化批评与新兴的文学理论密切结合，使文学批评关注的问题得到拓展。尤其是 20 世纪 70 年代以来，伴随着世界范围内生态主义思潮的高涨，人们逐渐认识到要想从根源上探寻生态危机的根本原因，仅靠自然科学技术是远远不够的，它绝不仅仅是工业发展问题或经济发展问题，必须有人文社会科学积极地参与和引导，从跨学科、跨文化视角，从根本上变革人类的思想观念。因此，生态批评理论不断升温，并在 20 世纪 90 年代成为文学研究领域里的重要的思想潮流。

美国生态批评学家乔纳森·贝特说："生态批评开始于意识的苏醒；对于物种的历史，对于人类在其中一直体现环境意识并继续表现环境意识的神话似的结构，生态批评有许多东西要表达。但我有一个预感，它的最终价值将体现为意识的形式：它培养人们的专注感，对于语言的和世界的和谐感，而这个世界是承认文化与环境之间的复杂的、斩不断理还乱的网络关系的。"①沃斯特也明确指出："整个文化已经走到了尽头。自然的经济体系已经被推向崩溃的临界点，而'生态学'将形成千呼万唤文化革命的呐喊。"②另一位生态批评家彼得·科茨也说："文化理论坚信，环境的威胁是社会造成的，只能从文化的范畴来解释。"③康韦、肯尼斯顿和马克斯都认为："如果要找出解决当今环境问题的方法，我们必须将环境问题放到更广更深的历史、社会和文化背景中去思考。"④

1968年，在意大利的实业家、学者A. 佩切伊和英国科学家A. 金倡导下成立的罗马俱乐部（Club of Rome），是一个关于未来学研究的国际性民间学术团体，主要从事关于人口、粮食、工业化、污染、资源、贫困、教育等全球性问题的研讨、宣传和预测等活动。俱乐部的宗旨是研究未来的科学技术革命对人类发展的影响。其于20世纪60年代创造了"人类困境"一词，阐明人类将面临的主要困难，以引起政策制定者和舆论的注意，提高公众的全球意识。他们提出了人类片面追求经济增长和社会发展有可能带来"全球性危机"的预言。

---

① [英]乔纳森·贝特：《文化与环境：从奥斯汀到哈代》，王宁，《新文学史：卷一》，清华大学出版社2001年版，第285页。

②Donald Worster：Nature's Economy：A History of Ecological Ideas，Second Edition，Cambridge，UK：Cbridge University Press，1994，p.356。

③ Prter Coates， Nature： Western Attitudes since Ancient Times. Berkeley： University of California Press，1998，p.185。

④ Jill Conway and Kenneth Keniston Leo Marx，ed.：Earth，Air，Water， Fire：Humanistic Studies of the Environment，Amherst：University of Massachusetts Press， 2000，p.3。

认为：传统的发展观自身存在着悖论，人类为了自己的利益，不断追求财富的增长，那么就必然要借助科学技术和工业文明的力量。如此一来，就势必会不惜毁灭自然生态去消耗大量的资源，从而破坏人类赖以生存的基础，使人与自然之间形成对立关系，这样不仅会使现代化发展整体陷入困境，也将使人类自身发展走入绝境。几十年后的今天，我们看到当初的预言成为现实：人类获得高度发达的工业文明的同时，环境问题成为阻碍其进一步发展的重要问题。

虽然生态危机已经成为全球化的问题，但是，各个国家和不同的地区造成生态危机的原因各有不同，既有表层的现实原因也有深层的文化原因。在人类文化史上，人为了达到自己的某种欲求而自由地追求科学技术的发展，不断地发展科学技术也是人类社会走向现代化的必然途径和内在逻辑，而发展的核心内涵是经济增长。发展科技也是人在整个生物界的“权力意志”的主张，是对自然资源的掠夺和消耗，是对自然的无限制的征服与改造，是对自然界的霸权主义的殖民扩张。实际上，生态危机问题追其根源就是消费的问题。有人的地方就一定会有对自然资源的消费。人口越多，对自然资源消费的需求就越大。人首先必须要生存，当满足了基本生存条件之后，就开始要求更好的生存条件。于是开始追求经济的不断发展。现代人的自我物质欲望不断膨胀，而经济的发展不外乎就是为了满足人类对物质需求的欲望。而物质需求欲望的满足仅仅靠发展农业是不够的，于是人们开始不断地发展科学，推进工业化，工业化的过程就是对自然资源不断开发利用的过程。人类一直自认为自己是自然的主人，通过自己的智慧和力量可以对自然进行无限地利用和掠夺。而过度的开发必然会造成资源的稀缺或耗竭，尤其是违反科学和自然规律的无秩序、无规划、无节制的开发所造成的自然生态系统的破坏和污染，就会难以避免地给人类自身带来毁灭性的灾难。

科学是人类智慧的结晶，也是人类文明发展进步的基础。人类文明发展的进程，就是科学技术发展的进程。科学的力量是巨大的，但并不是无所不能的。今天，当我们面对很多自然灾害的肆虐，如台风、洪水、干旱、地震、泥石流、雾霾等，也会显出被动与无奈，也会发出“在大自然面前人的力量是多么渺小，人的生命是多么脆弱”的感慨。恩格斯说：“因此我们必须时时记住：我们统治自然界，绝不像征服者统治异民族一样，绝不像站在自然界以外的人一样——

相反地，我们连同我们的肉、血和头脑都是属于自然界，存在于自然界的……”[①]因此，我们要认识到：人类文明崇尚科学，但不能“唯科学”，我们追求发展，但是不能“唯发展”，关键是我们怎么利用科学求发展，要树立正确的“科学观”和“发展观”，处理好科学跟发展、跟自然的关系。

就如哈贝马斯所说，当代资本主义使用合理性的名义来实现没有公开承认的政治统治。这种有目的的合理性活动首先就是利用科技对自然的控制，而控制了自然界，人也被控制，并进而导致在工具主义的地平线上最终展开了一个合理的极权主义社会。经济的快速增长和现代化的不断推进，是付出了巨大的生态代价的。在消费主义意识形态泛化的今天，随着对生态灾难的反思和人们生态视野的拓展，生态意识开始成为一种具有跨文化特征的思潮。越来越多的人开始从生态发展的视角关注科学技术与现代化可持续发展之间的关系。

生态批评家豪沃斯断言：“生活在环境危机不断蔓延的时代，我们发现审视自然与文化的关系终于成为一种趋势。”[②]“文化将永远主宰自然这一教条长时间地引领西方的进程，它引发了战争、侵略和其他形式的征服，这些征服横行于大地，使它的承载力用到了极限。”[③]生态批评就是要“历史地揭示文化是如何影响地球生态的”[④]。生态批评家加勒德也指出：“环境问题不仅需要从科学的角度分析，还需要从文化的角度分析；因为这些问题产生于关于自然的生态学知识和文化影响的互相作用。解决环境问题需要包括文学和文化理论、哲学、心理学、环境史学和生态学在内的跨学科研究……面对大量的、错综复杂的、多种多样的、互相纠结的生态危机问题，生态批评家必须认识到现在文化批评明显不足，并将文化批评视为道德和政治的必需，纵使生态危机问题似乎

---

① 中共中央马克思恩格斯列宁斯大林著作编译局《马克思恩格斯全集》第20卷，人民出版社1979年版，第576页。

② William Howarth：Ego or Ego Criticism? Ed.Michael P.Branch，Rochelle Johnson，Daniel Patterson and Scott Slovic：Reading the Earth：New Directions in the study of Literature and Environment.Moscow，Idaho：University of Idaho Press，1998，p.7。

③ William Howarth：Some Principles of Ecocriticism，Ed.Cheryll Glotfelty and Harold Fromm，The Ecocriticism Reader：Landmarks in Literary Ecology，Athens：The University of Georgia Press，1996，p.77。

④ Jonathan Levin：On Ecocriticism（A letter），PMLA 114，5，Oct.1999，p.1098。

永远比其解决方法多得多。”“总的来说，生态批评家把他们的文化分析与‘绿色的’道德和政治讨论明显地联系在一起。在这个方面，生态批评与环境取向的哲学和政治学理论的发展是密切相关的。”[①]

生态批评既是一种文学批评，又是一种文化批评，它主要是通过文学历史地揭示出文化是如何影响生态的。在文学与文化研究领域，批评家们除了格外关注与文学有关的种族、阶级、性别等问题外，也把目光投向了自然。作为探讨人与自然之间的关系的一种批评模式，其主要任务就是“通过文学重审人类文化，进行文化批判，探索人类思想、文化、社会发展模式如何影响甚至决定人类对自然的态度和行为。如何导致环境的恶化和生态危机”。[②]就如乔纳森·莱文所强调的：“我们社会文化的所有方面，共同决定了我们在这个社会上生存的独一无二的方式，不研究这些，我们便无法深刻认识与自然环境的关系，而只能表现一些肤浅的忧虑……因此，在研究文学如何表现自然之外，我们还必须花更多的精力分析所有决定着人类对待自然的态度和行为的社会文化因素，并将这种分析和文学研究结合起来。”[③]它从生态整体主义出发，承认自然除了有自身的价值以外，也拥有自己的权利。试图通过文学来重审人类文化的价值观，探索人类文化和社会发展模式如何影响甚至决定人类对自然的态度和行为，如何导致整个生物界失衡的危机。

在生态批评的历史语境中，一直重视自然与人类文化的关系，认为自然世界不仅仅是文学研究的一个对象，而且与人类整体文化系统是一个有机联系的整体。因此说，生态批评的任务既有文学本体价值又有其自身文化意识的独特性。

四、生态批评是文学批评视野向自然的延伸

自然是一切生命共生共存之所在，也是所有生命的起点和生命终结的归依之所。人类和其他生命体一样生活在自然界之中，并且是自然环境的一个有机

① Greg Garrard：Ecocriticism，Abingdon：Routledge，2004，pp.14，3。

② 王喜绒等：《生态批评视域下的中国现当代文学》，中国社会科学出版社2009年版，第212页。

③ 王诺：《生态批评：发展与渊源》，《文艺研究》，2002年第3期。

组成部分，人和自然环境之间是相互依存的关系。就如俄罗斯思想家奥斯宾斯基说："地球是一个完整的存在物……我们认识到了地球——它的土壤、山脉、河流、森林、气候、植物和动物的不可分割性，并且把它作为一个整体来尊重，不是作为有用的仆人，而是作为有生命的存在物。"[①]但是，人类中心主义理论却把人从自然界中抽离出来，认为人是自然的主宰，人类可以征服自然。这种人与自然的对立观念造成了自然界的整体割裂，使生态系统发生偏斜。今天的全球性生态危机的产生实则是人类咎由自取。

美国作家罗杰·罗森布拉特在他的著作《地球的所有岁月》中说："无论我们如何疯狂地获取和消耗，对于这个星球上自然生命的依恋在我们这个系统中始终是确定不移的。……谁都无法想象，一位作曲家、画家或作家不曾从一只鸟、一棵树、一朵玫瑰花中获取过重要灵感。每当看到一只麻鹬，看到凤尾鱼的银鳞，看到吼猴的哀鸣，人们都很自然地迷失在无言的崇敬之中。抑或，他们默默地凝视着海洋，就像渴望回到他们作为微生物的过去似的。"[②]人类在对自我精神的理解中创造了文化及文学，用以表达内心世界和社会生活，寄托复杂的思想情感。人的生存发展和精神气质、文化品质的形成离不开具体的自然生存环境。因此，人类作为万物之长，应该承认植物、动物以及其他的一切自然物都和人类一样拥有自己的特定的权利。在人类社会早期，文学文本大多表现了对自然生态的尊重与歌咏。在他们的笔下，自然被赋予了自由的文化精神和独立的思想表达。直到19世纪大工业革命的到来，人们在物质欲望的推动下，借助科技的力量，开始盲目向大自然疯狂掠夺，逐渐摧毁了生态世界的和谐，导致生态危机的爆发。21世纪以来，在无节制的城市化进程中，人们把在茂密的树林间穿行和在广阔的乡野间游走，看成是获得一种健康的、返璞归真的、有品位的"诗意栖居"的生态及生活理想。这是人们对快节奏的、枯燥单调的现代生活的解脱和释放。因此，人们越来越渴望绿色文明的发展。我们应改变目前与自然相处的模式，不能一谈到动物就想到"肉可食，皮可衣"，一谈到树木，就想到是可以做家具还是盖房子。要改变我们

① 何怀宏：《生态伦理——精神资源与哲学基础》，河北大学出版社2002年版，第45页。

② Roger Resenblatt：All the Days of the Earth：The Literary Respone to Technology，Cambridge，Mass：Harvard University Press，1968。

对自然万物功利性的价值观，并且这种观念的改变不是出于法律或规则约束，而是一种道德自觉，才能最终形成一种文化观念。文学是人类现实生活的反映，以文学呼唤自然、回归自然，正是人类在面对生态危机时以话语的形态做出的意识深层的反应。当人类的行为正在破坏自己的生存环境的时候，当人类正在以一种趋向灭绝的方式生存的时候，出于良知与责任的生态批评应运而生。在人类面临着环境危机和生态危机的语境中，文学及其批评揭示了这种可怕的自杀式的困境以及这种困境背后隐含的发展悖论。生态批评是“穷则返本”的人类对未来生存的探索。

茅盾在他的《文学与人生》一文中论及环境的时候曾这样说：“不是在某种环境之下的，必不能写出那种环境；在那种环境之下的，必不能跳出那种环境，去描写别种来。”[①]法国艺术哲学家丹纳也认为：“了解作品，这里比别的场合更需要研究制造作品的民族，启发作品的风俗习惯，产生作品的环境。”[②]他们都表明了作家的创作活动与地域环境之间存在着非常密切的关系。一个地区的自然环境束缚和制约着该地区的文化环境，作为文化组成部分的该地区的文学活动同样被其束缚和制约。在某种意义上我们也可以说，作家的创作在很大程度上要得益于和依赖于地域自然环境和文化环境的丰富性和多样性。对于作家而言，他们通过自然书写表达了作品的情感特征和内涵。对于研究者来说，把地理学、生物学、生态学等科学引入文学学术视野之内，在不同学科的协同研究中，实现了人文科学与自然科学思维交叉的跨学科的发展态势。

回顾西方文艺理论研究的发展过程，不难发现文学研究总是用表现人类以自我意识为中心的语言游弋在各个不同的理论和流派之间。生态批评使文学研究走出人类中心主义的话语世界，重新认识文学与自然环境之间的关系，为人文话语重新找到方向，正如格兰·拉夫所说：“今天文学最重要的功能就是重新让人类清楚地认识到他在这个濒危的世界的位置。为什么自然写作、地域文学、地方色彩写作、自然诗，尽管被绝大部分现代批评界忽视或藐视，又重新繁荣起来了呢？因为在文学领域之外，已经广泛地认识到，将人类与环境隔离开来的现代意识形态的没落性是显而易见而且也是十分危险的：因

① 茅盾：《茅盾全集》卷11，人民文学出版社1989年版，第435页。

② [法]丹纳（H.A.Taine）：《艺术哲学》，人民文学出版社1963年版，第242页。

为自然不可置疑地是真实的、美丽的、有意义的。”[①]正因为如此，应运而生的生态批评成为一个从对文学形式研究回归到自然生命本体研究的潮流。它表明文学研究者渴望修补由于人类过度地追求物质文明发展而对生态环境造成破坏的人与自然之间的紧张关系。文学研究者试图通过对生态环境问题的关注来表明文学蕴含着丰富而宝贵的精神资源，实现从人文科学向自然科学的跨越。普林斯顿大学霍华斯教授在《生态批评的某些原则》一文中提出：“如果生态批评家不了解生态学这门课的始末，就无法完全把握生态批评这个术语所内含的生态问题。生态批评以关注自然生态为出发点，把文学批评带回了我们的家园——自然的视野，在科技主宰话语的时代，文学批评的视野向自然生态延伸，关注生态危机的生活现实，唯有与自然科学中的生态科学进行近距离的接触，跨越学科自身的围栏，与生态科学互动，才能发挥批评的力量。”[②]显然，生态批评是要把视角投向被忽略的自然生态环境，面对现实的责任意识以及正在或已经发生了的生态危机，它提示着人的生存与自然的命运是一致的，当自然生态遭到毁灭之时，也是人类灭亡之日。因此，需要重新调整人类行为与自然环境的关系，重新认识人在自然中的位置。格罗特费尔蒂说：“通常，文学理论研究的是作家、作品及世界的关系，而在大多数的文学理论中，世界等同于社会领域了，生态批评就是要扩大世界的概念，使之包括整个生态系统。”[③]生态批评把作为人类文化活动的文学归置于世界整体中，通过文学文本在社会科学视野中建构自然生态意识。正是在思想文化领域对生态危机的干预，在一定程度上改变了不同国家和地区的思想观念、发展模式和生活方式，以理性和审美的方式建构起了人与自然和谐统一的理念，探寻人类社会的合理文化结构和生存远景。

生态批评将视野投向人与自然环境关系上。当它以一种强劲的势头走在世界当代文学研究的前列时，人们对文学的生态批评视角在认识和态度上都发生了转变。它标志着从人类中心主义过渡到生态主义的价值观的根本转变。其主

① 宋丽丽：《文学生态学建构——生态批评的思考》（博士论文），北京语言大学，2005年。

② 何怀宏：《生态伦理——精神资源与哲学基础》，河北大学出版社2002年版，第450页。

③ Cheryll Glotfelty，Harold Fromm，The Ecocriticism Reader：Landmarks in Literary Ecology，Athens：The University of Georgia Press，1996，pp.15，19。

题是寻求消解人类中心主义和人与自然的二元对立关系，建构以人与自然和谐一体的根本的新的人文主义精神。其核心在于用生态学的基本理念，通过文学来重新审视人类文化，考察人类社会，探索人类的思想文化、发展观念是如何影响甚至决定了人与自然之间关系的模式，重新明确人在整个自然界中的位置以及发展趋势，它扭转了文学研究的关注视角、审美取向和价值立场。生态批评把人的伦理拓展至生态伦理，从根本上统一了人的权利和自然的权利。因此，生态批评是从人向自然延伸的文学研究，标志着文学批评新的学科走向是文学向自然科学方向的学科跨越。

第二节　生态批评的内涵及特征

自20世纪后半叶以来，在思想文化领域里的生态批评思潮和生态文学创作的影响不断扩大，内涵不断拓展，它们以对生命和自然的深刻体悟以及对人类生存危机的忧患意识、对现代及后现代发展观的不断反思，提升人们的生态意识，培养人们的生态情怀，激起了越来越多的人投身于生态保护事业之中。作为一种新的文艺批判类型，批判性是其本质，生态中心主义思想是其基础。它通过对文学作品揭露出来的消费主义、唯科技主义、人类中心主义等急功近利、不计后果的社会发展观进行批判，跨越了学科、文化甚至文明的界限，体现了知识分子一贯的文化批判、“文明批判”的精神。

一、生态批评的内涵

“生态批评”一词，从字面上理解，是从生态学视域所进行的文学批评。即把生态学与文学批评结合起来进行的批评，具有明显的跨学科特征。的确，生态学是生态批评发展的重要的理论基石。“生态”作为生态批评的前缀，它为生态批评确立了伦理原则。而且，早期的生态批评倡导者也是最先从生态学那里受到启发的。1972年，约瑟夫·米克提倡用跨学科的方法“对出现在文学作品中的生物学主题和关系进行研究”，并认为这是“发现人类物种在生态学中所扮演之角色的一种努力”。[①]1978年，美国生态批评家鲁克尔提出了“生态批评”这一术语，更为明确地指出生态批评就是“将文学与生态学结合起来”，“为文学研究”和“文学的阅读、教学和写作提供生态学概念进而发展出一门生态诗学”。“因为，比起近些年来我所研究的任何学问，生态学（作为一门科学、作为一个学科、作为人类目光的基础）对我们生活的世界的现在和未来具有最为重大的意义。”[②]随后，又有学者提出了“环境文学批评”“环境批评”“绿色研究”“绿色文化研究” “自然历史阅读”等相关术语，还有人称其为“文学与环境的研究”（Studies of Literature and Environment）。之后，在生态批评理论得到深入发展之后，研究者的视域越来越开阔，很多学者对米克和鲁克尔的观点提出质疑。20世纪80年代末，美国学者彻丽尔·博格斯·格洛特费尔蒂认为：“克鲁尔的定义特别关注生态科学，这太狭隘了。”[③]她发现梭罗、爱德华·阿比等作家的作品有着对非人世界的同情与关注，从而激发了她的灵感与心智，于是开始寻找文学与环境之间的纽带与联系。她和哈罗德·弗洛姆合作，于1996年编辑出版了《生态批评读本：文学生态学的里程碑》一书，在序言部分指出：“生态批评是把以地球为中心的思想意识运用到文学研究中，探讨文学与自然环境的关系。”[④]它打破了“文学是人学”以及文学研究的范畴主要是“人类社会”的传统思想，它把文学批评的领域从“以人为中心”扩展到了“以自然为中心”，并且放眼整个生态系统。克罗玻尔也认为：“生态批评并非将生态学、生物化学、数学研究方法或任何其他自然科学的研究方法用于文学分析。它只是将批评导向对人文学科最基本概念的适应性研究，这才是当

---

① Joseph W. Meeker：The Comedy of Survival：Literary Ecology and A Play Ethic，The University of Arizona Press，1997，p.7。

② William Rueckert：Literature and Ecology：An Experiment in Ecocriticism. Cheryll Glotfelty and Harold Fromm：The Ecocriticism Reader; Landmarks in Literary Ecology. Athens： The University of Georgia Press，1996，pp.115，107。

③ Cheryll Glotfelty，Harold Fromm：The Ecocriticism Reader：Landmarks in Literary Ecology，Athens：The University of Georgia Press，1996，p. XX。

④ 同上。

代生态研究之所以重要的原因。”[①]著名生态批评学者豪沃思也曾说过：“生态批评，不是从科学征得可供使用的语言加以表现，而是要检查它的指向力。”[②]这里的“指向力”说的是指示功能。这两位学者都认为生态批评中的“生态”并不是指用“生态学”这门自然科学的术语、研究方法等用于文学分析。尽管在生态批评过程中会引用一些生态学数据或成果，但是其不会成为生态批评的主体内容。生态批评最主要的应该还是生态哲学思想对文学批评的导向作用。所以，生态批评不是生态学和文学批评的简单相加，其“生态”是主要指生态主义的思想观念。

另一位生态批评学者詹姆斯·汉斯这样说：“生态批评意味着从社会和地球的语境中考察文学（和其他艺术）。文学不是存在于它自己的与外界隔绝的领域里，因此将我们对文学的讨论限制在文学性本身，就阻断了文学与其他系统的至关重要的联系，而正是那些联系把我们的价值观念的表达结合起来。”[③]他认为对文学进行批评不应只是局限在人类社会领域和人与人之间的关系，更应是整个生态环境与文学的关系，强调社会文化对人与自然的关系的作用。

1994 年 10 月 6 日在盐湖城召开了美国西部文学年会，在本次会议上，对生态批评的理论与实践进行界定是一个重要议题，因此也被称为是关于生态批评的圆桌会议。有 16 位学者应要求提供了文字材料来阐明自己对生态批评这个术语的界定。其中最有影响的是斯洛维克的阐述：“生态批评意指两个方面的研究，要么指运用任何学术观点研究自然书写，要么指考察任何文学文本，即乍一看似乎与非人类世界无关的文本中生态内涵和人与自然之间的关系。这种新的研究热点……反映出当代社会对非人类世界的重要性和脆弱性的不断增长的意识。”“没有一个主导性的世界观指导生态批评实践——在生态批评学术和教学中，没有单一的策略统摄一切”，“假如一个学术研究方

---

① Karl Kroeber：Ecological Literary Criticism;Romantic Imagining and the Biology of Mind New York：Columbia University Press，1994，p.25。

② William Howarth：Some Principles of Ecocriticism，Cheryll Glotfelty and Harold Fromm：The Ecocriticism Reader；Landmarks in Literary Ecology，Athens：The University of Georgia Press，1996，p.80。

③ James S. Hans：The Value（s）of Literature，Albany：SUNY Press，1990，p.5。

法可用于某些类型的文学作品，那么它也可为生态批评所用。另一方面，没有一部完全不能从生态批评视角进行阐释的文学作品，因而也不可能处于绿色阅读范围之外”。[①]显然，斯洛维克对生态批评的界定涵盖是很宽泛的。它更关注的是这种文学批评的指向，即自然书写和对非人类世界的描写，而不受文类和文学批评方法的限制。这个界定使文学批评家的视野更为广阔，也确实引导了不少文学研究者开始转向对传统文学的生态视角的解读和重评，为 20 世纪 90 年代中期以后在生态视角对文学经典文本的研究所取得的突出成就起到了重要的作用。

1999 年，墨菲、布伊尔等著名生态批评学者受邀参与了《美国现代语言学会期刊》主办的《环境文学论坛》专题讨论，墨菲在谈到“生态文学批评”时认为，环境主义运动与女性主义、多元文化主义和后殖民主义等运动是不同的，生态批评必然是以生态学为基础的，将人文关怀延伸至非人类自然。生态批评改变了传统文学批评所关注的自然世界主要是人物、读者及作者的结构。同时认为，环境不仅仅是人物和叙事的背景，人物和作者对环境的态度也很重要，它是文学作品意识形态的一个基本维度。

2001 年生态批评学者西蒙 • C. 艾斯托克在其《生态批评报告》（A Report Card on Ecocriticism）一文中对前人的有关生态批评的界定进行了一番梳理之后，认为达成一个普遍被接受的有关生态批评的界定是不太可能的。同时，他认为生态批评与其他批评的重要区别在于：一是它对自然世界持有伦理立场，自然世界拥有自己的重要价值，而不只是一个供人研究的客体。二是坚持相互联系的信条。

那么，究竟什么是生态批评？虽然很多生态批评学者都对生态批评内涵的界定作出了重要贡献，但他们的论述因为存在各种缺陷而为人诟病。而另外两位著名学者给生态批评作出的界定受到学界较为普遍的认可和接受，他们是劳伦斯 • 布伊尔和谢里尔 • 格罗特费尔蒂。布伊尔在其《环境的想象》一书中认为：“生态批评可以简要地定义为在致力于环境运动实践精神的指导下对文学

---

① Scott Slovic：Ecocriticism：Storytelling，Values，Communication，Contact，Western Literature Association Conference，1994。

与环境之间关系的研究。”[①]其对这个术语的界定相当简洁。在其于2005年出版的《环境批评的未来》一书中对生态批评又作了进一步的阐释：“生态批评是一个伞状术语，通常指环境取向的文学，偶尔也指环境取向的一般人文科学研究，以及指导这种批评活动的相关理论。”[②]格洛特费尔蒂对生态批评的界定更为简洁：“生态批评是探讨文学与自然环境之间关系的研究。”而且她还对这一定义作了进一步的揭示：“所有的生态批评仍然有一个基本的前提，那就是人类文化和物质世界相互关联，文化影响物质世界，同时也受到物质世界的影响。生态批评以自然与文化，特别是自然与语言文学作品的相互联系作为它的主题。作为一种批评立场，它一只脚立于文学，另一只脚立于大地；作为一种理论话语，它协调着人类与非人类。”[③]布伊尔和格洛特费尔蒂对生态批评的界定都涵盖了文学与环境的关系。但是，格洛特费尔蒂在对其定义的进一步阐释中特别提到了生态批评的最重要的主题是自然与文化、自然与文学之间的相互联系，通过重新审视人类文化来挖掘生态危机的思想根源，特别是“两个立足”说为生态批评提供了更为广阔的研究空间。随后，格洛特费尔德还说道：“生态批评将地球中心的思想引入文学研究”[④]，体现了其思想的主导倾向是生态整体主义的，包容性更强。可以理解为生态批评的哲学理论支撑既可以是环境中心主义也可以是生态中心主义。这个界定体现了生态批评的复杂性、包容性和多样性，比较宽泛，为大多数学者所接受。

二、生态批评的特征

生态批评以其全新的生态思想和审美观念开拓了文学批评的新视野，是在

---

① Lawrence Buell，The Environmental Imagination：Thoreau，Nature Writing，and the Formation of American Culture，Cambridge： The Belknap Press of Harvard University Press，1996，p.430。

② Lawrence Buell：The Future of Environmental Criticism：Evironmental Crisis and Literary Imagination，MA：Black Well Publishing，2005，p.138。

③ Cheryll Glotfelty，Harold Fromm ed.：The Ecocriticism Reader；Landmarks in Literary Ecology，Athens：The University of Georgia Press，1996，pp. XVIII，XIX.

④ 同上。

外部世界生态危机的驱动下产生的，也是文学批评自身发展的需求。它强化了文学与批评的现实功能，有助于推动人类自身与自然的和谐关系的重建。

（一）跨学科性

作为一种新兴的批评理论，虽然它兼有文学批评和文化批评的性质，但是我们也应该注意它是被限定在“生态的”范围之内的，探讨人与自然、文学与自然之间的关系。“生态的”这一限定语决定了它不同于一般的文学批评，它的理念是全新的，兼具生态哲学、生态美学和生态文艺的理念。同时，生态批评的重心是“文学”，它又属于文学批评的范围，由于文学作品的丰富性和复杂性，生态批评也会因此而涉及人类广泛的科学文化领域。

生态批评从诞生之日起，其研究就涉及了多学科的交叉与融通。早在1972年，具有进化生态学学术背景的比较文学学者约瑟夫·W. 米克在他的《生存的喜剧：文学生态学研究》一书中就已经明确指出运用跨学科研究方法对生态批评的重要性。作为生态批评的开山之作，米克提出了两个进行文学生态学研究的方法：生态学的方法和比较文学的方法。并且在该书中，米克已经透过生态视角对文学悲剧、喜剧、田园模式以及流浪汉传统等进行重审，提出了喜剧的生物学特征和生物学的喜剧特征的概念，认为喜剧和流浪汉小说中蕴藏着丰富的生态智慧，而悲剧导致人的灭亡与生态灾难，是反自然的。这部具有开拓性、挑战性的生态批评著作，被学界普遍认同为生态批评诞生的标志。

1993年肯特·C. 赖登（Kebt C. Ryden）出版了《描绘无形风景：民间传说、文学作品及地方意识》，该研究跨越了地图学、文学、物理学、地理学、民俗学等学科，深入探讨了“无形风景”的形成、价值及意义。同年，德里克·沃尔（Derek Wall）编辑出版了《绿色历史：环境文学、哲学及政治读本》一书，从文学、哲学、政治及宗教等多学科视角探讨了生态危机的根源和对策，被看成是一部重要的生态批评学术成果。1995年，詹姆斯·阿米戈尼（James Amigoni）与杰夫·华莱士（Jeff Wallace）共同编辑出版了《查尔斯·达尔文的〈物种起源〉：新跨学科文集》，所收录的7篇论文透过跨学科的视野从历史学、文学、社会学及人类学等角度探讨了达尔文的《物种起源》的生态学内涵对人类文化的影响，给生态批评学者的学术研究起到了很大的启发作用。1997年，苏珊·F. 比格（Susan F. Beegle）、苏珊·西林劳（Susan Shillinglaw）及韦斯

利 • N. 蒂芙尼（Wesley N. Tiffney, Jr）三人共同编辑出版了《斯坦贝克与环境：跨学科研究》一书，收录了文学学者和科学学者的文章共20篇，这些研究论文从跨学科的角度对美国作家约翰 •斯坦贝克的创作在再现生态问题的方式上进行了多层面的探讨，发掘了斯坦贝克作品中的生态内涵。2000年，英国批评家劳伦斯 • 库普出版了生态批评文集《绿色研究读本：从浪漫主义到生态批评》，从生态学、文学及文化之间的关系展开讨论，对生态批评理论的建构具有指导意义。2001年，美国生态批评学者乔尼 • 亚当森出版的《美国印第安文学、环境公正与生态批评：中间地带》及2002年与他人共同主编的《环境公正读本：政治、诗学与教育》，以全球化为背景，面对环境危机的严峻问题，从社会、政治、经济、文学以及教育等多个视角探讨了环境公正问题。2001年，斯科特 •斯洛维克编辑出版了《超越绿色：美国西南当代文选》一书，从地理学、地质学、动物学、历史学、人类学、心理学等多学科视域遴选了包括女性作家和少数民族作家在内的作品，使自然书写"真正算得上美国文学的主要文类"。以上著作都是生态批评跨学科研究的重要成绩。

在生态批评学界影响巨大的美国生态批评学者格伦 • A.洛夫也在《实用生态批评：文学、生物学及环境》一书中认为："尽管困难重重，人文学科与科学之间扎实的跨学科研究依然是文学生态批评未来必须着手进行的重要工作之一，许多文学与环境研究的学者也强调了生态批评跨学科研究的必要性。"①并且还说："生态批评强烈要求其实践者涉足跨学科及科学领域。"②洛夫不仅在该书中建构了生物学取向的生态批评理论，还跨越地理学、心理学、人类学、生态学、美学、伦理学、历史学等多种学科的界限，尤其是透过进化生物学的视野，深入挖掘薇拉 • 凯瑟和海明威等人的经典作品的文化生态内涵。

在 20 世纪 90 年代以前，生态批评的跨学科研究特征还不是很明显，生态学批评学者跨学科研究的自觉性也不够强，但是到了 20 世纪 90 年代以后，特别是中后期，生态批评的跨学科研究的自觉意识不断增强，从而极大地丰富和拓展了生态批评的内涵。至此，生态批评彻底打开了文学研究的视野，开始不断向自然环境以及更广阔的空间敞开。相信，随着生态批评逐渐走向成熟，将

① 格伦 • A.洛夫：《实用生态批评》，胡志红等译，北京大学出版社2010年版，第52页。

② 同上，第53页。

使文学研究不仅跨越人文学科，而且会进入自然科学领域，从而形成一个复杂的、开放的与自然不断对话的体系。

（二）跨文化性

在 1988 年布法罗举行的“第十届世界人道主义大会”上有与会者指出：生态保护“应该是指在人类生存的道德中的压倒一切的原则”，“我们必须认识到，这个世界不过是一个整体，我们都是一条船即地球上的乘客，因此，我们绝不能让我们所乘坐的船被毁掉。这里将不会再有第二个挪亚方舟”。[①]这次会议形成的《相互依存宣言》还指出：“无论在这个星球的某一部分发生什么，都会影响到其余部分。”“我们每一个人对世界共同体都承担着责任，因为我们每一个人都是人类物种的一员，都是地球这个星球上的一个居住者，都是世界共同体整体的一个部分。”[②]这里告诉我们：生态保护问题不是哪一个国家、哪一个地区或哪一个种族的问题，是全人类和所有地球生命共同面临的问题。因此，生态批评也是兼顾各民族、国家、区域人民共同的利益的，它和环境运动、生态运动等一样，目的都是寻求切实可行的拯救生态危机之路。

20 世纪末，随着全球生态危机形势的日益严峻，唤醒了很多国家和地区的思想文化界的生态意识，也催逼了绿色文学、生态文化思潮的兴起，也掀起了全球范围内对生态危机产生根源的探讨。尤其是西方生态批评发展的国际化趋势的蔓延，促使人们从跨文化，甚至跨文明的视角研究人与自然之间的关系，从文化多元化的角度探寻生态危机产生的历史文化根源。

美国批评学者乔尼·亚当森在 2001 年出版的《美国印第安文学、环境公正与生态批评：中间地带》著作中，通过对印第安作家的诗歌、散文、小说的分析，探讨了印第安的文化特色和历史，发现“他者”文化可以创生出新的故事，从而为我们建构多元文化的批评开辟了丰富的文学场域。亚当森要求从不同的种族或部落文化的视野出发，而不是从主流美国白人文化、主流环境主义者的观点看待环境问题。呼吁生态批评学者应从生态整体主义的立场出发，将视野转向自然界，要正视种族差异及环境不公问题，真正探寻环境问题产生的

① [美]库尔茨：《21世纪的人道主义》，肖锋等译，东方出版社1998年版，第36页，58～59页，403页，407页。

② 同上。

历史、文化及现实根源。

由戴明（Alison H. Deming）和萨瓦（Lauret E. savoy）两位主编出版的论文集《多彩的自然：文化、身份及自然世界》，是一部重要的跨文化的生态批评著作。里面收录的论文作者都是美国少数族裔作家，有非洲、亚洲、阿拉伯、拉美、印第安以及混血等族裔。作者们从多种文化的视野探讨了不同的身份和文化与自然之间的关系。他们主张从本民族文化的立场上重述历史，还原“真相”，主张与主流生态主义学者展开对话，试图纠正其在生态中心主义语境下探讨生态危机存在的偏颇。他们也力图通过深挖本民族文化的深层内涵和生态价值，探寻生态危机及其不断恶化的思想基础、历史根源及现实症结，发现自身文化所蕴藏的生态智慧，探索解决生态危机的多元文化策略。

当今美国生态批评最具影响力的学者之一墨菲在他的学术著作中不断强调生态多元与文化多元的互动共生。在他历时三年多才完成的论文集《自然文学：一部国际性的资料汇编》中，墨菲提出了跨文化生态批评研究中生态批评学者应该注意的“三个位置”理论，即地理位置、历史位置和自我位置，以此敦促生态批评学者要自觉地认识并表现自然书写的丰富性、复杂性，要摆脱惯性思维的束缚。该著作收录的论文除了英美的之外，还包括加拿大、爱尔兰、法国、德国、罗马尼亚、俄罗斯、西班牙、澳大利亚、日本、朝鲜以及中国等数十个国家的作者的论文，显示了主编者的真正的跨文化视野。其中印度、非洲和拉美国家的生态批评所涉及的文类、题材、主题及理论视角与西方生态批评迥然不同，它们更重视殖民主义、种族主义、工业主义以及性别歧视等方面所导致的环境危机。墨菲于 2000 年出版的另一部著作《自然取向的文学研究之广阔天地》一书指出，生态批评已经成为一个成熟的学派，到了该反思和拓展的时候了。同时强调主流生态批评应该摒弃文类和文化的偏见，促使生态批评学者跨越文化的藩篱，将视野扩展为国际化的文学、文化批评，而且还提出了生态批评的跨文化研究理论，并且对自己的观点进行了文学批评实践。尤其是他于 2010 年出版的生态批评专著《文学与文化研究中的生态批评探索》，从强烈的国际化、跨文化、跨文明的视野探讨了环境、文学与文化的问题。

多元文化的生态批评透过不同种族、阶级、性别的批评经验，揭露主流强势文化对环境保护问题的偏见，探寻非西方所遭受的生态危机的历史、文化和现实根源，同时发掘弱势民族文化、弱势族群生存方式所蕴藏的“生态智慧”，进而为缓解甚至消除全球性的生态危机提供启示。

（三）介入性

生态批评是介入性很强的批评，它要介入人类的生态保护运动，人类的发展模式、生活方式。生态批评所从事的不仅仅是一种学术活动，它对当今的现实问题给予了深切的关注。生态批评学者相信文学和文化研究可以为提升人们的生态意识及挽救生态危机作出贡献。著名生态批评学者布伊尔在对生态批评的定义进行界定的时候特别强调了生态批评家不能仅仅关注文学与学术，还应该献身环境运动实践。他还说，只专注于文学研究和文学理论本身无法成为一个合格的生态批评家。

生态批评与其他文学批评流派的最大差异就在于它的兴起不是来自文学自身发展规律的推动，而是来自文学外部的世界性生态危机的催逼。就如米克指出的：“如果文学创作是人类的一个重要特征，那就应该细致而诚实地审视它，以便发现它对人类行为与自然环境的影响，确定它对人类的福祉和幸存所发挥的作用——假如能发挥作用的话，以及它对理解人类与其他物种、与我们周围世界的关系所提供的洞见。文学是使我们更好地适应地球生活的活动呢？还是使我们与之疏离的活动？从进化和自然选择的无情的观点来看，文学是有助于我们的幸存呢？还是有助于我们的灭绝？”[①]人类生存危机存在着深层文化原因，文学家和批评家应该通过改造文学观和批评观，对人类犯下的错误给予精神上的救赎。美国文学与环境研究教授谢里尔·格洛特费尔蒂曾对此进行深刻的反省：“尽管学术声称要对当代的压力作出反应，然而它却明显地忽视了当代最有压力的问题，那就是全球环境危机。”“我们当中的许多人都工作在世界各地的大学里，却发现我们处于两难的境地。我们的性格和才能使我们置身于文学系，然而，在环境问题日益严峻之时，再像通常那样工作就显得没有良知和轻薄了。如果我们不是出路的一部分，我们就是问题的一部分。”[②]他也

---

① Joseph W. Meeker：The Comedy of Survival：Literary Ecology and A Play Ethic，Tucson：The University of Arizona Press，1997，p.4。

② Cheryll Glotfelty，Harold Fromm：The Ecocriticism Reader：Landmarks in Literary Ecology，Athens：The University of Georgia Press，1996，pp. XV-XVI，XX-XXI.

认为，面对当今由人类自己造成的环境问题，文学批评家大有作为，他们能够在自己擅长的领域，探讨文学作品所反映的整个人类思想文化是如何导致了生态危机，文学和文学研究能够找到自己的途径为缓解生态危机作出贡献。

斯洛维克也说："我们所处的时代和社会看来执着于'当下的愉悦'，却无视我们的希望和行为对同时代其他人、其他生物、其他处所，或者我们的子孙意味着什么。"[①]他特别强调文学研究者的使命就是所有活着的生物共有的责任——"服务于这个星球"的责任。他还说："在我看来，对于我们这个物种最有希望的事情之一便是找出办法来思考：我们如何、为何会有这样的行为？为什么甚至我们明知自己的行为有害于这个星球和我们自己的未来时我们仍然一意孤行？""……我们做这份工作不仅仅是为了取得事业上的成就，更是为了对社会有所贡献。"[②]我国生态批评学者鲁枢元也指出："面对地球生态系统中已经出现的严重危机，生态批评应当是一种拥有明确目的和意义的批评，一种拥有责任和道义的批评，一种包含历史文化内涵的批评，一种富有显示批判精神的批评。批评不仅是大脑皮层上的智力活动，还应当是全身心投入；批评者不仅应当持有批评的技巧，更应当具有批评的良心；生态批评者不仅是一个严谨的学者，还应当是一个古道热肠、勇于担当的'操心之人'。"[③]

当然这种介入是思想文化上的介入。生态危机从根本上来说是思想文化危机，因此作为人类思想文化重要构成部分的文学研究以自己最擅长的职业方式，去普及和培养人的健全的生态意识，为人类缓解直至消除生态危机发挥实际的作用，这种作用应该说不低于具体的生态保护实践。因此说，生态批评是一种格外重视"介入"的文学批评，生态批评活动和现实的生态危机以及生态运动是紧密相关的，生态批评学者应承担起理应承担的生态责任，并"充分地介入"现实的语境，为普及生态知识、增强生态意识、建设生态文明、铲除生态危机作出贡献。许多生态文学家也认为生态文学的研究者和创作者都应该把思想文化批判作为主要使命，生态文学家爱德华·艾比就说自己是个"文化批

① Scott Slovic：Going Away to Think：Engagement，Retreat，and Ecocritical Responsibility，Reno：University of Nevada Press，2008，pp.3，12。

② 斯洛维克：《走出去思考》，韦清琦译，北京大学出版社2010年版，第257，253页。

③ 鲁枢元：《生态批评的知识空间》，《文艺研究》，2002年第5期。

评家”，他还称赞梭罗“不是简单地书写自然，而是走得更远，成为社会、国家和我们的现代工业文化的批评家”。[①]因此，艾比作为生态作家，他的贡献是清楚地表明我们的生态危机的根源是文化。

（四）地方性

生态批评主要是从生态学视角研究文学，主要研究自然现象、海洋、地方以及人口在文学作品中的作用，目的是通过揭示自然万物与人类文化之间存在的密切关系，或揭示自然对人类生活方式和生存境况所起的作用，从而唤醒人的环境保护意识。要研究自然主体性的生成机制，人应该放弃中心性、主体性，而赋予自然主体性，让山川河流、飞禽走兽、花草树木乃至季节气候及其他一切自然物都成为文学艺术再现的主体。同时还要研究文学生态的地方意识建构。“因为地方意识在培育生态意识、促进环境想象及消解生态危机的过程中起着至关重要的作用。”“……自然的季节气候及其他存在物要被正确认识的话，那么这些事件一定发生在某些具体的地方。”[②]生态诗人温德尔·贝里说：“没有对自己地方的全面了解，没有对它的忠诚，地方必然被肆意地滥用，最终被破坏掉。”[③]因此，每个人都应该承担环境责任，即个人对自己的栖息地的保护和忠诚。

这里的地方不是抽象的，而是具体可感的地域空间。文学的地方性在某种意义上也就是地域文学。“地域”是生态批评中的一个重要概念：“指物质世界的特定场所、地域积淀了历史上各种行动的伦理后果，因此，风景就是历史，历史就是风景。关注地域和风景实际上就是关注社会历史，反之亦然。这种对地域和社会历史的同时关注，包含着独特的道德生态学，为历史和生态批评丰富了关系网络。”[④]

生态批评当中的地方研究对于个人身份认同和社会生态的改善具有重要的意义。人不仅是生活于某个特定的、具体的时间以及空间当中的人，而且也

① Cheryll Glotfelty，Harold Fromm：The Ecocriticism Reader；Landmarks in Literary Ecology.Athens：The University of Georgia Press，1996，pp.304，314。

② 胡志红：《西方生态批评史》，人民出版社2013年版，第233页。

③ Lawrence Buell：Envirinmental Imagination：Thoreau，Nature Writing，and the Formation of American Culture，Cambridge：Harvard University Press，1993，p.253。

④ Lawrence Buell：The Future of Environmental Criticism：Environmental Critis and Literary Imagination. Malden： Blackwell Publishing，2005，p62。

是成长和生活于某种文化中的人。文学作为人类的一项重要的精神生产活动，无论是创作主体还是其表现的对象，都不可避免地要承载着某种地方的文化信息。早在1996年，生态批评的创始人之一格罗费尔蒂就曾经提出："除开种族、阶级和性别，地方是否也应该成为一项新的批评类别？"[①]此后，地方研究就成为西方生态批评领域的重要概念。生态批评另一位著名学者劳伦斯·布伊尔在《环境批评的未来》中也认为，空间是抽象的，地方是具体的，地方是赋予人类情感的空间，我们依恋地方，但是我们不会依恋空间。面对当代的环境危机和社会问题，我们有必要重新审视地方的重要性，让地方成为环境人文学者思考的必要概念。

人类文明的历史实际上就是把空间不断改造成适宜我们居住的地方的过程，但由于现代工业革命的发展，扭转了这一过程，变成了从地方到空间。在掌控空间、不断地从空间攫取利益的过程中，忽视和毁灭地方。比如西方殖民者把印第安人驱逐到"居留地"实质上就是毁灭他们身份认同的地方。因此，布伊尔强调让"地方"成为"环境人文学者思考的必要概念"，探讨了人类历史进程中地方在文学领域内的演变过程，以及在地方和全球化沟通的过程中地方成为文学作品中的突出现象。格伦·A. 洛夫也指出了海明威、马克·吐温、安德森、凯瑟、劳伦斯、韦尔蒂等作家的生态文学作品中具有鲜明的地方色彩。并且说这些作家经常让地方成为作品中"必不可少的参与者，甚至是主要角色"[②]。

在生态批评领域，从社会学、哲学、人文地理学等学科角度都强调了地方性视角研究的重要性，并出现了很多学术成果。如《环境批评的未来》认为人类回到情感依托的地方，才能真正守护地球。《热爱干燥》中提出了获得地方感的重要性。《地方感和全球感》认为我们需要地方感，也需要全球感，从而发扬生态世界主义精神，解决世界环境危机。《回到地方》则从现象学的视角论证了地方对人的重要意义。《生态区域主义想象：文学、生态与地方》更是强调地方归属感对缓解全球生态危机的重要性。

---

① Cheryll Glotfelty，Harold Fromm：The Ecoriticism Reader：Landmarks in Literary Ecology，Athens：The University of Georgia Press，1996，pp.114-115。

② 格伦·A. 洛夫：《实用生态批评》，胡志红等译，北京大学出版社2010年版，第67页。

不可否认，我们每个人都有着“家园意识”和“归乡情结”，而它们又跟“地方”的命题是一致的。随着工业化、城市化进程的推进和人类生存环境的恶化，“乡土”“田园”越发显出其生机和魅力，那里鸟语花香，它是那么的安稳、淳朴、丰饶和悠然，人与自然是和谐的。因此，成为被物欲折磨得无所适从的人们的精神家园，成为无家可归的都市灵魂的去处。海德格尔说：“返乡就是返回到本源近旁。”[①] “本源”即是自然，就是人本来生活的原生态的地方。可以说每个作家都有着自己特定的原乡背景，地方归属感也是诸多生态文学作品反映的主题。因而，带有地域性的生态文学在中西方的文学创作中占有举足轻重的位置。而地方研究也在中西方生态批评领域具有重要的价值。也可以说地方意识贯穿生态批评的发展过程。地方是作家和读者身份认同和文化记忆的平台，人们对其具有依恋和归属感，才会自发地保护和呵护它。只有这样，才能真正地唤醒人们去保护整个地球。因此，生态区域主义者呼吁将地域作为“生态家园”的立足之本。

随着生态领域地方研究的日益成熟，地方概念在生态批评中的位置越来越重要，同时也越来越丰富、复杂。文学如果脱离了地方物质和地方文化的滋养以及本源身份建构的支撑将会是无本之木。但是，如果只是局限于地方，而不能放眼于世界，无视其跨文化、跨文明性，生态批评也将变成一叶障目。因此，从生态学视角研究文学，我们不仅要立足于地方，关注本地的生态文化，还要注意到不同地方之间生态文化的差异；既要看到全球生态危机对地方的影响，也要关注地方生态危机的蔓延。就如生态区域主义者提出的：“如果地方不能融入更广阔的生态系统和全球文化经济网络，那么这种地方感是不全面的；同样，如果无视全球是无数个形状大小各异的地方复杂联合的结合体，那么全球感也同样是不完整的。”[②]

总之，“地方”写作体现了对地域及文化的归属，传达了作家的价值观及生态思想，蕴含了作家对社会深层文化的忧患和对人类生存状态的思考。中国当代文坛很多具有生态意识的作家也同时具有地方意识，他们出于对家乡的热

① ［德］海德格尔：《荷尔德林和诗的本质》，见《荷尔德林诗的阐释》，第24页。

② Lynch，Tom et al：The Bioregional Imagination：Literature，Ecology，and Place，Athens：University of Georgia Press，2012，p.9。

爱，在各自的作品中表达了生态保护和恢复人与自然和谐关系的思想。如马丽华、范稳、阿来的《藏区风情》，陈应松的《神农架叙事》，红柯、姜戎的《草原牧歌》，于坚的《云南边地》。

生态批评是跨学科的文学及文化研究，它是一个兼有文学批评和文化批评性质的既复杂又开放的理论体系，要求将文学与生态学、生物学、地理学、心理学、人类学、文化学、美学、伦理学等学科相结合，从多视角透视生态危机产生的原因，凸显人与自然之间不可割裂的亲缘关系，揭示生态危机本质上是人性的危机，是人类文明或文化的危机。此外，作为一种由多种理论交叉和整合而成的理论体系，其还具有开放性、包容性等特征。

第三节　生态批评理论的发展历程

不同的学者可以从不同的视角探讨文学与自然环境之间的关系。除了文化地理学、文学地理学之外，还有生态学的视角。生态学（Ecology），是 1866 年由德国生物学家恩斯特·海克尔首次定义的一个概念：“研究生物与其外部世界的关系的科学。”目前已经发展为研究生物与其环境之间的相互关系的比较完整和独立的学科。从 20 世纪 60 年代末 70 年代初起，世界各地先后掀起了反思人类现行的观念和行为的生态运动。到 20 世纪 70 年代末 80 年代初，生态运动演变为与各种思想、各种思潮结合为一体的思想运动。就学术领域而言，生态运动的浪潮给它们带来了新的学术视野，一些学科纷纷将自己的研究领域与生态学结合起来，形成了诸多的新学科，诸如生态哲学、生态神学、生态人类学、生态伦理学、生态女性主义，等等。至此，人们关注的已不仅仅是人与人之间的关系、人与自然之间的关系，而是深入到整个生态系统出现危机的根本原因。

一、生态批评的兴起阶段

美国女作家蕾切尔·卡逊于 1962 年发表的《寂静的春天》，被认为是第一部产生重大影响的生态文学作品，这也是一本引发全世界环境保护意识的书。在它的影响下，联合国于 1972 年 6 月 12 日在斯德哥尔摩召开了“人类环境大会”，并由各国签署了《人类环境宣言》，从此开始了人类环境保护事业。而关于生态批评的学术研究实践最早可以追溯到 1972 年约瑟夫·米克（Joseph W. Meeker）的《生存的喜剧：文学生态学研究》（The Comedy of Survival：Studies in Literary Ecology，1972）一书，率先从跨学科的立场进行文学生态学研究。他从生态学的视角，采用跨学科的方法，直面人类最重要的生存问题。在他的研究中，试图将“生态学”引入文学批评，打破了学科之间的分离的状态，从自然科学与人文科学联合的视角找出文学的生态学阐释模式，从而使一直处于不确定状态的文学批评有了延伸的视野——生态视野。“米克认为既然文学创作是人类重要的特征，是人类有别于自然其他物种的创造性的行为，那么缜密地审视并找到文学对人类行为和自然环境的影响有助于确定文学到底在人类生存中起到了什么作用。”

而“生态批评”这一术语最早是于 1978 年由美国生态批评家威廉·鲁克尔特（William Rueckert）在其《文学与生态学：一次生态批评实验》（Literature and Ecology：An Experiment in Ecocriticism）一文中首次提出的，他同时提出文学批评家应该有生态学视野，主张把文学和生态学结合起来，构建出一个生态诗学体系。此后有了诸如“环境文学批评”（Environmental Literary Criticism）、“生态诗学”（Ecopoetics）、“自然历史阅读”（The Natural History of Reading）、“绿色研究”（Green Studies）、“绿色文化研究”（Green Cultural Studies）等其他术语。之后弗莱德里克·威奇于 1985 年出版了专著《环境文学教学：材料、方法和文献资源》，对美国生态文学批评作出了很大贡献。1991 年，英国著名生态文学研究学者贝特的《浪漫主义的生态学》一书提出从生态学视角研究浪漫主义文学，并且在书中使用了“文学的生态批评”这一术语。而生态批评思潮形成的标志一般认为是于 1992 年成立的“文学与环境研究会”（The Association for the Study of Literature and Environment，简称 ASLE）。

1994 年，克洛伯尔在他的《生态批评：浪漫的想象与生态意识》一书中提倡“生态学的文学批评”和“生态学取向的批评”，同时对生态批评的产生原因、特征、批评的标准等问题进行了系统的论述。1995 年，哈佛大学布伊尔教授在他的《环境的想象：索罗、自然文学和美国文化的构成》这本著作中从生态学的视角对美国文学与文化进行审视，被称为“生态批评的里程碑”。尤其是 2000 年贝特的《大地之歌》的出版，把生态批评的视野扩展到整个西方文学史，并且对生态批评进行了理论探讨。尽管生态批评研究领域庞杂，但他们都有一个共同的前提，那就是人类文化与自然世界存在着密切关系，人类文化影响了自然世界，反过来自然也影响了人类文化。其实，生态批评主要研究的是自然与文化的联系，尤其是自然与语言和文学之间的关系。

作为一种新的文学批评潮流，生态批评是在生态哲学的成熟发展的基础之上产生的，是针对当时文学批评理论回避日趋严重的生态危机的。1989年，美国另一位重要的生态批评家洛夫（Glen A. Love）在他的著作《重评自然：走向生态文学批评》一书中，大力呼吁文学批评应该直面人类与环境的紧张关系问题，倡导文学批评家应该担负起解决当前现实生态危机的历史使命。他指出，在其他人文学科已经开始普遍关注绿色生态的大形势下，文学批评领域却表现得异常冷漠，其中一个原因是有意回避痛苦的现实，另一个原因恐怕就是“学科人文主义视野的局限及其狭隘的人类中心主义观点”①。生态文学批评的研究目的是对文学进行生态思考，通过文学发现人类对自然环境行为的影响。生态文学批评评论的对象不只是针对“生态文学”或者“自然书写”，而是整个文学。任何文学作品都可以从生态的角度进行审视，因为生态不仅包括自然生态，还包括精神生态和社会生态。即“没有任何一部文学作品，不管它产生何处，完全不能被生态地解读。”②

二、生态批评的发展阶段

生态批评发展到今天，在理论体系建构方面，提出了许多有意义的思想，

① 格伦·A.洛夫：《实用生态批评》，胡志红等译，北京大学出版社2010年版，第67页。
② 同上。

试图创建一种生态诗学。彻丽尔·格罗特费尔蒂根据生态批评研究的内容和重心的推进，认为生态批评理论大致经历了三个发展阶段：第一阶段主要研究文学如何再现自然与环境；第二阶段主要深入研究描写自然的文学作品的历史、发展、成就及其风格体裁等；第三阶段主要通过对生态系统的概念的强调来加强生态文学批评的理论建构。

另一位著名的生态批评学者劳伦斯·布伊尔在《环境批评的未来》一书中根据当前西方生态批评发展的思想基础或理论视野，将西方生态批评的发展大致分为两个阶段或两次“生态波”：第一阶段归纳为生态中心主义生态批评，第二阶段为环境公正生态批评。第一阶段主要以生态中心主义哲学，特别是其中重要的一支深层生态学为思想基础，认为人类中心主义思想是导致生态危机的罪魁祸首，因此，他们试图通过较为激进的方式来绿化人类文化和文学，用生态中心主义型人类文化取代人类中心主义型主流传统文化，以期尽快扭转当前严峻的生态危机带来的普遍的环境焦虑。由于他们试图通过挖掘文学、文化中的生态内涵，来揭示人与自然之间的关系，而这里的“环境”又主要是指“纯自然”或“荒野”，没有把人类生活的社会环境和城市环境纳入其中，而跟文化关系密切的种族、阶级、性别等也没有被包括在考量范围之内，再加上其一直陷于人类中心主义和生态中心主义的二元对立困境中，因此，它急于达到加强人们的生态意识，唤醒人们的生态良知，培养人们的生态情怀，从而达到遏制或消除生态危机的目的，就难免显得具有乌托邦色彩。

由于生态中心主义批评存在偏激或偏颇，因此受到了有色族群、贫困的弱势群体、第三世界国家以及女性主义学者的批判。同时也受到了兴起于 20 世纪 70 年代末 80 年代初的环境公正运动的质疑和挑战。1991 年在美国华盛顿召开了“首届有色族人民环境保护领导人峰会”，“会议提出坚决反对环境种族主义和环境殖民主义，尊重多元文化，确保环境公正。”[①]尤其到了 20 世纪 90 年代中后期，第一阶段生态批评的很多学者在认真评估了 20 余年来的生态批评的得失成败之后，开始进行学术转向，拓展生态批评的视野，把种族、阶级、性别等引入生态批评，从而走向环境公正生态批评。

---

① 胡志红：《中国生态批评十五年：危机与转机——比较文学视野》，《当代文坛》，2009年第4期。

斯洛维克在 2010 年出版的《生态批评第三波：北美对该学科现阶段的思考》一书，在布伊尔的两个阶段的基础之上又进一步提出了生态批评的“第三波”或第三阶段理论。第三阶段生态批评特别强调生态批评的种族视野和民族特征，旨在将跨文化甚至跨文明视野与生态女性主义文学批评和环境公正批评结合起来。

从生态批评的发展历程来看，随着生态批评理论与实践的不断发展与深入，越来越多的人认识到，生态批评的目的是揭示生态危机产生的深层根源，其研究范畴不仅仅是与人类社会相对的自然环境，也应包括“非自然”的社会文化环境，探索自然与文化的交叉与互动，并用历史的、联系的观点考察自然与人类文化之间的关系。因此说，生态批评是在“以地球为中心”的生态整体主义思想指导下探讨文学与自然之间关系的文学研究。

第二章　中国生态批评的本土建构

中国的生态批评诞生于20世纪90年代中期，其兴起的主要原因是现实生态危机问题的日益凸显和西方生态批评思潮的发展与传播。中国的生态批评主要以传统生态哲学为思想基础，经过20多年来前辈学人的筚路蓝缕，在迅猛发展中取得了较大的学术实绩，已经成为学术界的一个新的学术增长点。虽然中国的生态文学和生态批评还具有一定的局限性，但可以说，已经初步形成本土的文化品格和美学风格。

第一节　中国生态批评的思想资源

生态批评致力于批判传统的人类中心主义，批判人与自然之间分离与对立的世界观，颠覆人类征服自然、控制自然、肆意消费自然的观念，唤醒人类的生态意识，重建人与自然和谐共处的生态理想，展现别具一格的生态审美取向。生态批评的重要意义在于彻底打开了文学研究的视野，使文学研究不断走向广阔的自然空间维度。源远流长的中国传统文化就是以崇尚自然、强调自然与人的和谐相处为基础的，一直蕴含着丰富的生态思想资源，影响着民族价值观的审美走向。英国科学家李约瑟评价中国哲学思想的特点是："它从来不把人和自然分开。"[①] "随着生态学时代的到来，中国传统文化精神将在未来人类思

① 转引自葛荣晋主编《道家文化与现代文明》，中国人民大学出版社1991年版，第301页。

想领域取得与西方思想文化平等的对话资格，从而对整合当代世界文化作出重大贡献。”[①]

一、“天人合一”、万物平等的生态价值观

早在西方生态学兴起之前，中国人就具有了根深蒂固的传统生态理念和生态情怀。最早可追溯到华夏民族的蒙昧时代，虽然那时先民们对自然界的认知仅限于原始的自然崇拜，秉承万物有灵论，但同时也体现了最原始的朴素生态观。《尚书·舜典》记载：“禋于六宗。” “六宗”即日、月、星、河、海、岱。《礼记·祭法》中也说：“山林、川谷、丘陵，能出云为风雨，见怪物，皆曰神。”这种自然崇拜实际上是与当时生产力水平及人们对宇宙万物的认知能力低下有关。《周易》中所说的“天地之大德曰生”，就是上古生态观的概括。

“天人合一”是中国传统文化中的一个非常重要的哲学范畴，也可以说是东方文明的重要思想基础。更有学者认为“天人合一”是中国文化的精华，体现了以中华文化为代表的东方文明的宏大境界。同时我们说，它也是中国生态哲学思想的基础，体现了中国哲学的最高生态智慧。在华夏文明初创时期，先人们就已经开始探讨人与天地万物的关系。万物生命是大自然赋予的，天地是生命之源，而天地之大对他们而言又是无限的、永恒的，正所谓“天地恒久不息”。天之大可以“生物”，地之厚可以“载物”，它们是一切生命存在的基础。因此，古人也称天地为父母，他们崇敬天地，崇敬自然，追求天人和谐，执着于人与万物应该“并肩而不相害”的理想，这是非常朴素的情感，也是一种朴素的哲学情怀。中国重要的哲学思想之一道家思想的核心“道”就体现了人与自然物我两忘的最高境界。老子首先提出“自然”这一重要的哲学范畴：“人法地，地法天，天法道，道法自然”，“道生一，一生二，二生三，三生万物”，[②] 强调天人同源。《周易》中也有“生生之谓易”“大化流行”“生生不息”等思想。“生生”即天地连续不断地生成、创造生命的过程。可见二者有异曲同工之妙。庄子也说过：“古之至人，天而不人”“天地与我并生，

① 鲁枢元：《生态批评的空间》，华东师范大学出版社2006年版，第61页。

② 转引自朱恩田《重读老子》，辽宁大学出版社2000年版，第55页。

而万物与我为一”，[①]认为人与大自然本为一体，人是天地的一部分。他还认为人与大自然的一切是平等的，即“万物一齐”“同与禽兽处”；“与天地精神往来”“天在内，人在外”“以天地之大美”。“夫明白于天地之德者，此之谓大本大宗，与天和者也。所以均调天下，与人和者也。与人和者，谓之人乐；与天和者，谓之天乐。”[②]这些都体现了人对自然万物的尊敬、热爱，表达了与天地万物浑然一体、共荣共生、和谐相处的美好的生态情怀。就如美国物理学家卡普拉所说：“道教提出了生态智慧的最深刻、最精彩的一种表述。”[③]因此可以说，“天人合一”蕴含着丰富而深刻的生态思想，是我国最早的生态哲学思想的表述，也是我国重要的生态精神资源之一。

儒家和道家都是中国哲学思想的重要构成。尽管二者在思想主张上存在着悖论，如有人认为：“儒家思想是成功者或希望成功的人的哲学。道家思想是失败者或尝到过成功的痛苦的人的哲学。”[④]但儒家同样也把追求人与自然的和谐及万物平等作为一种人生的理想目标。《中庸》记载，孔子说：“万物并育而不相害，道并行而不相悖”，孔子还说：“天何言哉？四时行焉，百物生焉，天何言哉？”（《论语·阳货》）荀子说：“清其天君，正其天官，备其天养，顺其天政，养其天情，以全其天功。”（《荀子·天论》）孟子有“尽心、知性、知天”的言论。到了汉代，董仲舒所代表的儒家学派则用“天人相类”“天人感应”来论证天人合一，有浓厚的神秘主义色彩。宋代儒家学者张载的“民胞物与”和明代王阳明的“人与天地万物一体”都具有“仁者与天地万物为一体”“民胞物与”“仁民爱物”的强烈的生态伦理关怀。

到了近现代，一些著名的学者曾阐释过自己的“天人合一”思想。被誉为“最后的国学大师”的钱穆着重强调“天人合一”观。他说：“中国文化特质，可以‘一天人、合内外’尽之。何谓一天人？天指的是自然，人指的是人文。人生在大自然中，其本身就是一自然。脱离了自然，又哪里有人生。则一切人文，亦可谓尽是自然。自然人文会通和合，融为一体，故称一天人。何谓合内

① 庄子：《齐物论》，《庄子》，书海出版社2001年版，第15～32页。

② 同上，第132～140页。

③ ［美］卡普拉：《转折点》，四川科技出版社1988年版，第406页。

④ ［英］李约瑟：《中国科学技术史》第二卷，科学出版社1990年版，第178页。

外？人生寄在身，身则必赖外物而生存，如食如衣如住如行，皆赖外物。若谓行只赖两足，但必穿鞋，鞋亦即身外之物。使无身外之物，又何以有此一身，故称合内外。”[①]钱穆先生在临终前写的《中国文化对人类未来可有的贡献》一文中还提道：“西方人喜欢把‘天’与‘人’分离开来讲。换句话说，他们是离开了人来讲天。这一观念的发展，在今天，科学愈发达，愈易显出它对人类生存的不良影响。中国人是把‘天’与‘人’和合起来看。中国人认为‘天命’就表露在‘人生’上。离开‘人生’，也就无从来讲‘天命’。离开‘天命’，也就无从来讲‘人生’。……此义宏深，又岂是人生于天命相离远者所能知！”[②]他还把以天人合一为代表的中国传统文化视作“宗主”。他认为：“中国文化中，‘天人合一’观，虽是我早年已屡次讲到，唯到最近始彻悟此一观念实是整个中国传统文化思想之归宿……中国文化过去最伟大的贡献，在于对‘天’‘人’关系的研究。中国人喜欢把‘天’与‘人’配合着讲。我曾说‘天人合一’论，是中国文化对人类最大的贡献。”“中国传统文化精神，自古以来既能注意到不违背天，不违背自然，且又能与天命自然融合一体，我以为此下世界文化之归趋，恐必将以中国传统文化为宗主。”[③]钱穆先生着重强调了中国古人“天人合一”思想观的伟大，同时也是他对中国文化思想的总根源的“大体悟”“大彻悟”。

季羡林先生在此基础上更明确地说：“东方哲学思想的基本点是‘天人合一’。什么叫‘天’？中国哲学史上解释很多。我个人认为，‘天’就是大自然，而‘人’就是人类。天人合一就是人与大自然的合一。”[④]他认为西方的天人对立思想导致了严重的生态危机，今天只有东方的“天人合一”思想才能拯救人类。并且说：“天人合一的思想，是东方文明的主导思想，应该说是有坚实可靠的依据的。”[⑤]

---

① 钱穆：《中国文化特质》，《中国文化与中国哲学》，三联书店1988年版，第29页。

② 钱穆：《中国文化对人类未来可有的贡献》，《中国文化》第四期，生活·读书·新知三联书店1992年版，第93～94页。

③ 同上。

④ 季羡林：《“天人合一”方能拯救人类》，《东方》，1993年创刊号。

⑤ 季羡林：《关于天人合一思想的再思考》，见季羡林《我的人生感悟》，中国青年出版社2006年版，第129页。

事实上，中国的“天人合一”思想体现出的生态精神不是完美、成熟的。北大哲学系的张世英先生就认为：“中国的天人合一的传统思想给中国人带来了人与物、人与自然交融和谐的高远境界，但也由于缺乏主客二分思想和主体性原则而产生了科学和物质文明不发达之势，尤其是儒家传统把封建‘天理’的整体性和不变性同天人合一说结合在一起，压制了人欲和个性。”因此，“一味赞扬中国的‘天人合一’说，是不符合人类思想发展之大势的。要发展中国哲学，一是要认真反对中国哲学传统中根深蒂固的封建伦理道德意识；二是要发展‘主客二分’的思想和科学精神；三是要注意发扬人的个性，防止以共性压倒个性”。[①]章如先先生也曾提出过质疑，认为“人天合一”更恰切，他说：“‘天人合一’是天在前，人在后，天占有主导地位，是自然支配着人类的实践活动，人在自然界面前表现出屈从、顺应。‘人天合一’是人在前，天在后，人占主导地位，是智慧的人类经过工业文明‘战天斗地’的洗礼，不断遭到自然界的‘惩罚’后，对人与自然关系的清醒认识，正确定位。‘人天合一’是人类主动地、自觉地、积极地与大自然和谐相处。‘人天合一’意味着人类自觉主动地走进大自然，亲近大自然；自觉主动地构建人与自然和谐相处的生活环境；自觉主动地选择健康适度消费的绿色生活，以节约自然资源；自觉主动地保护自然，补偿自然，维护自然的生态平衡。这是人与自然的关系在更高层次上的‘合一’，是人类面临‘全球问题’的威胁作出的最佳选择。‘人天合一’是归处。走向‘人天合一’，达到人与自然相通相融，就是‘人诗意地栖居在大地上’。”[②]

我国学术界的另一位前辈张岱年先生有过这样的论述：“关于人与宇宙的关系，中国哲学中有一特异的学说，即天人合一论。中国哲学之天人关系论中所谓天人合一，有二意义：一天人相通，二天人相类。天人相通的观念，发端于孟子，大成于宋代道学。天人相类，则是汉代董仲舒的思想。”“讲天人合一，于是重视人与自然的调谐与平衡，这有利于保持生态平衡，但比较忽略改造自然的努力。讲知行合一，而所谓行主要是道德履践，于是所谓知也就主要是道

① 张世英：《天人之际——中西哲学的困惑与选择》，人民出版社1995年版，第2、3、13页。
② 章汝先：《“人天合一”是归处》，《自然之友通讯》，2002年第1期。

德认识，从而忽略对于自然界的探索。”[①]显然，他不赞成中国古代的“天人合一”说是人与自然未分时的前主体性思维的观点。在他看来，宋明理学家已经有了人“与天地万物为一体”的认识上的自觉。“应该承认，所谓天人合一是在肯定天人区别的基础上再肯定天人的统一，这是一种辩证思维，是更高一级的思维方式。”[②]他认为中国传统哲学中的“天人合一”思想是很复杂的，而且也包含着一些错误的观点。如宋代的“天人合一”说不应该把道德原则与自然规律混淆在一起，张岱年所主张的天人协调说，是一种既要改造自然又要利用自然，并且遵循自然规律，使其符合人类的愿望，保持生态平衡的比较全面的观点。

以上学者对中国古代“天人合一”思想的认识和评价具有一定的代表性，带给我们很多的启发。中国传统哲学中的“天人合一”思想，在人类历史发展的过程中表现出了内容的复杂性，需要我们对其精神要义进行与时俱进的科学的分析与把握。重要的是要正确地认识“天人合一”思想的现代意义。正如曾繁仁先生所言，“天人合一”思想“无疑不可避免地存在着历史与时代的局限，特别是因其产生在前现代的远古的背景之上，因而免不了有许多反科学、甚至是迷信的色彩。因此，对于‘天人合一’之中的生态思想，我们既不能完全接受，也不能任意拔高。但这一思想之中的许多智慧资源的确是极其宝贵的。特别重要的是，对于我们当前亟须建设的当代生态人文主义，中国古代生态智慧具有较大的借鉴意义”。[③]

二、尊重生命、善待自然的生态价值观

中国古代在看待人与自然关系时提出的“天人合一”的哲学思想是中国对人类文明的一大贡献。它的基础就是把人与天地万物看成是一个相互联系的有机整体，相互之间处在一种相依共存的生态联系中，人类为了自己的生存和发展，也必须保护其他的自然生命，善待宇宙万物。这种思想是先民从

---

① 张岱年:《中国文化与中国哲学》，东方出版社1986年版，第7页。

② 张岱年:《张岱年全集》，河北人民出版社，1996年版，第7卷第92、97页，第5卷第625页。

③ 曾繁仁:《中古代“天人合一”思想与当代生态文化建设》，《文史哲》，2006年第4期。

农业生产和生活实践中认识到的。“据史籍记载，早在尧舜时代就设有管理山林川泽、草木鸟兽的‘虞’即环境保护机构和官员，至秦代已出现《田律》这样系统的农业生态环境保护法律。”[①]此后有关保护自然生态环境的思想、言论、典故和制度等也散见于各种文献典籍中，可见中国人很早就有了保护生态环境的意识和行动。

中国历史上有两个著名典故具有明显的生态意识，即“网开三面”和“里革断罟”。前者是说有一天商汤外出游猎，看见有人正在张网捕猎，那个人在东西南北四面都布了网，并祈祷说：“愿天下四方的鸟兽都掉进我的罗网！”汤听后说：“你这不是要把天下的鸟兽都一网打尽吗？”于是下令撤掉三面的网，也默默地祷告：“想到左边去的就往左，想到右边去的就往右，不听我指令的就自投罗网吧！”诸侯们听说这件事后，都盛赞商汤的“仁德”，连禽兽也受到了恩泽，于是都归顺于他，很快推翻了夏王朝（见《史记·殷本纪》）。后一个故事是说，有一年夏天，鲁宣公在泗水撒网捕鱼，大夫里革听说后立即赶去，把渔网撕破扔在地上，并对鲁宣公说：“今鱼方别孕，不教鱼长，又行网罟，贪无艺也。”鲁宣公听了这番话后，惭愧地说：“吾过而里革匡我，不亦善乎！是良罟也，为我得法。使有司藏之，使吾无忘谂。”（见《国语·鲁语》）可见，那时人们就已经注意到在动植物繁殖生长期不能捕捉、伤害它们，这样才能让万物生息繁衍。据记载，周代保护生物资源的规定已十分具体和严格，包括什么时节可以狩猎，什么时候不能狩猎，以至于狩猎到什么程度等。而且受到保护的物种也很广泛，除了草木鸟兽鱼鳖之外，还包括蚂蚁、蝗虫之类的昆虫，这些规定是具有法律效力的，君臣上下都必须遵守。

尊重生命、善待自然的生态伦理思想在中国古代几乎得到了普遍认同。儒家、法家、道家和佛家都具有仁爱万物的生态伦理情怀。

儒家不仅提倡“仁者爱人”，而且还把“仁爱”的对象延伸至天地万物。在儒家看来，“天地之大德曰生”，“上天有好生之德”，天地自然化生并养育了万物，这是天地的伟大与仁爱，所以作为万物之灵的人类也应该参赞万化、关爱自然、尊重生命。孔子说：“伐一木，杀一兽，不以其时，非孝也。”表达了

① 方克立：《“天人合一”与中国古代的生态智慧》，《当代思潮》，2003年第4期。

善待万物的慈爱态度。孟子对其思想作了进一步的发挥："君子之于禽兽也，见其生，不忍见其死；闻其声，不忍食其肉。是以君子远庖厨也。"（《孟子·梁惠王章句上》）他还认为生物资源"苟得其养，无物不长；苟失其养，无物不消"（《孟子·告子章句上》）。因此，对于人类来说，"不违农时，谷不可胜食也；数罟不人洿池，鱼鳖不可胜食也；斧斤以时入山林，材木不可胜用也。"（《孟子·梁惠王章句上》）。荀子在继承孟子思想的基础上继承和发展了儒家思想，他说："草木荣华滋硕之时，则斧斤不入山林，不夭其生，不绝其长也；鼋鼍鱼、鳖、鳅鳝孕别之时，罔罟毒药不入泽，不夭其生，不绝其长也；春耕、夏耘、秋收、冬藏，四者不失时，故五谷不绝而百姓有余食也；污池渊沼川泽谨其时禁，故鱼鳖优多而百姓有余用也；斩伐养长不失其时，故山林不童而百姓有余材也。"（《荀子·王制》）他不仅根据生物繁育生长的规律，提出了保护自然资源的理论和措施，还把这些措施看成是"圣王之制"。荀子不赞成无限度地开发、利用自然资源，一味地征服自然，而是强调要"不夭其生，不绝其长"，要尊重和遵循"春耕、夏耘、秋收、冬藏"的自然规律，其目的就是要发展生产，让百姓"有余食""有余用"。他还把人与人之间的道德上升到生态层面。汉代的董仲舒进一步拓展了这种道德层面上对自然万物关怀的领域。他说："质于爱民，以下至于鸟兽昆虫莫不爱。不爱，奚足谓仁？"[①]直至宋明儒家，都是对自然界的万物充满了仁爱，因为他们认为自然万物与自家性命是息息相关的。可见儒家思想从爱人到爱物，天不违人，人不违天，是一种普遍的生命关怀，并且把珍爱一切生命上升到道德要求的高度。

法家在这方面作出了突出贡献的当首推管仲。管仲在齐国为相时，从发展经济目的出发，十分注意保护自然资源。《管子·轻重甲》篇有："山林、范泽、草莱者，薪蒸之所出，牺牲之所起也。故使民求之，使民籍之，因以给之。"他认为，山林川泽是出产薪柴和水产的地方，政府应该把其监管起来，让人民有节制地上山去砍柴，下水去捕鱼，然后政府按官价收购，人民也可以通过这些来糊口谋生。他还认为不能很好地保护山林川泽的人就不配当君主："为人君而不能谨守其山林、范泽、草莱，不可以立为天下王。"（《管子·地数》）尤

① 苏舆：《春秋繁露义证·仁义法》，中华书局1992年版，第251页。

其是管仲还提出："修火宪，敬山泽、林薮、积草，夫财之所出，以时禁发焉。"（《管子·立政》）"山林虽近，草木虽美，宫室必有度，禁发必有时。"（《管子·八观》）主张用立法和严格执法的办法来保护自然资源，如制定防火的法令、规定砍伐山林的时间，甚至建造宫室用材也要有一定限度，不能滥伐林木以致开采过度。他还提出对犯法的人要严刑重罚："苟山之见荣者，谨封而为禁。有动封山者，罪死而不赦。有犯令者，左足入，左足断；右足入，右足断。"（《管子·地数》）管仲的思想有一个重要特点，就是把保护生物资源与开发、利用这些资源结合起来，以使这些资源更好地为人类所用。这就是所谓"先王之禁山泽之作者，博民于生谷也"（《管子·八观》）。

张载在《正蒙·乾称篇》中有"乾称父，坤称母"，"民吾同胞，物吾与也"[①]的说法，意为人与万物充塞于天地之间，人和万物的本性好似气的流动与变化，本性是一致的。他认为宇宙万物是人类的伙伴与朋友，人类应善待万物并与之和谐相处。王阳明进一步发挥了仁者泛爱万物的思想，他说："见孺子之入井，而必有怵惕恻隐之心焉，是其仁之与孺子而为一体也；孺子犹同类者也，见鸟兽之哀鸣觳觫，而必有不忍之心焉，是其仁之与鸟兽而为一体也；鸟兽犹有知觉者也，见草木之摧折而必有悯恤之心焉，是其仁之与草木而为一体也；草木犹有生意者也，见瓦石之毁坏而必有顾惜之心焉，是其仁之与瓦石而为一体也。"[②]（《大学问》）他认为这种对鸟兽、草木、瓦石的泛爱是人性善的自然表露，同时也是人类最高的伦理情感，是人对天地万物的一种生态意识。由此可见，儒家的"仁学"可以被看成是最初的尊重所有生命的生态伦理学。

道家思想中也有提倡保护自然生命而不随便宰杀的生态伦理观。如："万物作焉而不为始，生而弗有，为而弗恃，功成而弗居。"[③]老子一再强调："生而不有，为而不恃，长而不宰，是谓玄德。"[④]他提倡自觉地去养育万物，使之生长而不去占有，更不去宰杀，这才是德行的最高层次。老子在《老子·六十七章》中将这种德行概括为"三宝"中的"慈"。他说："我有三宝，持而

① 张载：《张载集》，中华书局1978年版，第67页。

② 王守仁：《王阳明全集》，上海古籍出版社1992年版，第63页。

③ 老子：《二十二子·老子·二章》，上海古籍出版社1986年版，第1页。

④ 同上。

保之，一曰慈，二曰俭，三曰不敢为天下先。”[①]他认为，有慈爱之心，才能不去随意危害生命，破坏自然生物；有节俭之习，才不会去浪费自然资源，以保护自然万物。可见，老子“三宝”中的两宝都与生态有关。顺应人与天地自然和谐才能保护自然生态平衡的自然规律，也是古代生态智慧可以借鉴的重要思想资源。《吕氏春秋》就沿用了道家的思想主张调动人的主观能动性，顺应自然界的规律，凭借外物因势利导，如大禹治水是“因水之力也”（《吕氏春秋·慎大览》）。《淮南子》则将道家的“无为”改造成“循理而举事，因资而立功，权自然之势，而曲故不得容者，事成而身弗伐，功立而名弗有”（《修务训》），强调的是一种在尊重自然规律前提下的“有为”。

佛家认为世间万物并非无情，都有其生存的权利和价值，所以他们把尊重自然、善待生命看作是佛教徒的天然使命。不杀生、放生和素食也是其教义的重要内容和佛教伦理的基本要求。这种要求恰是把生态伦理观念化为生态实践的重要基础。此外，佛教认为天地同根、众生平等、万物一体，把生命主体和自然环境视为一体，理应和谐相处。

综上所述，用生态伦理思想重新审视中国的传统文化，我们可以发现，它们都带有生态文明的深刻印记。中国传统哲学为解决人类共同面对的基本问题提供了正确的思想原则。在“天人合一”“万物平等”“尊重自然”“善待生命”等生态伦理观的指导下，我们的先哲提出了许多保护自然生物资源，使其繁衍再生以造福于人类的朴素的可持续发展的生态伦理思想，并在一定限度内付诸实践。他们的思想既是对自然与生命的感悟也是对人类生存方式的理性反思。重新挖掘与阐释中国传统生态思想资源，同时用辩证的态度借鉴和发展西方的生态思想，有利于构建具有本土特色的生态批评实践体系。

---

① 老子：《二十二子·老子·六十七章》，上海古籍出版社1986年版，第8页。

第二节　西方生态批评理论在中国的传播

生态批评亦称生态诗学或绿色文学研究等。它最早发端于美国，于 20 世纪 70 年代逐步发展成为一个重要的文学理论流派。在其后的几十年间，它迅速跨越国界，跨越文化，传播到西欧各国，并随着生态问题的全球化发展，成为一股世界性的理论潮流。

虽然中国的生态伦理思想的产生可以追溯到古代的"天人合一"的生命观，但是真正自觉的生态批评理论的产生与发展应该说是受西方生态学理论和生态题材文学文本及批评著作的直接影响，其为中国的生态批评的发展提供了丰富的经验和启发。生态批评在 20 世纪 90 年代正式传播到中国，尤其是 20 世纪末和 21 世纪初，译介过来的书写人与自然的关系以及生态批评的理论著作可以说不胜枚举，如法国学者塞尔日·莫斯科维奇的《还自然之魅——对生态运动的思考》，美国学者唐纳德·沃斯特的《自然的经济体系——生态思想史》，美国学者霍尔姆斯·罗尔斯顿的《哲学走向荒野》和《环境伦理学：自然界的价值和人对自然界的义务》，英国学者布赖恩·巴克斯特的《生态主义导论》，英国学者阿诺德·汤因比的《人类与大地母亲》，德国学者狄特富尔特的《人与自然》，德国学者彼得·辛格的《动物解放》等理论著作以及法国的勒克莱齐奥，美国的梭罗、雷切尔·卡森、奥尔多·利奥波德，英国的乔纳森·贝特等人的生态文学创作。

当然，除了众多学者对西方生态批评及生态创作的积极译介之外，一些学者对国外生态批评的研究热潮的兴起也对中国生态批评的发展发挥了重要的作用。其标志是司空草于 1999 年发表在《外国文学评论》上的文章《文学的生态学批评》。之后，他一直致力于西方生态批评理论的研究与译介工作。此外，王宁、王诺、朱新福、陈茂林、韦清琦、刘蓓等学者也加入介绍和研究西方生态批评的理论和成果的队伍中。

王宁教授于2001年牵头出版了《新文学史1》，里边选载了两篇著名的英美生态批评论文《文化与环境：从奥斯汀到哈代》和《生态批评、文学理论和生态学的真实性》，使国内学者对国外生态批评发展的最新动态有所了解，并在生态批评方法上得到了一定的启发。

中国的生态批评在理论建设上受欧美生态批评的影响最大。2001年召开的“全球化与生态批评”专题研讨会，就已经显露出学术界对欧美生态批评的极大兴趣。之后，王诺先生就于2002年发表了两篇有关生态批评的学术论文《生态批评：发展与渊源》和《雷切尔·卡森的生态文学成就和生态哲学思想》，率先在国内学界对欧美生态批评相关理论进行评介。前者主要介绍了西方生态批评产生的背景和对“生态批评”这一术语的界定，同时对英美生态批评思潮的理论渊源和发展脉络进行了梳理和评价，并对生态批评在未来的发展应当解决的几个问题进行了分析。在此基础上提出：“生态批评有着显示其本体特征和独特价值的主要任务，那就是通过文学来重审人类文化，来进行文化批判——探索人类思想、文化、社会发展模式如何影响甚至决定人类对自然的态度和行为，如何导致环境的恶化和生态危机。”①后者对美国生态文学里程碑式的人物——雷切尔·卡森的文学成就和生态思想进行了较为细致的分析和评价。2003年，王诺先生又出版了国内第一部生态文学研究方面的专著《欧美生态文学》，并且作为普通高等教育“十一五”规划教材。全书从生态文学产生的原因、生态文学的界定、生态文学的思想资源、生态文学的发展进程、生态文学的思想内涵等几方面较为系统分析、考察了西方生态批评和欧美生态文学的发展过程以及主要成就。并指出：“生态文学是以生态整体主义为基础，以生态系统整体利益为最高价值的考察和表现自然与人之间关系和探寻生态危机之社会根源的文学。生态责任、文明批判、生态理想和生态预警是其突出特点。”②成为中国生态批评发展的重要节点。王诺先生于2013年出版了另外一部重要的著作是《生态思想与生态批评》。这本书是作者对十余年来很多著名学者对其关于生态批评研究提出的质疑和批评的修正和弥补。作者在这本书中对生态批评的定义、主要任务、研究对象和方法、生态批评的贡献和限度进行

① 王诺：《生态批评：发展与渊源》，《文艺研究》，2002年第3期。

② 王诺：《欧美生态批评》，北京大学出版社2003年版，第11页。

了界定和分析；对环境主义和生态主义、环境正义和生态正义、唯发展主义和生态发展观进行了区分；对生态整体主义进行了论辩；对生态审美的原则和生态审美的实践进行了论证。尤其是对一直以来争议较大的生态批评的定义进行了界定："生态批评是在生态主义、特别是生态整体主义思想指导下探讨文学与自然之间关系的文学批评。它要揭示文学作品所反映出来的生态危机之思想文化根源，同时也要探索文学的生态审美及其艺术表现。"[①]这本书对生态批评进行了系统的阐发和论证，使读者对生态批评有了一个比较全面的认识。总之，王诺先生对欧美生态批评理论的介绍和评价对中国本土生态批评理论的建构是非常必要的，对中国本土化生态批评理论的建构和学术实践产生了重要的作用。

朱福新于2003年在《当代外国文学》上发表了《美国生态批评述略》一文，详细介绍了美国生态批评的历史源流及发展历程，发展的第一阶段主要是研究自然与环境是如何在文学作品中被表达的；第二阶段重点是努力发掘长期被忽视的自然书写的文学作品；第三阶段是生态批评的理论建构阶段，通过强调生态系统的概念，推进生态批评理论建设，试图创建一种生态诗学。同年，李茂林先生也在他的《新世纪西方文化展望：文化研究与生态批评》一文中对西方生态批评发生、发展的渊源进行了追溯。

韦清琦的《生态批评：完成对逻各斯中心主义的最后合围》《中国视角下的生态女性主义》《生态女性主义：文学批评的一枝奇葩》《出走的批评意识》《生态批评家的职责：与斯科特·斯洛维克关于〈走出去思考〉的访谈》《从生态批评走向生态女性主义批评》《知雄守雌——生态女性主义于跨文化语境里的再阐释》《在寻找家园之中发现自己——格里塔·加德的生态女性主义叙事》《打开中美生态批评的对话窗口——访劳伦斯·布依尔》等，就西方生态批评的理论成果，探讨了生态批评产生的缘由，论述了生态批评研究的热点、现状和发展趋势。其中，《打开中美生态批评的对话窗口——访劳伦斯·布依尔》是作者通过邮件形式对美国著名生态批评家劳伦斯·布依尔的访谈记录。双方就生态批评的起源、"生态批评"这一术语的含义、生态批评的发展动力及研究方法等进行了广泛的探讨。《生态批评家的职责：与斯科特·斯洛维克关于〈

① 王诺：《生态思想与生态批评》，人民出版社2013年版，第8页。

走出去思考>的访谈》是作者于 2006 年到 2007 年在内华达大学做访问学者时与美国生态批评运动的主要倡导者之一斯科特·斯洛维克的访谈录。主要对斯科特·斯洛维克的著名生态批评专著《走出去思考》进行了对话与探讨。

刘蓓于 2004 年发表的《生态批评研究考评》一文，对西方生态批评研究的兴起、发展、理论建构及其价值等方面进行了系统的分析评述。在肯定这一新兴的文学批评理论具有建设性、超越性和可行性的前提下，也指出生态批评在理论上面临的困境，但对生态批评的未来发展持积极态度，对西方生态批评在中国的传播起到了一定作用。

陈晓兰于 2002 年发表在《文艺理论与批评》上的《为人类“他者”的自然——当代西方生态批评》一文，详细介绍了西方生态批评的基本理论及其精神实质，同时对欧美重要的生态文本进行了生态解读，对中国生态批评的发展提出了富有建设性的意见。

胡志红等人翻译介绍了美国生态批评的开拓者、著名生态批评学者格伦·A. 洛夫的《实用生态批评：文学、生物学及环境》一书。这本书是第二波生态批评的代表作之一，其旨在于与第一波生态批评展开有效的对话，既修正其偏颇又拓展其范围，还建构了新的理论，对中国的生态批评发展具有很重要的借鉴和参考价值。此外，张艳梅等人的《生态批评》一书，也对欧美生态文学的流变、生态文学的价值追求及多种文化诉求、生态批评的新进展等给予了详细的描述和介绍，为建构符合中国文学和社会发展的生态批评体系作出了一定的贡献。

此外，还有李美华的《英国生态文学》、夏光武的《美国生态文学》、周湘鲁的《俄罗斯生态文学》、苗福光的《生态批评视角下的劳伦斯》、吴琳的《美国生态女性主义批评研究》、岳友熙的《生态环境美学》等，他们着眼于实际，对欧美国家的生态批评进行了梳理和研究，试图从中得到启发，以发掘中国的生态思想资源，这无疑对中国生态批评具有重要的借鉴意义。

从 20 世纪 90 年代以来一直到 21 世纪的前十余年，在社会转型及复杂的文化语境中，中国文坛出现了生态批评理论和生态文学创作的小高潮。中国的生态批评已形成众声喧哗之势，也出现了一批影响较大的作品。但是由于知识分子精英文化的被边缘化以及庸常大众文化、消费主义文化的侵蚀等种种因素的影响，纯文学失却了应该具有的文化冲击力和精神影响力。在这种困局下，生态文学创作和生态批评理论的启蒙理念开拓了文坛新的题材范畴、表现空间和理论批评资源。

在生态批评研究这一方面，西方走在了我们的前面，他们有许多宝贵的资源和经验值得我们参考和借鉴。相信，随着西方生态批评的日益成熟和广泛传播，中国的文学批评领域在借鉴西方生态批评理论话语与方法的基础之上，结合自己的传统文化的厚重积淀及现实问题的迫切需要，也会逐步建构起自己的生态批评体系。

第三节 中国本土生态批评理论的发展

实际上，20 世纪七八十年代以来的中国文学生态文本丰富的艺术话语场域，已经显现出生态意识的觉醒，但作为文学理论的生态批评则正式诞生于 20 世纪 90 年代中期。经过十几年的努力，出现了颇具影响力的研究学者和学术成果。

1994 年，中国学术界不约而同地开始了对美学的“绿化”问题的思考和探讨。出现了《关于生态美的哲学思考》（佘正荣）、《论生态美学》（李欣复）、《生态美学的意义和作用》（陈清硕）等论文。这些学者对美学生态性问题的关注，可以说拉开了中国生态批评理论建构的序幕。

如果说从 1994 年开始到 1999 年的几年间是中国生态批评理论建构的萌芽期的话，那么从 1999 年及 2000 年开始，中国的生态批评理论开始进入一个自觉的发展期，出现了很多具有标志性的理论著作。如徐恒醇的《生态美学》，鲁枢元的《生态文艺学》《生态批评的空间》，曾永成的《文艺的绿色之思——文艺生态学引论》，张皓的《中国文艺生态思想研究》，皇甫积庆等人编写的《20 世纪中国文学生态意识透视》，吕幼安的《小说因素与文艺生态》，程习勤等人著的《老庄生态智慧与诗艺》，王诺的《欧美生态文学》《生态与心态》，曾繁

仁的《生态存在论美学论稿》《生态美学导论》，盖光的《文艺生态审美论》，韩德信的《中国文艺学的历史回顾与向生态文艺学的转向》，张艳梅等著的《生态批评》，王立等人著的《生态美学视野中的中外文学作品》，王茜的《生态文化的审美之维》、程相占的《中国环境美学思想研究》，薛敬梅的《生态文学与文化》等。

鲁枢元是中国最早提倡文艺生态批评的代表人物之一，他也是最早致力于“生态文艺学”建构的学者。在2000年出版的《生态文艺学》中，通过生态学视野对文学艺术与自然生态、文学家的个体发育、文艺创作的能量与动力、文艺作品中人与自然关系的主题、文学艺术生态价值的开发、文艺批评的生态学内涵、文学艺术史的生态演替等现象进行了系统的考察与研究。提出了“生态学人文转向”“后现代是一个生态学时代”“重建生态乌托邦”等具有开拓意义的观点和思想。还对“生态文艺学”的学科创立、学科精神、研究方法等进行了集中探讨，并通过对文学艺术与自然生态、社会生态、精神生态的关系的深入研究，提出了“低物质能量的高层次运转”的新课题，解决了文学艺术在地球生态系统中的序位问题。他指出：“地球是一个大的生态系统，文学艺术是地球上人类这一独特生物的生命活动、精神活动，是一个在一定的环境中创生发育成长着的功能系统，文学艺术在地球生态系统中注定享有一定的‘序’和‘位’，而这一‘序位’，即文学艺术的‘安身立命之地’。”[①]他认为，自从人类进入“擅理智，役自然”的工业时代以来，生态危机和文学艺术的境况一步步地恶化，同时也造成了文明的偏颇和人对自己在宇宙中的错位。更为严重和可怕的后果是现代性对人的扭曲和异化。人类要在地球上生存下去，就必须对现代性进行反思和超越，还自然之魅，找到一条归乡之路。2001年3月在华中师范大学召开了名为“建构生态文艺学”的学术座谈会，会议专门围绕鲁枢元的《生态文艺学》所提出的有关生态文艺学作为一门学科所涉及的基本概念、理论框架等问题进行了探讨。2002年，他在《文艺研究》上发表了《生态批评的知识空间》一文，把生态批评理论进一步推向深入，指出生态批评是继后殖民批评、女性批评之后，建立在“人类文明知识系统”大转移之上的“文学批评的时代性转

---

① 鲁枢元：《生态文艺学》，山西人民教育出版社2000年版，第33页。

移”，这种转移将为文学提供“重建宏大叙事，再造深度模式”的机遇。2006年出版了《生态批评的空间》是他20年来从事与生态批评相关理论研究的一个回顾与展望。该书从生态时代、精神生态、生态视野、生态演替等角度阐释了生态文艺学学科的理论建构的议题。同年，鲁枢元主编的《自然与人文：生态批评学术资源库》，内容相当丰富，几乎涵盖了古今中外关于自然和人文的著述。作者在序言中提到编著此书的目的就是：在当今全球都面临生态危机的困境之下，人类必须要反思自身与自然之间的关系，因此有必要对人类历史中关于自然与人文的论述进行梳理，以对当下生态批评的建构有所裨益。鲁枢元先生的研究与著述对刚刚起步的中国生态批评理论的建设无疑是十分重要的，为中国生态批评的发展作出了突出的贡献。

曾永成也是国内较早系统研究生态文艺学的学者，在生态批评理论建构中，他从马克思主义理论中汲取思想资源。他的《文艺的绿色之思：文艺生态学引论》一书，是为响应全球生态浪潮和文艺学转向而撰写的。他在此书中提出：“文艺生态问题与马克思主义之间的练习绝不是人为的牵合与附会，而是马克思主义及其美学和文艺学理论中含蕴的生态意识和生态智慧（一种生态世界观层次上的生态意识和生态智慧）这一事实决定的。”“马克思主义的本体论，是基于‘自然向人生成’说的生成本体论，它在自然与人、物质与精神的生成性运动中揭示了自然史生态运动的‘人本’内涵，以自然主义和人本主义相统一的精神成为最深邃博大的生态哲学。”[①]该书把文艺与人类及世界的生态结合起来，从生态世界观着眼，系统地论述了文艺的本质、生成和发展。认为人类社会发展的现代性在一定意义上造成了生态危机和人性危机，要解决这一问题，就必须对当下的现代性进行扬弃，把自然主义和人本主义统一起来，人类关怀和生态关怀结合起来，表现出文艺理论上的终极关怀。弥足珍贵的是，这部著作在纷繁复杂的文艺现象和观点的背景之下发现了一种统一的内在的秩序。既有宏观的整体框架建构，又有细部的微观论述，层层推进，缜密周详，显示出学术作风的严谨。此后，他还发表了《从生成本体论到人本生态观——对马克思“自然向人生成”说的生态学哲学阐释》《生态学化：文艺理论建设

① 曾永成：《文艺的绿色之思：文艺生态学引论》，人民文学出版社2000年版，第1页。

的当代课题》《精神的本体性及其在人性生态中的意义》等学术论文，他始终坚持“以人为本”的生态观。曾永成先生的研究对中国生态批评话语的建构起到了奠基的作用。

在生态美学领域，2000年由山西人民教育出版社出版的徐恒醇的《生态美学》是国内第一部生态美学专著。作者在对中西文化源流中的生态观和生态审美观形成的过程进行阐述的基础之上，提出了生态美学的范畴和特点，并将生态美学理论应用到生活方式和生存环境的审美塑造上，论证了生态美对于传播、建设生态文明的实践性功能。本书的创新之处就在于对美学原理运用的具体化、形象化。

曾繁仁先生在其论文《试论生态美学》和专著《生态存在论美学论稿》中，对生态美学的内涵及意义进行了阐释。他把人与自然的生态审美关系的研究置于基础的位置，认为生态美学首先就是指人与自然的生态审美关系，许多基本原理都是由此生发出来的。他提出：“生态美学实际上是一种在新的时代经济与文化背景下产生的有关人类的崭新的存在观，是一种人与自然、社会达到动态平衡、和谐一致的处于生态审美状态的存在观，是一种新时代的理想的审美的人生，一种‘绿色的人生’。”[①]他还在《生态存在论美学论稿》中提出当代生态存在论美学，认为：“生态美学的产生，更使存在论美学获得了丰富的营养，增添了新的内容，使其具有强大的生命力，发展成为影响巨大的生态存在论美学观。”[②]曾繁仁先生还把发展中的生态美学理论同中国道家传统思想文化结合起来，在对中国传统思想文化中的生态理论资源梳理中，提出老庄道家思想是带有正果特色的生态存在论审美心态，老庄哲学中的美学思想在当代具有难以估量的价值。“它作为东方古典形态的、具有完备理论体系和深刻内涵的存在论哲学美学思想与人生智慧，业已成为人类思想宝库中的一份极为重要的遗产，也是当代人类治疗社会和精神疾患的一剂良药。”[③]他还对生态美学的内涵及意义进行了归纳与阐释：第一，生态美学是20世纪后半期哲学领域由机械论向存在论的进一步演进和发展的表现。第二，生态美学的出现标志着20

① 曾繁仁：《试论生态美学》，《文艺研究》，2002年第5期。

② 曾繁仁：《生态存在论美学论稿》，吉林人民出版社2003年版，第83页。

③ 曾繁仁：《老庄道家古典生态存在论审美观新说》，《文史哲》，2003年第6期。

世纪后半期人类对世界的总体认识由狭隘的“人类中心主义”转向人类与自然统一的生命体系。第三，生态美学的提出实现了由实践论美学向存在论美学的转换。第四，生态美学进一步推进了美学研究的资源由西方化话语中心转向东西方平等对话。曾繁仁的观点具有一定的前瞻性。

复旦大学的博士马为华在《生态美的命名与生态美学的建构》一文中，主张应对生态美学中的“生态”进行再定义，“生”即“大道生生”，“态”即“大化流行”，生态其实就是天人一体、万物并作的本源性世界。他还认为，如果对“生态”作不恰当的阐释，会使生态美学重归主体论美学或一元论美学，会重新陷入主客二元对立的困境中。只有重新阐释“生态”的内涵，才能够化解唯审美主义的僵化立场，才能体现美学的人文学科特性。

以上学术研究成果不仅有哲学和美学层面的理论建构，也有包含对具体文艺作品的生态解读，是中国生态批评理论建构的重要实绩，对中国生态批评建设具有重要的价值和意义。

除此之外，几乎在引入西方生态批评的同时，国内学界还多次组织召开了有关生态批评的学术研讨会。如1999年10月在海南召开的“生态与文学”的国际研讨会；2001年1月在武汉召开的“21世纪生态与文艺学”研讨会；同年3月在武汉华中师范大学召开的“全球化与生态批评专题研讨会”；2001年10月，全国青年美学研究会、陕西师范大学环境发展研究中心、陕西师范大学文学院和人文研究所在西安联合召开的“首届全国生态美学研讨会”，此后分别在贵阳、南宁、武汉等地先后召开的有关生态美学的第二、第三、第四届研讨会；2002年6月在苏州大学召开的“中国首届生态文艺学学科建设研讨会”；2003年在江汉大学和武汉大学联合召开的“文化生态变迁与文学艺术发展”的学术研讨会；2005年8月，在青岛召开的由山东大学文艺美学研究中心、山东大学文学与新闻传播学院等单位联合主办的“人与自然：当代生态文明视野中的美学与文学”国际研讨会。这些有关生态批评的学术会议召开的频繁，设计议题的广泛，对有关问题探讨的深入，与西方生态批评开展对话的有效性，都对中国生态批评的话语建构起到了良好的推动作用，使中国生态批评的理论建构取得了实质性的进步。

综上，经过 20 多年的发展，中国的生态批评取得了显著的成绩。通过对十几年来中国生态批评具有代表性的学术成果梳理，我们大致可以看出当前中国生态批评理论的建构的图景。“它产生于中国的生态现实，得益于国外生态思想的影响，扎根于中国文艺思想的实际，溯源于中国传统生态因子，面对的是中国新时代的生态文明建设，寻求的是人的精神家园和自然家园的和谐。”[①]但是，由于中国生态批评起步较晚，发展过程较短，又主要是在西方生态批评的影响下产生的，与西方生态批评相比，还存在许多的不足。正如胡志红所言：“中国学者所撰写的生态批评作品大多缺乏自觉的比较文学学科意识，也就是，他们的作品缺乏西方生态批评所具有的跨学科、跨文化甚至跨文明的广阔视野，存在一定的简单化倾向。”“中国生态批评对女性、自然、文化及环境危机之间的关系研究明显不足。”“中国生态批评界对中国传统文化生态资源的阐释和利用存在简单化倾向。”[②]还挣扎于人类中心主义和生态中心主义的二元对立的困境中，生态整体主义观念不够深入，其对现实生态问题的批判锋芒不足，生态文化建构、文本批评与实践相结合的力量也比较薄弱。当然，中国的生态批评还处在借鉴西方生态批评理论并努力建构自己具有本土特色的生态批评话语的草创阶段。我们不能盲目追随或照搬西方生态批评理论，要立足本土生态思想文化资源，彰显自身的独特性和文化实力。我们可以确信，中国的生态批评一定会在学者们的不断努力下，在生态批评本土化过程中，在追求与西方生态批评平等对话与交流的基础之上发挥中国文化的生态智慧，完成与本民族丰富的生态话语资源相融合，建构中国特色的生态批评理论，建立具有中国特色的生态诗学，并在自成体系中不断发展、壮大，使之成为一个独立的、科学的、有效的理论体系，为本土的生态文明和生态文化建设作出更大的贡献，为建设和谐的、可持续的全球生态文化发挥应有的作用。

---

① 胡志红：《西方生态批评史》，人民出版社2015年版，第385页。

② 同上。

第三章 中国文学自然意识的“自觉”呈现

中华民族地大物博、物产丰富，不同的地域呈现出了各具特色的自然环境风貌。特定的自然环境决定着特定的物质文化和精神文化，特定的物质文化和精神文化产生特定的精神产品。作为精神产品的文学，必然要受到自然环境的影响。而这种影响主要表现为文学作品所呈现的地域特征：一方面表现为自然的“文学化”，即作品所呈现的自然环境、人物、风俗、文化传统等描写对象；另一方面表现为文学的“自然化”，即作家本身所具有的地理文化知识、地域文化心理以及自然文化感知等，从而形成其文学创作的地方性自然文化品格。

第一节 自然的“文学化”

自古以来，文化的形成就受到地域自然地理环境的制约，文化的发展存在地域间的不平衡。自然地理环境是人类创造文化的基础，是构成地方文化的重要部分。作为文化活动重要组成部分的文学创作当然也会受到自然地理环境的影响和制约。在文学创作中，自然的“文学化”具体表现为：一是区域自然地理环境的描写成为作品的背景和基调；二是区域自然地理物象成为一种文学的“象征”；三是人与自然之间的关系成为文学创作的基本主题之一。

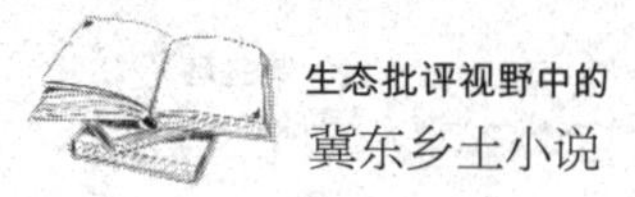

一、 地方自然环境成为文学作品的背景和基调

地域自然环境对文学的影响是一个规律性的现象，它是文学独特风格形成的重要条件。作家的创作是生命体验和艺术体验的结合，他的生命经验的形成与其所处的具有独特文化色彩的地域有着不可分割的联系。其文学生命植根于这块土地，并产生永恒的艺术生命力。我国古代学人早已注意到地域的自然地理环境对文学的影响。比较典型的是一代文化巨匠司马迁，他在其《史记·货殖列传》中分区域介绍各地的经济发展状况时，向读者展示了各地别具特色的地理风貌、民俗风情和物产资源等；另外，班固的《汉书·地理志》更为详尽完备地记述了我们中华民族“百里不同风，千里不同俗”的地域文化特征，尤其是他注意到了自然地理环境对文学的影响作用，并充分地展示了地域特殊的社会历史文化环境与文学样式之间的互动衍生的作用。如书中记述的“天水、陇西，山多林木，民以板为室屋。及安定、北地、上郡、西河，皆迫近戎狄，修习战备，高上气力，以射猎为先。故《秦诗》曰‘在其板屋’”[①]，意思是说天水和陇西属于秦地，秦诗中反映的是两地以板为屋的民居特色。另有“魏国，亦姬姓也，在晋之南河曲，故其诗曰‘彼汾一曲’，‘寘诸河之侧’”[②]，说诗歌反映的是魏国的地理位置；“临甾名营丘，故《齐诗》曰：‘子之营兮，遭我乎嶩之间兮’”[③]，说《齐诗》中反映的是地域名称。这里，班固提到了古代的诗歌直接反映了当地的自然地理环境，认识到了文学和自然地理环境之间的直接关系。除此之外，还有如“山居谷汲，男女亟聚会，故其俗淫。《郑诗》曰：‘出其东门，有女如云。’又曰：‘溱与洧方灌灌兮，士与女方秉菅兮。’”“卫地有桑间濮上之阻，男女亦亟聚会，声色生焉，故俗称郑、卫之音。”[④]等等。一方面说郑卫两地的民间音乐有别于传统的雅乐，它在表达情感上是热烈、奔放而大胆的。正因为如此，它历来被封建传统士大夫认为是淫俗声色。班固认为，之所以会产生这样的音乐，是由其自然地理环境决定的。另一方面，据班

① [汉]班固：《汉书》，傅东华点校，中华书局1962年版，第1640页。
② 同上。
③ 同上。
④ 同上。

固的描述，当地有山有水，且地势险阻，交通不便。处在这样一个山谷幽幽、溪水清清的闭塞之地，所以容易产生一些异于他地的“浪漫”风俗。班固认为的这些风俗文化的形成是由两地的自然地理环境造成的看法也不无道理。由此可见，文学作品与自然环境有着密切的联系。自然在我国的古代文学史上一直占据非常重要的地位，诗词歌赋皆感物吟志，表达了农耕民族对自然的依附、顺应和亲和。

另外一个例子就是屈原，他的出生地在秭归或秭归周边地区，其地正好处在巴蜀与荆楚的交界处。其自然地理景观奇幻多变且地形多为山区丘陵，有“七山一水两分田”的美誉。郦道元在《水经注·江水注·三峡》中写道：“自三峡七百里中，两岸连山，略无阙处，重岩叠嶂，隐天蔽日，自非亭午夜分，不见曦月……春冬之时，则素湍绿潭，回清倒影，绝巘多生怪柏，悬泉瀑布，飞漱其间，清荣峻茂，良多趣味。每至晴初霜旦，林寒涧肃，常有高猿长啸，属引凄异，空谷传响，哀转久绝。故渔者歌曰：巴东三峡巫峡长，猿鸣三声泪沾裳。”[①]王逸的《离骚经序》中也说：“《离骚》之文，依《诗》取兴，引类譬喻，故善鸟香草，以配忠贞；恶禽臭物，以比谗佞；灵修美人，以媲于君；宓妃佚女，以譬贤臣；虬龙鸾凤，以托君子；飘风云霓，以为小人。”[②]以上论述都意在表明古代楚地的自然风物和社会习俗对屈原的影响。所以在屈原《楚辞》的众多作品中都涉及富有特色的楚名、楚物、楚生、楚语，如《橘颂》中写道：“后皇嘉树，橘徕服兮……绿叶素荣，纷其可喜兮。”《离骚》写道：“扈江离与辟芷兮，纫秋兰以为佩……杂申椒与菌桂兮，岂维纫夫蕙茝？……余既滋兰之九畹兮，又树蕙之百亩。畦留夷与揭车兮，杂杜衡与芳芷。”《九歌·山鬼》则有：“若有人兮山之阿，被薜荔兮带女萝……乘赤豹兮从文狸，辛夷车兮结桂旗。被石兰兮带杜衡，折芳馨兮遗所思。”“采三秀兮于山间，石磊磊兮葛蔓蔓……雷填填兮雨冥冥，猿啾啾兮狖夜鸣。风飒飒兮木萧萧，思公子兮徒离忧。”《涉江》则有：“深林杳以冥冥兮，乃猿狖之所居。山峻高以蔽日兮，下幽晦以多雨。霰雪纷其无垠兮，云霏霏而承宇。”[③]难怪乎沈从文曾深有感触地说道：

---

① 郦道元：《水经注》，叶当前、曹旭注评，凤凰出版社2011版，第82页。
② 洪兴祖：《楚辞补注》，中华书局2002年版，第201页。
③ 廖晨星注译：《中华国粹经典文库：楚辞》，崇文书局2007年版，第325页。

“现在才明白为什么两千年前中国会产生一个屈原，写出那么一些美丽神奇的诗歌，原来他不过是一个来到这地方的风景记录人罢了。屈原虽死了两千年，《九歌》的故事还依旧如故。”[①]可见自然地理环境对屈原作品风格、内容的影响是相当显著的。诚如南朝著名文学批评家刘勰所认为的一样，地理环境对作家的审美熏陶具有重要的影响：“古来辞人，异代接武，莫不参伍以相变，因革以为功，物色尽而情有余者，晓会通也。若乃山林皋壤，实文思之奥府；略语则阙，详说则繁。然屈平所以能洞鉴风人之情者，抑亦江山之助乎?”[②]认为正是这些形态各异的、富于变幻的楚地自然风物给予了屈原文学创作取之不竭的资源，使他的作品具有丰富的地域文化色彩。可见，不仅中国传统文化中有着丰富的生态思想资源，中国传统文学也一直有着寄情山水、歌咏大自然的书写传统。这无疑为中国生态写作提供了良好的基础。

在中国当代文坛中很多具有地域写作特色的作家，富有地域色彩的自然景观都构成了其作品的重要的文化背景。如藏族作家扎西达娃在《系在皮绳扣上的魂》中写道：

> 一翻过喀隆雪山，首先听见海啸般轰轰的巨响，山下的雪堆像云朵般上下翻卷，脚下的雪粒像急流的河水。……等我从一个黎明醒来，发现自己睡在一块高大无比的红色巨石下面。我是在一个呈放射形向前延伸的数不清沟壑的汇聚点上。……数不清的黑沟像魔爪一样四处伸展，沟壑是干旱千百年所形成的无法弥合的龟裂地缝，有的沟深不见底。竟然找不到一棵树，一根草。[③]

这些对青藏高原奇险神秘的地貌和严酷的自然条件的描写，像一幅幅具有粗犷的现代派风格的油画，使我们身临其境，也让我们领略到了祖国万里河山千姿万态的奇特景观。同时，我们也深切地感受到，不同的区域自然地理环境的描写对小说不同个性特征的形成所起的重要作用。

---

① 沈从文：《沈从文全集》第七卷，北岳文艺出版社2002年版，第523页。

② [梁]刘勰：《文心雕龙》，刘乐贤编，中国友谊出版公司1997年版，第193页。

③ 朱栋霖、吴秀明：《中国现代文学作品选》第三卷，高等教育出版社2002年版，第320页。

二、地方自然物象成为一种文学的“象征”

很多情况下自然地理环境是通过作用于人文环境进而作用于文化要素的。可以说，自然地理环境是文化等社会意识产生和发展的物质基础。同样，作为个体的人及其文学创作也一样会受到自然地理环境的影响。自然地理环境作为一种客观存在，对文学的产生所起的影响是最本源的。不同地区具有不同的自然地理环境，受其影响，文学作品也呈现出了各自不同的特色，所以说“一地有一地的文学”。从客观上来说，自然地理环境丰富了文学创作风格的多样化发展。人是文学创作主体，通常就会赋予自然以人的属性，从而使自然具有一种象征的意义，体现了人对自然的所谓的“精神改造”。一经创作主体艺术情感的观照和审美心理的同化，就会使原本并不具有艺术价值和生命形态的某一区域内的自然地理物象，成为具有生命意义和文化价值的艺术实体，使其负载着某种精神内涵，从而具有了某种象征和隐喻的意旨。如张承志的中篇小说《北方的河》中所写的：

……红霞又撒向河谷。整条黄河都变红啦，它烧起来啦。…… 铜红色的黄河浪头现在是线条鲜明的，沉重地卷起来，又卷起来。……赤铜色的浪头缓缓地扬起着，整个一条大川长峡此刻全部熔入了那片激动的火焰。山谷里蒸腾着朦胧的气流，他看见眼前充斥着，旋转着，跳跃着，怒吼着又轻唱着的一团团通红的浓彩。……多么壮观、雄浑、凝重的母亲之河啊！①

作者既以他超凡的艺术感悟力写出了黄河外在的形态，又以强烈的生命感悟力塑造了一座民族精神和民族品格的有形塑像，是中华民族自强不息的精神象征。同时，源远流长、蕴含着强大生命活力的黄河映照出了主人公奋斗拼搏、不屈服于命运的刚强性格。“他”从灵魂深处呼唤着：“我感谢你，北方的河，……你用你粗放的水土把我哺养成人，你在不觉之间把勇敢和深沉、粗野和温柔、传统和文明同时注入了我的血液。你用你刚强的浪头剥着我昔日的躯壳，在你

① 张承志：《北方的河》，山东文艺出版社2001年版，第192页。

的世界里我一定将会变成一个真正的男子汉和战士。你让额尔齐斯河为我开道，你让黄河托浮着我，你让黑龙江把我送向那辽阔的入海口，送向我人生的新旅程。”[①]小说中“北方的河”不仅是中华民族源远的文化长河的象征，也是“他”的力量之源和拼搏之魂。它所形成的自然力量和主人公的生命张力交融互补，形成一种崇高非凡的艺术境界。

再如关仁山的长篇小说《麦河》中凸显了作者对生养他的那片土地的热爱之情。小说中写到那些因种种原因离乡的农民最后几乎又都返回了土地，土地是他们的根。曹双羊，每有痛苦和不快的时候，都会来到田间地垄，让这片土地来化解他的痛苦与不快。白立国、桃儿、陈元庆兄弟、刘凤桐等人无一不对土地、麦子有着强烈的感情。尤其是在题为《小麦图腾》一节中，关仁山几乎调动了自己的全部想象和理解，将麦收的祭奠场景写得波澜壮阔、气势飞扬。从字里行间，我们能够体会出这位未曾离乡的怀乡者，对这片土地的深厚情感：“祭奠仪式开始了。曹玉堂喊了一声，鞭炮炸响了，噼里啪啦，炸得人喜气洋洋。人群像炒黄豆，蹦成了一团。接着就是钟声传来……虎子盘旋在麦垛上空，嘴里叼着一棵麦穗……按照双羊的安排，我的弹奏要在人群之外。我选了一个土岗子，这是麦地的至高点……双羊开始朗诵祭辞，祭辞颂扬着土地……我听见曹玉堂大声喊道：‘祭连安地神——’人们抬着猪、羊、鸡和鱼上来了……曹玉堂喊道：‘麦子！’人们齐声呼喊：‘麦子！麦子！麦子！麦子……’”[②]从某种意义上讲，关仁山对土地之爱甚至超越一般农民对土地之爱，不止一次，他让笔下处于迷茫、困惑、绝望中的人物从土地获得力量和慰藉，他深信乡土情怀可以抚慰手上的灵魂。土地对农民，对关仁山来说，早已经上升为某种象征，它喻指着内心的洁净、胸怀的丰厚和博大的精神。

三、 人与自然之间的关系成为文学创作的基本主题之一

法国著名文学思想家泰纳曾指出，影响文学创作与发展的有环境、时代、种族三大要素，认为地理环境对人带来较大的影响。而且，自然地理环境是通

① 张承志：《北方的河》，山东文艺出版社2001年版，第192页。
② 关仁山：《麦河》，作家出版社2010年版，第256页。

过对人的影响进而影响文学创作的。人与自然的斗争是人类文明进程中的重要组成部分，人类最初的文明就是在同自然斗争中创立起来的。中华民族的发展史也是一部与自然作斗争的生命史。正因为如此，当代小说家常常通过人与自然之间的矛盾凸显民族的顽强的生命力，表现民族精神，显示生命个体的力量，从而使人和自然的关系构成了当代小说的基本主题之一。

例如关仁山在小说《天壤》的题记中写道：“只有一个天，只有一个地，只有一个太阳，只有一个家园。”这句话深刻体现了作家对于笔下的这片土地倾注的感情，也概括了这片土地与农民之间的依存关系。唯一的太阳、天、地，共同构筑起他们赖以生存的空间，它不但寄托人们的躯体更容纳他们的心灵和情感。如果对它造成了破坏和伤害，不管以后我们如何不惜一切地对它进行修补，它都不可能是我们原来的家园了。在这片原本肥沃的土地上，农民历经贫穷和饥饿的煎熬，但那并不是因为土地吝啬，而是人类自己辜负了这片土地。怀着这种悲悯的情怀，作家观照着他熟悉的这片土地，并赋予它深广的象征意义。文中主人公韩成贵为失去了土地而苦恼。对农民来说，失去了土地也就意味着失去了家园，失去了生存的根基。韩成贵心里空落落的。在被韩国老板圈占的土地上，韩成贵挖回一棵谷禾栽进花盆，“深深的凝滞里，他听到了荒地里的风泣泣诉诉地拂来”。想当初，为了不让土地荒着，韩成贵割破胳膊喝过血酒。这片土地不仅播撒了种子、施了化肥，也融入了他的心血和汗水，现在庄稼就要熟了却被迫铲掉，这是一种何等的无奈与悲哀。他在《白纸门》中写道：“大肚子女人模样的舢板船，在疙瘩爷的手里揉来揉去逛逛荡荡至黄昏，哼哼唧唧拱到蛤蟆滩。望着叠潮的海滩，疙瘩爷喷出嘴里的烟头，‘哧’的一声，如灭一颗流星……疙瘩爷渐渐沉醉，瓮一样蹲在船头。海风一荡，透爽爽，醒脑浆子。他‘霍’地站起身，弹掉手里的大橹，甩落油渍麻花的蒜疙瘩对襟背心，‘嘭’地跳进海水里。大脚片子刮刮拉拉撩得水响，连连蹦了几蹦，忘情扑倒在滑腻腻的沙滩上闭上眼喘息……”[①] 在这篇小说中，“大海”是人们生存的空间，生活在海边的人们对天气是依恋与敬畏的。同时，“大海”也是具有生命活力的，它厚重、博大、诚实、质朴，这里的人们把海上的传统视为

① 关仁山：《白纸门》，春风文艺出版社2007年版，第89页。

人类的精神家园，是人类真正的根，是需要看护和执守的精神空间。整部小说弥漫着对自然的敬畏之情与渴望之感，流溢着生命的愉悦。在他另一部作品《天高地厚》中："天还没亮，鲍真就踩着晨露出了村子。她不敢看平原的脸，怕碰上平原的眼睛……这就是平原吗？鲍真从半人高的高粱地里钻出来，头上落满冰凉的露水，胳膊上沾着湿淋淋的草叶。麦秸草帽遮阳，还是不能抵挡酷暑的袭击，脖颈晒红了，耳朵根儿有一丝隐隐的疼，挂着汗珠的小鼻尖儿是痒的，呼吸里满是青草的气味。她摘下一个豆荚放在手里，豆荚就在手心上跳跃着爆裂。豆荚的香味儿一阵阵飘散出来，吸进肺腑，缓缓流进浑身的每个关节和脉管……看了平原上几乎一模一样的房舍，再看与蝙蝠村不同的炊烟，总感觉前方有神秘的东西，她相信自己，总有一天，能在无意间接近平原的奥秘……"[①]这是值得我们去看护与坚守的集传统、智慧、美德、神圣于一体的生存空间。所以，关仁山说："我觉得拥有土地的人，是最富有的人。土地上成熟的果实是根和叶，即使流水冲走了叶，还会留下根的。父老乡亲与多情深厚的土地一样，是永恒的主题，是我创作的源泉。"[②]

鄂温克族作家乌热尔图的小说主要描写了古老而神奇的鄂温克人的生存现状，把鄂温克族的历史、生活和文化心理带到了当代文坛。鄂温克民族村落对于我们来说是一片神秘而诱人的生活天地，由于作者年少时曾经在大兴安岭的猎业生产队当过三年的猎人，所以对那里的历史与现实生活非常熟悉。古老而独特的鄂温克民族的狩猎生活成为乌热尔图创作取之不竭的源泉。后来他的小说创作始终没有离开过那片土地，他说："我出生在大兴安岭的南坡，养育我的文学土壤是大兴安岭北坡麦鲁古雅河畔的鄂温克族村落。"[③]他的作品充满了原始森林的奇异风光和鄂温克的民族风情。他说，他要"通过自己的作品让读者能够感觉到我的民族的脉搏的跳动，让他们透视出这脉搏里流动的血珠，分辨出那与大多数人相同，但又微有特异的血质；我希望读者能够听到我的民族的跳动的心音，让他们看到那颗与他们的心紧紧相连的同样的心"[④]。鄂温

---

① 关仁山：《天高地厚》，河北教育出版社，第90页。

② 关仁山：《用文学描绘我们共有的家园》，《文艺报》1997年2月4日。

③ 乌热尔图：《写在〈七岔犄角的公鹿〉获奖之后》，《民族文学》，1983年第5期。

④ 同上。

克，意为“住在大山林中的人们”。由于鄂温克族的特殊的生存方式，致使作品的写作基点就是表现人与自然的矛盾与斗争。例如他的作品《七岔犄角的公鹿》主要写了十三岁的鄂温克族猎童“我”的猎鹿的动人的故事。“我”急于想猎获一头野鹿以确立自己在猎人中的地位。但是那只长着七岔犄角的公鹿非常聪明机灵，即使负了伤，也没有成为“我”的猎物。后来，在山崖上，受伤的公鹿与恶狼展开了一场生死的搏斗。公鹿以犄角为武器，抵挡着狼的猛扑，最终把恶狼掀下了万丈悬崖。“我”从鹿的不畏强敌的英勇搏击中得到了一种宝贵的精神启示，体会到了生命的神圣力量，明白了什么样才是鄂温克人真正的男子汉。后来，“我”带着敬意把这头公鹿放回了大森林。作品既是写鹿，又是写人，名为写鹿的坚强、勇敢，实则是写在人与自然的矛盾斗争中凸显出来的对大自然的敬畏，同时也是一种民族精神的写照。乌热尔图的小说创作的突出成就与影响显示出了区域自然环境特色对当代小说产生的是更为深层次的影响。

黑格尔说：“在史诗主角的一切心灵倾向里，例如在他们的生活方式、思想、情感和实践活动里，应该听出一种隐秘的和谐，一种主体与外界双方的共鸣，使他们融合为一个整体。所以，要了解一个阿拉伯人就要了解他的‘酷热的沙漠’‘骆驼和马’，等等。”[①]黑格尔在这里说的是自然地理环境对文学创作主体和对象主体的重要影响。文学艺术的主体是人，自然对人的影响是深层的，甚至成为人的遗传基因。作为创作主体来说，这种影响将对他的文化心理、性格气质、审美情感、思维方式等产生潜移默化的作用。即使作家并不写那片土地上发生的故事，也不以那片土地的生活为背景，那一片山水的“魂”也寄寓在他的作品里，成为艺术生命的内在力量。对主体对象来说，区域自然地理环境也造就了他们的性格、心理、气质，规囿着他们的容貌、服饰、语言，等等，可以说他们的衣食住行，点点滴滴都受着自然环境的影响和制约。海边的渔民，高原的牧民，山东的好汉，辽西的胡子，湖南的辣妹，米脂的婆姨……都是一地山水的造化物，形成所谓“第二自然”的文化风俗。这些文化风俗与自然地理环境高度契合，水乳交融，并进入小说文本，构成了小说的主体，产生了独

① ［德］黑格尔：《美学》，朱光潜译，商务印书馆1981版，156页。

具艺术个性的魅力。

在新时期小说创作中，像郑万隆笔下的兴安岭、郑义笔下的太行山、李锐笔下的吕梁山、李杭育笔下的葛川江、韩少功笔下的湘西、莫言笔下的高密东北乡、何士光笔下的梨花屯、陈应松笔下的神农架，等等，无不以地方独特的人与自然的关系为作品的主题意蕴。

总之，文学是人学，对现实人生密切相关的自然环境描写与再现，是生态文学不可或缺的重要部分，但它不是作为人物活动或事件发生的背景而存在的，而应该是透过自然书写，体现出作家创作与自然环境之间的关系，从而反映出作者的自然观。

第二节　文学的“自然化”

文学的“自然化”主要表现在地方自然地理环境对创作主体和审美主体的深刻影响上。生态作家斯奈德指出：“假如在更大的语境下考察西方历史、受过教育的精英和文化阶层，我们会发现自然界深刻地存在于伟大的艺术作品之中，并成为其不容忽视的部分。人类的经验，从历史的更大范围来看，是在与自然界的亲密关系中表现出来的。这一点甚至明确到不言自明，然而却常常奇怪地被遗忘了。”[①]事实上，在世界文学发展历程中，文学作品对自然的发现和描述从未中断。自然历来就是滋养文学家情操的绿色家园。任何一个民族文化传统中，都有着一条文学与自然之间关系的脉络，也有着各自的自然生态思想的萌芽与演变历程，体现着不同的自然生态智慧。

① Gary Snyder，A Place in Space：Ethics Aesthetics，and Wtershed. Wahington，D.C：Counterpointpress，1995，pp.164-165。

一、自然环境为作家提供了物质生活环境与审美观照对象

从原始初民开始，人类和自然就形成了互动衍生的关系。任何一个民族的文化都是在一定的自然地理环境中形成和发展的。人类长期以来对自然环境的依赖性很大，即通常所说的“靠山吃山，靠水吃水”。不同的自然地理条件不仅决定了人类的物质生活和生产方式，也是奠定社会文化类型的物质基础，它为人类的文学艺术活动提供了物质生活环境和审美观照对象。

诞生于黄河流域的中华民族，在远古时代，由于生产力水平低下，先民们主要以农耕为主要生产方式，人对土地及水源的依赖性很强，这种农业生态文明决定了祖先们“春耕秋收、男耕女织”的生存方式和“日出而耕、日落而息”的生活方式，他们的思维水平也极其幼稚和粗糙，因此他们最早的文艺表现范畴就来自于他们自身的生活环境和自然环境，自然世界成为他们主要的认识对象和观照对象，可谓是“近取诸身，远取诸物”。如“三人操牛尾”（《吕氏春秋·古乐篇》）的原始舞蹈，“断竹、续竹、飞土、逐宍”（《吴越春秋》）的古老弹歌，“十日并出，焦禾稼，杀草木，而民无所食”（《淮南子·本经训》）的自然灾难，“土反其宅，水归其壑，昆虫毋作，草木归其泽”（《礼记·郊特牲》）的对自然的美好祈愿，“丰年多黍多稌，亦有高廪。万亿及秭，为酒为醴”（《诗经·周颂·丰年》）的欢唱。通过这些古老的记载，显示了东方的文学艺术独有的地域文化特征，也展现了东方文化赖以产生的自然地理环境以及人与自然之间的共存关系。

中国领土幅员辽阔，地形地貌类型众多，气候气象复杂多样，在此基础上形成了各具特色的文化圈。从宏观上可以分为农耕文化和游牧文化，这也可以按照经济类型划分为农耕经济和草原游牧经济两大完全不同的文化区。在古代，以阴山山脉为界，北方为草原地貌，以游牧经济为主；南方多为平原和丘陵地貌，以农耕经济为主，因而有了南北方的差异。苏武牧羊北海，闻汉武帝崩之所以“南向号哭”，原因正在于此。两种文化彼此互为参照，并在长期接触共存中，一方面不断产生矛盾和冲突，导致了国人南北对峙观念的形成，其实质和核心是民族矛盾的冲突。而南方人对于异质文化的感知首先来自迥异的自然景观和生活方式，文学风格上的差异也由此产生。出现了“塞下秋来风景

异”“陌上柔桑破嫩芽”“风吹草低见牛羊”以及“骏马秋风塞北，杏花春雨江南”的巨大差异。也有了“目极烟沙草带霜，天寒岁暮景苍茫。炕头炽炭烧黄鼠，马上弯弓射白狼”的物质生活方式及自然景观的异类认同。另一方面南北两种文化又在长期碰撞与冲突中实现交流与共融。并从物质层面向精神领域渗透，“自从胡骑起烟尘，毛毳腥膻满咸洛”，“胡音胡骑与胡妆，五十年来竞纷泊”，异域文化给中原人民带来了重大影响，也成为中原文学的审美观照对象。

这种由山水切割造成了自然地理环境系统的差异，强化了所形成的文化的地域特色乃至文学创作的地域性，如江西诗派、桐城派、京派文学、海派文学、山药蛋派、荷花淀派，等等。因此，我们可以从观照不同地方文化对象的角度折射出自然地理系统对文学产生、发展、形成的影响。这种影响突出地表现在文学创作中地理意象的存在，作家通常会以自然景物作为情感激发物，同时也成为作品意境的有机组成部分，是作者情感的依托，也赋予了文本明显的地方色彩。如李白、杜甫等人的巴蜀诗篇，高适、岑参等人的塞外诗篇，王维、孟浩然等人的山水田园诗篇等。很多文学作品中的自然地理景观在直观层面上构成了作家创作的地理空间背景。每个个体作家创作的地理空间背景的形成因素主要来自两个层面：一是作家从小成长、生活所在地的自然地理环境；二是作家所属的民族的诞生和发展的自然地理环境。前者往往会体现在作家创作的作品呈现出的地域色彩上，后者会对作家的生活观念、思维方式以及对环境因素的感知能力发挥潜移默化的影响。就如沈从文所说：“我现在才明白为什么两千年前中国会产生一个屈原，写出那么一些美丽神奇的诗歌，原来他不过是一个来到这地方的风景记录人罢了。”[①]因此，我们在考察文学产生和发展的空间维度时会发现，地方自然地理环境成为作家独特的审美关照对象。

二、自然环境影响了作家的文学风格和审美感知

人类不仅是自然环境的产物，也是自然环境的改造者。自然地理环境对于人类来说，不仅仅是外在的生存环境，更是铸造人性、人情乃至风俗习惯等的重要因素，它通过人类自身的各种活动影响和缔造人类本身的性格气质，就如

① 沈从文：《凤子》，见《沈从文全集》第七卷，北岳文艺出版社2002年版，第214页。

《晏子春秋》所说的“古者百里而异习，千里而殊俗”。因为地理空间的相隔，使各区域的民族性格与群体审美心理结构各不相同，从而也造成了不同地方的作家的创作风格特征的不同。“从文学发生学的观点来看，一切个体的审美心理中都有着复杂的历史文化心理的沉积层，都有着对传统文化，甚至远古文化传统的回应和再现，因而作家总是要重复其所处的地域和种族审美模式的某些特征。”[①]

文学风格是作家的创作有机地融入文学作品之中并通过作品整体表现出来的独特个性。作家的创作个性影响了作品的文化品格，而作家作品的精神品格往往受到多种因素的影响，如生活经验、人生观念、政治思想、审美品位、创作心态、文化素养、人格气质，等等，其中的很多方面都跟自然地理环境因素有着密切的联系。

地域自然环境对于中国文化的影响以或隐、或显的形态潜移默化地存在于华夏子孙代代相传的血脉里，俗话说的“一方水土，一方人情”，生动地道出了区域环境对文化的影响。同时，中国人历来强调“根”的情结，正所谓“鸟恋旧林，鱼思故渊；树高千丈，落叶归根”。地方或地域是我们衣食起居的物质基础，也是我们塑造自我的精神家园。其实任何一个地方的人都具有近似同一的性格，这种性格的形成都和他们的祖先的生存居住环境有着密切的关系。人类历史是在不断适应和改造外界客观自然环境的进程中，逐渐形成了各个民族的不同的精神特质。这些精神特质会慢慢地渗透并积淀到其个体成员的精神气质中，又往往是通过其个体成员的心理、生理和行为等作出相应的反应，这种反应又会在个体成员之间相互作用、影响、传承，然后逐渐地稳定下来，形成一种类型特征。每个民族的个体都与其整体的民族发展历史的客观现实是血脉相连的。

魏徵在《隋书·文学传》序中说：“江左宫商发越，贵于清绮；河朔词义贞刚，重乎气质。气质则理胜其词，清绮则文过其义，理深者便于时用，文华者宜于咏歌，此其南北词人得失之大较也。”[②] 朱熹在《诗集传》中谈到《诗经》

---

① 田中阳：《区域文化与当代小说——对中国当代小说一个侧面的审视》，湖南师范大学出版社1996年版，第201页。

② [清]永瑢、纪昀等：《文渊阁四库全书》，上海古籍出版社2003年版，第613页。

中的国风时，也认为自然地理环境对文学风格有巨大的影响："其地土瘠民贫，勤俭质朴，忧深思远，有尧之遗风焉；其诗不谓之晋而谓之唐，盖仍其始封之旧号耳。"[①]明代的屠隆和清代的李东阳、孔尚任、沈德潜，直至近世的梁启超、刘师培和王瑶等人都沿袭了此文学地域论。屠隆在《鸿苞集》中认为："周风美盛，则《关雎》《大雅》；郑、卫风淫，则《桑中》《溱洧》；秦风雄劲，则《车邻》《驷驖》；陈、曹风奢，则《宛丘》《蜉游》；燕、赵尚气，则荆、高悲歌；楚人多怨，则屈骚凄愤，斯声以俗移。"[②]屠隆侧重于地域民俗风情对文学风格的影响，而沈德潜和孔尚任则强调了自然山水对作家创作风格的塑造功能。沈德潜指出："永嘉山水主灵秀，谢康乐称之；蜀中山水主险隘、杜工部称之；永州山水主幽峭，柳仪曹称之。"[③]沈德潜又在《艿庄诗序》中说："古诗人，得江山之助者，诗之品格每肖其所属之地。"[④]孔尚任在《古铁斋诗序》中也认为："盖山川风土者，诗人性情之根柢也。得其云霞则灵，得其泉脉则秀，得其冈陵则厚，得其林莽烟火则健，凡人不为诗则已，若为之，必有一得焉。""北人诗隽而永，其失在夸；南人诗婉而风，其失在靡。"[⑤]可见，地域自然环境的荒凉僻远与清幽峻峭，必然被反映到文学创作中。故朱庭珍在《筱园诗话》中说："山水雄险，则诗亦出以雄险；山水奇丽，则诗亦还以奇丽；山水幽峭，则诗亦幽峭；山水清远，则诗亦肖其清远。"[⑥]日本的青木正儿在论述中国南方气候环境对作家的影响时说："南方气候温暖，土地低湿，草木繁茂，山明水秀，富有自然资源。所以，南方人生活比较安乐，有耽于南国幻想与冥思的悠闲。因而，民风较为浮华，富于幻想，热情，诗意。而其文艺思想，则趋于唯美的浪漫主义，有流于逸乐的华丽游荡的倾向。"[⑦] 以上这些都说明了自然地理环境对作家的作品风格和审美品格也有着重要的影响。

在中国，地理环境与居民的性格气质和生活习性之间的关系，我们都有明

---

① 朱熹：《诗集传》，上海古籍出版社2013年版，401页。
② 屠隆：《鸿苞集》卷十八《诗文》，见《四库全书总目》子部125卷，中华书局版，第1076页。
③ 沈德潜：《说诗晬语笺注》，王宏林注，人民文学出版社2013年，第401页。
④ 沈德潜：《沈德潜诗文集》，潘务正、李言点校，人民文学出版社2011年版，第723页。
⑤ 徐振贵：《孔尚任全集》，齐鲁书社2004年版，第1881页。
⑥ 何世剑：《朱庭珍〈筱园诗话〉之诗法说》，《南昌大学学报》（人社版），2004年第1期。
⑦ [日]青木正儿：《中国文学思想史》，春风文艺出版社1985年版，第3页。

显而深刻的认识。生活在中原地带的民众，因为长期受农业生产文明的影响，逐水草而居的生活习性，使他们喜静而不喜动，性格内向沉稳，安土重迁，平和稳健，好常恶变，知足常乐。所以，在中国历代文学作品中，思乡、怀古、叹别、惜旧成为很重要的思想主题。“乡土”也成为作家作品的常见的情结。这些同时也折射出了作家或者民众向往平和、安定、团圆的人生态度。地处边地的游牧民族表现出来的是喜动而不喜静，他们豪放粗犷，勇猛好斗，面海而居的民众则表现出喜欢冒险的个性。

另外，在人类生产活动和社会活动中，自然地理环境始终是关照对象，它以特殊的方式培养了人类的审美心理感知。“审美心理感知”是一种生理反应机能，是对外界环境接受及创造的多因素、多维度、多层次的动力系统，是构成主客体审美互动关系的重要环节，是审美对象和审美主体形成的内在根源。审美心理感知既是客体审美系统和主体审美实践内化于心理的结果，又是主体观照客观对象、外部环境，进而内化为心理的能动产物。主体对外部环境的感受是审美的动力起点，外部对象的物理属性提供给主体审美信息的同时，也在促进主体审美感官的不断发达，经过审美主体的审美经验的不断积累后，逐渐形成主体审美心理结构。在审美时，人们把自己的主观感受外射到审美对象上，然后再对之进行欣赏和体验。例如诗人把自己的不畏强暴的主体情感体验投射到菊花身上，然后再讴歌菊花的不畏严寒和高洁，这就是中国诗坛上对菊花的“千古高风说到今”的心理机制。当审美者把自己的情趣外射到欣赏对象上又把对象的形象情趣吸收到自身时，就出现了审美中的“物我同一”的境界。例如在漫长的历史发展过程中，楚地温和多雨的气候形成的特殊自然景观温润了楚地人民的心灵，其明山净水、翠峰碧波、鸟语花香呈现了迥异于北地风光的南国韵味，生活在那里的文人在长时间的接触中潜移默化地得到了心灵的滋润和启发，于是借助自然意象表达心中的美好和神圣，引发了文人墨客歌咏楚地风物的意兴。他们很自然地就会把审美注意力导向山水草木，同时也凸显了文人的人格美和理想美。主客体相互作用，主体情感与客体显现形成同构关系，物我感应，以物感心，不断浸润并参与作家的审美心理结构的建构，也就形成了历代作家感物而动、借景抒怀的创作传统。

“从文学发生学的观点来看，一切个体的审美心理中都有着复杂的历史文化心理的沉积层，都有着对文化传统、甚至远古文化传统的回应和再现，因而，作家总是要重复其所处的地域和种族审美模式的某些特征。”[①]当代小说创作中出现了许多地方文化品格鲜明的创作群体，例如西北作家都有着严肃的创作态度、沉重的忧患意识，他们的作品大多关注人生、表现西北人的生存状态。其中一个重要的原因就是世代面对大自然的威逼和生存的困境，面对饥饿、荒芜和贫穷使然。因此，自然书写体现了审美主体心灵和审美客体形成融洽的生命价值观，使作者发现了外在自然的审美价值，认同了自身生命的价值，最终形成人与自然生命和谐交融的生态审美意识和生态审美品格。

第三节　中国生态文学创作实绩

中国生态批评理论的发展与生态文学的创作是相辅相生的关系。在中国生态批评理论和话语建构的同时，描写人生存的自然环境恶化、探索人与自然的关系、揭示生态危机现状、表现生态保护意识、抒发生态情怀的文学作品和文学创作现象也随之大量出现。同时，文学批评者也开始挖掘以往由于人类中心主义思想的束缚与局限而被淹没的具有生态学思想的作品。并且透过生态批评的视野，对文学史、文学经典、文学思潮等进行生态学视角的重新审视与重构，体现了生态批评在中国的发展和进步的轨迹。因此说，生态批评话语建构与生态文学创作与研究几乎是并列同行的。

一、“生态文学”意涵的界定

生态批评理念下的文学批评对象的范围很宽泛，涉及所有自然或生态题材作品。学界对这类题材作品所进行的概念界定有一个在认知中不断完善的过程。最早美国学者倾向于称为“自然文学”或者“自然取向的文学”，德国学

① [法]丹纳（H.A.Taine）：《艺术哲学》，人民文学出版社1963年版，第201页。

者最早将此类作品命名为“环境文学”，日本学者最早则称之为“绿色文学”“大地文学”等。中国台湾学者也主要倾向于把这类写作称为“自然书写”，表达了以文学书写解放自然的生态理念。虽然这些概念的归纳有一定的趋同性，但“自然”“环境”“生态”三个词语在内涵和外延上不是完全一致的概念，具有一定的差异性。中国大陆较早对此类题材创作进行关注的要数作家高桦，她于 1984 年在《中国环境报》副刊《绿叶》上第一次用了“环境文学”这一概念。在她的提倡下，《绿叶》连续举办了多次环境文学征文活动，凝聚了黄宗英、张抗抗、陈建功等一批作家进行环境文学创作。在高桦的推动下，1992 年 2 月正式成立了“中国环境文学研究会”，并创办了专门的环境文学杂志《绿叶》。还举行了“人与自然环境文学研讨会”、环境文学评奖、出版“中国环境文学丛书”等一系列的活动，汇集了一大批有影响力的作家，如张贤亮、张洁、苇岸、李国文、霍达、张炜、铁凝、梁晓声、余华等。这些都推动了中国作家的环境意识和生态写作的发展。

随着生态批评运动的深入，学者们越来越多地认识到文学与生态学相互渗透的潜在可能性，以及两者结合在直面人与自然之间危机关系问题的意义。表明了文学参与生态危机研究的动机和在对抗环境与生态危机中不可低估的力量。文学将借助生态学的基本理论信息明确地论述在人与自然关系上的基本原则。生态学同样借助文学的视域、功能来拓展和深化人与自然之间平等、依赖的生态整体理念。生态学使文学参与生态危机的逐渐消解成为可能，文学为生态学解构人类中心主义的偏执提供了想象的空间。

可以说，生态批评历史地承载了重新审视人与自然关系的实质，警醒了人类生存的生态自觉意识的责任。反思人类与自然在整体生态系统中的地位和价值，试图最终建构田园主义的人文精神，在“爱自然也爱人类”的伦理观念的前提下，追求天人合一、平等共存的审美生活。国内较早涉足生态批评理论的学者从不同的视点对文学的生态文本进行意涵的厘定，而最终“生态文学”这一概念被创作界和学界普遍地接受，最终成为一种全新的文学创作思潮。它体现了人与自然之间的天然的亲缘关系，是文学的绿色化。生态文学文本都在各自的历史和文化背景中选择自己的表达方式，关注生态的宏大话语：如何面对人与自然之间的不和谐？如何正视生态与环境恶化而产生的人类生存危机？

如何理解各种生态灾难？人类如何阐释人对自然的价值诉求？人能成为自然的最终的征服者和创造者吗？……

生态文学追求文学的生态审美表达，追求生态思想与审美精神的融会，通过审美体验的艺术形式把生态思想传达给读者，唤起人们的生态意识，在审美观照中抵达生态之思。中国的生态文学创作以自己的话语方式参与到世界生态文学写作阵营中。关于什么是“生态文学”，中西方学者都曾经给予了不同的界定。国内的著名生态批评研究学者王诺是这样给“生态文学”下定义的：

> 生态文学是以生态整体主义为思想基础、以生态系统整体利益为最高价值的，考察和表现自然与人之间关系和探寻生态危机之社会根源，并进行和表现独特的生态审美的文学。生态责任、文化批判、生态理想、生态预警和生态审美是其突出特点。[①]

二、中国当代生态文学大厦的建构

生态文学为文学创作和文学研究开拓了新的视野和发展契机，赋予了当代文学新的社会使命和文化使命，体现了中国生态批评发展的进程和成果。20世纪90年代，当我们还在津津乐道于“人文精神是否衰落、纯文学是否已经死亡”的沉闷话题时，文坛已经悄然兴起了一股关于人与自然关系的书写潮流。对于中国当代文学创作对生态问题的触及究竟始于何时，学者意见各有分歧。有人认为是始于“文革”结束后反思文学思潮，尤其是知青文学中那些有过上山下乡经历的作者，在他们的作品中在揭示时代激进思想给年轻一代造成精神伤害和危机的同时，也触及了人与自然之间的关系。而到了90年代中后期，随着改革开放和商品经济发展的深入，整个社会的思想文化由“共名”趋向“无名”状态，多元的文化追求使时代失去了所谓的主流意识形态，越来越多的作家的创作开始转向生态题材。特别是进入新世纪后，中国的发展进入一个前现代、现代和后现代同时并存的时期。随着工业化的不断深化，科学技术的不断发展，人的消费欲望的不断膨胀，以试图寻找造成“中国式”生态危机的真相

① 王诺：《生态批评与生态思想》，人民出版社2013年版，第220页。

为写作向度的作品空前活跃，出现了“生态散文”“生态诗歌”“生态报告文学”“乡土生态小说”等文学样式。同时，也涌现出了有着各自生态写作风格和生态伦理立场以及地方生态文化品格的作家作品，如陈应松的“神农架”系列、阿来的“机村”系列、迟子建的“东北丛林”系列、叶广岑的“动物系列”等小说，都体现了对中国当下的生态问题的关注和对自然、环境与人的深层关系的思考和批判。

国内较早的生态文学主要是纪实文学的形式，可以称为生态报告文学。它的特点就是客观性、真实性和迅捷性。如沙青于1986年和1988年出版的《北京失去平衡》和《依稀大地湾》，开创了中国生态文学的先河。徐刚也是较早关注中国现实生态问题的作家。他的《伐木者，醒来!》《江河并非万古流》《沉沦的国土》《世纪末的忧思》《拯救大地》《中国，另一种危机》《中国风沙线》等一系列报告文学，真实、具体地展现了中国生态环境问题的严重性，对中国生态文学的发展起到了很大的推动作用。但是由于受时代主流话语以及文学创作形式和方法不断探索与更新的浪潮的影响，生态文学创作并没有引起更多的关注。

进入20世纪90年代以后，随着中国现代化步伐的加快，生态危机问题也越来越凸显。具有强烈社会责任感的作家纷纷拿起笔投入生态文学创作的队伍中来。冯特、王蒙等知名作家还发起组织了中国环境文学研究会，标志着我国的生态文学创作有了自觉的团体和事业意识。于1992年创办的以“生命呼唤绿色，人类喜爱绿叶”为宗旨的环境文学刊物《绿叶》，成为生态文学发表的重要阵地，有力地促进了中国生态文学的繁荣发展。王蒙说，“作家往往更早一点自觉或者不自觉地发出保护自然、保护环境的呼声”，“如果我说作家天然应该是环保工作者的同盟军，我想不至于被认为是过于冒昧”。[①]生态文学随之趋热，涌现出一大批生态文学作品。如王治安的人类生存三部曲：《国土的忧思》《靠谁养活中国》《悲壮的森林》以及《唤醒大地》《三峡大移民》等作品，是近年来生态文学创作的重要成果。这些作品描述了中国生态遭到严重破坏的触目惊心的现实，尤其是《三峡大移民》被有关专家誉为“全国第一部以如此浩

① 王蒙：《赞美绿叶》，《绿叶》，1992年第1期。

大篇幅反映三峡移民艰难曲折历程的巨著，读来催人泪下，感人肺腑”[①]。此外，李青松的《最后的种群》《遥远的虎啸》《蛇胆的诉讼》《国宝和它的保护者》《秦岭大熊猫》《北京古树群》等，揭示了中国珍稀动植物遭到严重摧残的悲惨境遇。梅洁的《西部的倾诉》，哲夫的《帝国时代的黄河》《长江生态报告》《黄河生态报告》《淮河生态报告》等揭示了中国西部以及大江大河的生态污染和生态恶化给人民生活造成的可怕灾难。作家陈建功用“战栗、震惊”“陷入血脉偾张、惊悚骇然的境地”等来形容自己读了哲夫作品后的感受。哲夫还亲自走访和调查了九个省、区，历时两年，完成了近 70 万字的报告文学《世纪之痒——中国生态报告》，可见其具有强烈的生态意识和社会忧患意识。还有麦天枢的《挽汾河》、刘贵贤的《生命之源的危机》、李显福的《土地的呻吟》、何建明的《共和国告急》和《生死一线间》、陈桂棣的《淮河的警告》、荞麦的《中国：水危机》、岳丘非的《只有一条长江》等生态报告文学，展现了中国方方面面的生态问题。这些作品通过对环境危机的全方位的审视，充分体现了作者强烈的民族忧患意识和文学作品一以贯之的社会责任感。

20 世纪 90 年代中期以来，在西方生态哲学、生态伦理学和生态文学作品不断系统地传播、引进到国内的背景下，中国的作家开始自觉地创作生态文学，其形式和文体也逐渐丰富多样。小说、诗歌、散文、童话等文体形式都取得了丰硕的成果，也引起越来越多的读者和研究者的关注。在小说领域，有哲夫的《黑雪》《毒吻》《天猎》《地猎》《人猎》《天欲》《地欲》《人欲》《极乐》，陈应松的《豹子最后的舞蹈》《松鸦为什么鸣叫》《狂犬事件》《木材采购员的女儿》，郭雪波的《沙狐》《大漠魂》《沙狼》《银狐》《苍鹰》《沙葬》，胡发云的《老海失踪》，张抗抗的《沙暴》，杜光辉的《哦，我的可可西里》，刘心武的《青菩溪之恋》，赵大年的《玉蝴蝶》，陈建功的《放生》，温亚军的《驮水的日子》和《寻找太阳》，成一的《千山》，马福林的《一只俄罗斯狗在中国的遭遇》，乌热尔图的《老人和鹰》《熊洞》《灰色驯鹿皮的夜晚》，李传峰的《最后一只白虎》《红豺》，姜戎的《狼图腾》，贾平凹的《怀念狼》，阿来的《空山》，张炜的《刺猬歌》，叶广芩的《老虎大福》《猴子村长》《狗熊淑娟》《山鬼木客》《长虫二颤》，

① 《王治安生态文学系列作品研讨会在成都举行》，《资源与人居环境》2004年第Z1期。

杨志军的《环湖崩溃》《藏獒》，雪漠的《白虎关》《猎原》《大漠祭》等，都是中国生态文学创作的重要收获，也是中国当代文学史上的新的主题。

散文和诗歌由于自身的文体特点，便于表达思想感情，所以受到不少关注生态问题的作家钟情。如苇岸的《大地上的事情》，于坚的《哀滇池》《丽江的荒》，马丽华的《走过西藏》，沈河的诗《我替一棵树说话》，周涛的《二十四片犁铧》《还是应该常去看望一下土地》，张炜的散文集《融入野地》《我选择，我向往》《我跋涉的莽野》，韩少功的《山南水北》，林宋瑜的散文集《蓝思想》，周晓枫的散文集《鸟群》，徐刚的“大地之门”丛书：《仰望深邃》《守望家园》《走向孤独》《风沙漫笔》《回想那风》《上善若水》《根的牵挂》《我将飘逝》《边缘人语》，李存葆的《鲸殇》《大河遗梦》《霍山探泉》《绿色天书》《最后的野象谷》《净土上的狼毒花》等。这些作家在他们的生态诗歌和生态散文创作中并不像生态报告文学和生态小说那样，致力于揭露生态危机，宣扬环保意识和生态思想。他们只是将自己的情感融化于自然，在自然中寻找生命的价值和意义。

中国的生态文学带有明显的现实性和问题意识走上文坛，但又没有局限于生态危机问题本身，对生态危机与文化、文明的关系进行了思考。这些生态文学的出现，是文学对现实生态危机的一种回应。它不同于传统的文学创作，它有着自身特定的价值内涵和审美取向及精神向度。它借助生态学、生态哲学和生态伦理学等理论，反思人与自然之间的关系，在社会性、文学性、艺术性、审美性上都有了较大的提高。虽然生态文学还不能成为中国当代文学创作的主流，只是一种创作倾向和创作维度，但它毕竟成了中国文坛的一支重要思潮。

第四章　冀东乡土小说概论

文学是文化的重要构成。在当今世界全球化的大背景下，不同国家、民族和地区文化的不断交流与碰撞是大势所趋。在此过程中，他们将各自以自己的文化的独特性作为立足点，不断彰显自己的文化软实力和综合国力。而对于中国来说，建设强大的文化软实力是实现中华民族伟大复兴，立足世界强国之列的血脉根基。因此，我们要不断加强区域文化及文学的研究。作为中华文化有机组成部分的冀东文化，汇融了汉民族和北方多个少数民族的文明和智慧，经过相当长的历史时期的发展演变，逐步形成了自己独具特色的区域文化系统。它与中国其他区域文化共同为中华民族的伟大复兴，为中国的现代化发展提供了强大的精神动力，是加强中华民族凝聚力和创造力的重要文化源泉。尤其是在当下京津冀全方位合作与协同发展的现实背景下，对冀域文学及文化进行深入的研究和探讨，使其健康发展，具有重大意义。

第一节　冀东文学的区域范围

从河北省的历史沿革可以看出，河北省简称“冀”，起始于 5000 多年前上古时代的“冀州”之名。“冀”在古语中是“希望”的意思，它代表了古代人民对未来生活的美好期盼和憧憬。那时“冀州”是九州之首。后来“冀”经历了由地理概念到行政设置的演变过程，从地区的泛称变成特定的行政区划。因此，有学者指出“冀”的名称由来早于“燕赵”，“冀”承载的历史更为悠久，用“冀文化”来指称当前河北省的地域文化应该更为恰切。

从地域行政划分的版图来看，河北是一个非常特殊的省份，因为北京、天津地处河北省域的“心脏”位置，再加上京津冀各区域都有各自的文化特征，京畿文化、津门文化、燕赵文化既互相交叉又各自独立，很难凸显河北省全域具有整体性的文化特征。因此有学者建议用“冀文化”来取代“燕赵文化”，并进而提出了“三冀文化”概念。认为按照目前河北省的行政区域版图，应该划分为冀东、冀西北和冀中南三大板块。冀东包括唐山、秦皇岛和承德；冀中南包括京津以南的保定、廊坊、石家庄、沧州、衡水、邢台、邯郸；冀西北主要指张家口地区。并且认为这样划分才与我省经济社会发展的板块划分相契合。①笔者在冀东区域划分上即采用此观点。

据现有考古资料显示，冀东地区早在四万多年前就有古人类在此活动。诞生于商朝初年（公元前 1600 年）的孤竹国是这里的第一个地方政权，也是滦河之滨最早的奴隶制方国。它的出现标志着冀东大地已从蒙昧和野蛮的原始社会跨进了文明的门槛，从此拉开了冀东地区文明史的序幕。

冀东地区地理位置十分特殊，因而在辽国、金国，直至元、明、清三朝都是畿辅重地，也是受到历朝历代统治者重视的畿防要地，更是历来兵家必争之地。

冀东这一地理名词，作为一个正式的行政区划，来源于新中国成立前的河北省冀东道公署。1913 年 1 月，中华民国袁世凯政府颁布了《划一现行各省地方行政官厅组织令》，废除旧有地方制度，改设省、道、县三级管理体制，随后冀东道成立。

1933 年春，日军大举进攻长城沿线的主要隘口，驻守长城沿线的国民党军队进行了英勇抵抗。但到 1933 年 5 月，国民党政府竟派殷汝耕等代表与日本关东军副参谋长冈村宁次签订了卖国的《塘沽协定》。从此，整个华北门户洞开，紧接着日本帝国主义进一步对华北实施大规模侵略扩张，先后制造了“张北事件”和“河北事件”，攫取了河北和平津两市的大部分主权。1933 年 9 月，

① 春华、王书利：《“三冀文化”当成为河北主流文化——关于准确定位河北传统文化的思考与建议》，《经济论坛》，2009年第4期。

国民党政府批准将冀东划分为两个区，在通县和唐山分别设立蓟密、滦榆两个行政督察专员公署。1935 年 11 月 15 日，殷汝耕为配合日本“华北自治”的阴谋，联合冀东各地一批亲日分子致电宋哲元、韩复榘，攻击南京政府内外政策，积极策动华北五省实行“自治”。1935 年 11 月 24 日晚，殷汝耕在通县以“冀东防共自治委员会”委员长的名义，发表宣言，声称自即日起“脱离中央，宣布冀东自治”。25 日，殷汝耕在专员公署举行“冀东防共自治委员会”成立大会，自任“委员长”，后改为“冀东防共自治政府”，殷汝耕任政务长、“主席”。其涵盖区域包括临榆（山海关）、抚宁、卢龙、昌黎、滦县（滦南、曹妃甸）、乐亭、丰润、丰南、玉田、遵化、迁安（迁西）、宁河、宝坻、蓟县、三河、香河（大厂）、通县、顺义、平谷、密云和唐山市。

1937 年 7 月，“七七”事变爆发，日军全面侵华，更加紧了对冀东地区的侵略和控制。日本在华北驻军从 8000 激增至 2 万余人，其中 1. 3 万分驻冀东之通县、唐山、滦县、昌黎、临榆等地，呈现出伺机兵犯华北腹地的态势。7 月底，伪“冀东防共自治政府”由通县（今北京市通州区）迁到唐山，唐山正式成为冀东政治、经济、文化、交通中心。北平、天津沦陷后，日本指使汉奸王克敏等在北平成立伪“中华民国临时政府”，并与伪“冀东防共自治政府”合并，将其原属 22 县，划归河北省，改称“河北省冀东道公署”，开始了日伪狼狈为奸的残暴统治。1938 年 1 月 17 日，伪河北省公署在天津成立，下设冀东、津海、保定、冀南四道（含平、津）。

冀东是连接东北与华北的咽喉地带，南邻渤海，北据燕山、长城，与热河、辽宁省相连。因其地理位置的重要，侵华日军入关后对这一区域的侵占时间最早，统治也最为系统和严密，其控制手段也最为残酷。大扫荡、屠村、集家并村、人圈、千里无人区，把冀东大地上的美丽乡村变成炮火硝烟下的一片片焦土。

在 1937 年 8 月陕北洛川会议后，中共北方局决定在冀东创建抗日根据地，以唐山为中心的冀东地区先后发展为冀热边区、冀热辽边区，解放战争时期复称冀东区。1949 年 3 月 7 日，冀东区行政公署划属华北人民政府领导。3 月 11 日，冀东区行政公署恢复冀东行政公署名称。8 月 1 日，华北人民政府发布通令，冀东行政公署撤销。

俗称的冀东地区地处华北与东北之走廊地带，战略地位十分重要。主要指北以长城和燕山为界，西接北京和天津，东临渤海，有滦河贯流其间。范围大致包括通县、顺义、怀柔、密云、昌平、平谷、三河、香河、蓟县、宝坻、宁河、兴隆、遵化、玉田、丰润（含今丰南）、滦县（含今滦南）、迁安（含今迁西）、乐亭、昌黎、卢龙、青龙、抚宁以及今唐海等 30 多个市、县。今天我们所谓的冀东区域主要指现河北省行政区域的东北部地区，一般包括承德、秦皇岛、唐山等行政区。

第二节　冀东乡土小说的历史文化特质

德国史学家费里茨·格雷布纳和奥地利民族学家威廉·施米特都认为，分布在一定地理空间内的诸如经济、社会、道德、宗教、民族、风俗等若干文化元素相互联系地排列在一个地域内，可以构成传统相同或相近、功能相互关联的有机文化体系。在这个体系中，如“自然生态的、民族经济生活形态的、社会生活与精神信仰的、稳定的民族历史沿革的、不稳定的民族迁徙和战争及文化移动和融合等因素相互作用”[①]又可以形成一个个的文化圈。不仅有跨国的民族文化圈；在一国之内也有很多跨省区的文化圈；甚至一个省内也有跨市县的文化圈。基于以上文化圈的理论，来观照河北的区域文化历史，我们发现，经过长期的历史文化积淀，河北大致形成了四个文化圈。即以邯郸为核心的冀南赵文化圈、以保定为核心的冀中燕文化圈、以张家口为核心的冀北汉蒙文化圈和以唐山为核心的冀东滦河文化圈。这些文化圈的实际范围通常与临界的省市相勾连。

冀东历史绵延不绝，是中华文明的重要组成部分。河北省“三冀文化”课题组发表的《“三冀文化”当成为河北主流文化——关于准确定位河北传统文化的思考与建议》指出：“冀东的唐山、秦皇岛、承德虽属于燕文化圈，但由

① 赵联：《冀东文化圈的历史物质》，《社会科学论坛》，2010年第16期。

于板块相对独立，也已经形成了独特的文化特征。”[①]具体到冀东区域文化，它属于滦河文化的主体构成部分。滦河古称濡水，始见于《汉书·地理志》：“玄水东入濡水。濡水南入海阳。”[②]唐代以后始称滦河，它全长近九百公里，流域面积达四万余平方公里，它是一条母亲河，养育了沿岸的山戎、鲜卑、契丹、满族和汉族等多个民族。在长期的历史变迁中，孕育了沿岸丰富多彩的冀东文化，包括草原文化、燕山文化、长城文化、平原文化、孤竹文化、老呔文化、渤海文化的众多文化现象，形成了独特的区域文化特征和区域文化品格。

人们通常说的代表河北文化的燕赵文化，主要是产生于战国时代的古文化，时至数千年之后，随着社会历史的变迁，燕赵文化的内涵已经发生了演变。我们今天所讨论的冀东文化，既具有燕赵文化的某些历史文化特质，同时又具有自己独特的发展历史。

一、多民族文化的聚合

我国自古以来就是以中原地区的汉民族为主要构成主体，其地域分布广，人口比重大。而在周围边远地区是汉民族与少数民族交叉生活区域，从而形成了多民族文化交融、共存的态势。就冀东区域而论，虽说自古以来这里的居民以汉族为主体，但寻其历史发展轨迹可以看出，长期的历史演变造就了多民族聚合的文化圈，特别是汉满文化圈。在商汤时期，冀东地区方国林立，较大的方国有燕（今北京、天津市蓟州区一带），较小的方国有孤竹（今卢龙、滦县、迁安一带）、山戎（今玉田一带）、令支（今滦县、迁安一带）、无终（今遵化、丰润一带）等。虽然当时的冀东大地地广人稀，但是主要以汉族居民为主体。势力相对较大的孤竹国是汉民族政权，而出自东胡的山戎和令支是游牧民族，即后来的鲜卑族。因此，远在三千多年前，冀东地区就是汉族与北方游牧民族聚居的地区。由于这里地处偏远，土肥水美，一直是边地少数民族政权的觊觎对象。公元前664年鲜卑族的祖先强悍的山戎首先进犯燕国，燕国向齐国求援，

① 景春华、王书利：《“三冀文化”当成为河北主流文化——关于准确定位河北传统文化的思考与建议》，《经济论坛》，2009年第4期。

② [汉]班固：《汉书》（第六册），中华书局1962年版，第1644页。

齐桓公出兵攻打山戎，山戎兵败，被迫退至孤竹国，齐桓公又进而攻打孤竹国，并一举将其灭掉。“老马识途”和“寻蚁求水”的典故，就出自齐桓公讨伐孤国竹的征程中。公元前300年，燕国大将秦开出兵一举击溃经常侵扰燕国北部地区的山戎，并将原属孤竹国和山戎、令支的大片土地，划归燕国。

冀东第一次民族迁徙是鲜卑人拓跋珪建立北魏后，于公元 436 年跨越长城，占据了冀东地域，在令支（今迁安一带）设立治所，管辖渔阳郡（即秦汉以来的辽西和右北平郡，即今秦皇岛市一带和唐山的西部和北部）。公元 472 年，北魏孝文帝拓跋宏，将燕长城以北的30多万鲜卑人内迁到徐无、土垠（今遵化、玉田一带），推行汉化政策，鼓励鲜卑人说汉话、易汉服、改汉姓，提倡与汉族通婚，从而在北魏统治的 98 年中，鲜卑人大量南迁，形成了最初的民族迁徙，大大地加快了此地民族融合的进程。

第二次民族迁徙是在公元 916 年辽太祖耶律阿保机建立辽国之后。公元 923 年耶律阿保机攻克平州（今卢龙），设置节度使。辽国本来是游牧民族，可是占据了平州、营州（今昌黎西南）、蓟州（今天津市蓟州区）等冀东的地区之后，在与汉族长期的接触过程中，受到影响，开始重视农耕生产，政府还专门发布了劝农桑、保护农田的诏令。这促使入关的契丹人改变生活方式，开始大面积土地开发，使农业生产得到较大发展。直至公元 1125 年辽国被灭亡后，流落于长城以南的契丹人继续从事熟悉的农耕生产，逐渐被汉族人同化。

第三次民族迁徙是在东北的女真族完颜阿骨打部落强盛起来之后。公元1114年完颜阿骨打举兵入辽，占领了包括冀东一带辽国的地盘，并于公元1115年建立金国。为了巩固政权，加强对汉族的统治，将大批女真人迁居到关内。女真族在与汉族的长期交往中，渐渐学会了汉民族先进的农耕技术，学会了汉话，穿上了汉服，甚至连饮食、姓氏都慢慢地被同化了。尽管后来金世宗曾经下令不准金人穿汉服，改汉姓，但仍然没能阻止定居冀东的金人融入汉族的生活。公元 1234 年，南宋和蒙古南北夹击，结束了金国在冀东 119 年的统治历史，而金国遗民更自然地融入了汉族大家庭。此后，冀东又在元朝的统治下度过了百余年的艰苦岁月。

第四次民族迁徙是在1644年清军入关后。清军入关的第二年皇太极发布了“圈地令”，清朝贵族在顺天府和永平府进行了大规模的圈地，大批汉人的

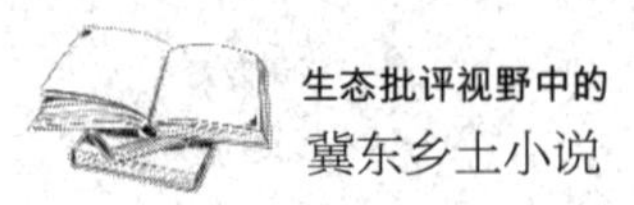

良田被霸占，失去土地的汉人只能为满族贵族耕田种地。1667 年康熙亲政后，为了调和满汉矛盾，调整政策，废止圈地，奖励垦荒。圈地的满族贵族的经济生活方式开始转向农耕生产，逐渐演变为封建地主阶级，其中部分满族地主逐渐融入汉族中来。

综上可见，由于冀东地区地广人稀、土地肥美、资源丰富，自古就是北方各少数民族竞相争夺的宝地。从公元前 664 年开始，山戎、鲜卑、契丹、女真、蒙古、满族等少数民族都曾先后占据此地，分别建立过燕、孤竹、山戎、令支、无终、秦、北魏、辽、金、元、清等国家，综合算来，从殷商一直到清末的 3500 多年的历史中，冀东大地大约有 800 余年为少数民族所管辖。

历经各朝代少数民族的政权统治和移民政策，使冀东民族文化成分发生了改变，特别是在通婚、易姓后，更加速了民族的融合。因此，尽管冀东地域的汉族原住民深受儒家思想影响，恪守汉族传统和生活方式，但是不可能不受到这些少数民族特别是满族文化的潜移默化的影响。同时那些入驻冀东的少数民族政权，为有效统治，也非常重视从汉文化中汲取营养，尤其是吸取儒家学说的精髓，效仿前朝政制，任命汉人为官，推行民族移民，鼓励与汉族通婚等，使汉民族与少数民族之间在不断地相互学习和融合的过程中隔阂越来越小，各民族间的语言、文化、思想意识、伦理道德诸方面的差异也逐渐缩小，人们的经济生活方式也发生了根本的转变，从而逐渐形成了多民族交融的文化特征。

二、移民文化的融合

明代南北大移民。明朝开国后为了巩固封建统治，发展农业生产，曾组织两次大移民。一次是公元 1371 年，朱元璋命大将徐达组织山西泽州（今晋城一带）、潞州（今长治一带）和浙江西部山区的百姓迁徙到冀东开垦荒地。另一次是公元 1399 年朱元璋死后，他的子孙开始了皇权斗争。实力强大的燕王朱棣首先起兵反抗南京朝廷，与明朝东辽军在永平府的滦州和昌黎一带打了四年的战争，史称靖难之役。这次战争，朱棣使得滦州、卢龙、昌黎、乐亭等县“人物凋耗，土地荒旷，旧有存者，十仅二三”。朱棣夺取政权之后，为了恢复农业生产，下诏向这一带移民。并且连续三年从山西、浙江、江苏、江西等省往这里移民。著名作家曹雪芹的先祖就是从江西武阳渡移民到丰润的。这些移民中为数最多的是丁多田少或无田的山西农民，以及发配的罪犯。也有一些来自直隶（苏州、南京、浙江一带）富户，招募流散居民屯田，形成村落；有些移民被明政府安置屯田，除了每人分配土地外，还鼓励垦荒，免收赋役。[①]随着移民的定居，人口的繁衍，增加了这一带汉民族的成分比例。

此外，明代的驻军屯田也为冀东输送来很多南方的汉人。公元1567年，明穆宗朱载垕为确保北京的安全，调派戚继光出任蓟镇总兵，三千戚家军从浙江携家带口，挥师北上。戚继光坐镇蓟镇总兵16年。依据明代制度，戍边之余，实行屯田，使得大批浙江军士及家属落户于冀东各县。屯田官兵以营盘为核心建立屯堡，有战事去打仗，无战事屯田种地。后来这些屯田军户，子继父业，代代相传。

通过资料记载和实地查访发现，冀东一带大姓人氏60%以上祖先都是永乐年间的移民，原籍分属全国各地，除了山东、山西、甘肃、陕西以外，还有湖广、浙江、江西、福建、四川、广东等地。这些来自不同地域的移民，虽然有很多是属于单独建村立户，但他们与原有的土著村民在生产和生活上有诸多联系，而与原土著居民杂处的移民，由于接触密切，他们的相互影响就更大了。尤其那些身份特殊的移民，如故元官吏、殷实富户等，他们中的大多数人有很高的文化素养，把先进的科学技术和文化知识带到相对落后的冀东地区，对当地社会经济文化的发展产生了积极的影响。

总之，明代有大量的移民在冀东这片土地上落户生根，给这里注入了劳动大军。同时，“移民也把各地的风俗习惯、生产技能带到这里，对冀东的社会风尚产生了重大的影响。”[②]

清代大移民。清代是中国人口迁移的重要时期，闯关东、走西口、下南洋，可以说，移民贯穿着整个王朝的统治。由于地域原因，移民的方向基本上是关东、口外地区。而冀东毗邻关东，得近水楼台之便，是关内各省百姓向关外移民的通道，起着移民走廊的作用，因而在移民史上具有十分重要的地位。

---

① 赵朕：《冀东文化圈的历史物质》，《社会科学论坛》，2010年第16期。

② 王海燕：《明代冀东移民及其社会影响》，《南都学坛》，2003年第5期。

清代移民不同于明代移民，主要分为两部分，一部分是逃荒的汉人的移入。山东、河北其他地区和河南部分贫苦农民“闯关东”，到地广人稀的关外谋生贯穿了整个清朝。这些人沿着传统的流亡路线，途经天津、唐山、秦皇岛、山海关，长途跋涉去东北，因此冀东地区形成了天然的移民走廊。许多移民走到这个通道上就不再前行，在冀东安家落户。如光绪年间，很多山东人因家乡贫困不得不去东北谋生，中途在山海关落户。据统计，抚宁区由外迁移民所建立的村庄中，有 37 个来自山东，3 个来自山西，1 个来自北京，5 个来自本地其他县区。

还有一部分是招工移入。晚清时期，由于近代工业的崛起，对劳动力产生了巨大的需求。例如光绪元年（1875 年），李鸿章在唐山创立了开滦矿务局，兴建工厂，开始了近代化工业生产，大量招募工人。开平煤矿创立时，也曾有大批广东人到来，他们带来了开矿技术，大多成为技术工人。1976 年唐山大地震前新华路居民多半是广东移民，因此，这里旧名叫广东街。

综上所述，由于冀东地区所处的特殊地理位置，冀东文化又与关东文化、京都文化、津卫文化相贯通。这种汉民族土著文化与异族文化、移民文化的相互交融，使得冀东地域人民的经济经营方式、思维模式和生活习俗都融进了多民族、多地区的文化因素，同时又以其顽强的生命力保持了本土文化的基本品格，从而造就了冀东文化具有多元性、包容性、创新性、抗争性、开放性的特质。

第三节　冀东乡土小说的多重文化场域

冀东有着得天独厚的地理环境，这里地下有多种有色金属矿藏及煤和铁矿资源，土地肥美，旱涝保收，沿海又适合农牧渔业发展，并具有天然优质良港。可以说这种地理环境为冀东的文化发展提供了充足的后劲。

一、满族文化

冀东地区大约有800多年的时间为少数民族所管辖。冀东的汉民族同胞大约有四分之一的时间都是与山戎、鲜卑、契丹、女真、满族等少数民族人民一起生活在这片土地上的。这些游牧民族与汉族，尽管有着不同的生产方式、生活方式和风俗习惯，但是在历史发展进程中，随着社会形态的衍变，在不断磨合中逐渐形成一种经济、文化、习俗交融的态势。1635年皇太极宣布改女真族为“满族”，曾长期统治着整个东北地区。满族兼取蒙古族、契丹族、朝鲜族等民族文化的优长，形成了具有鲜明地域特色的民族文化。

与东北地区毗邻的冀东人民与满族（含女真）相处的时间最长，达387年之久。今天冀东的秦皇岛市有青龙满族自治县，满族人口占68.6%。承德市有被称为民族大县、移民大县的宽城满族自治县，满族人口占64.5%。至今我们还可以从整个冀东地区的民俗风情中寻迹满族传统文化的遗风，从很多汉族人民的生活中找到对满族文化吸纳的典型范例。

首先，在语言上，冀东方言中保留了很多满语。特别是清中叶以后，汉族中下层人民的日常口语中出现了兼用满汉词汇的有趣的现象。如，“胳肢窝”（腋窝）、“埋汰”（不干净）、“哈喇子”（口水）、“喇忽”（粗心大意）、“哈喇”（油性食品变质）、“隔色（读 sǎi）”（特殊）、“倒腾”（翻来翻去）、“蝲蝲蛄”（蝼蛄）、“捅娄子”（闯祸）、“蚂螂”（蜻蜓）、“消停”（安静）、“赤马糊”（眼屎）、“苛答”（讽刺人）、“波勒盖”（膝盖）、“卡巴裆”（裤裆）、“麻利”（动作利落）、“诈唬”（虚张声势）、“勒特”（邋遢）、“胡诌八扯”（胡编乱造），等等，都是满语穿插在汉语中的“满汉兼”的语言现象，接近东北方言，尤其在冀东农村的口语中常见，似乎已经成为地道的汉语了。

其次，在居住习惯上也具有较为明显的满族民居遗风。以前冀东的老式房屋大多都是坐北朝南的草房，每座有三间或五间，中间的房屋朝南开门，称作堂屋，用作厨房或厅堂。西边的房屋住长辈，东边的房屋住晚辈。房屋向南开窗，窗户上下分扇，上扇可向外开启，下扇固定。院子左右两边还建有东西厢房。以火炕取暖，炕上放长方形炕桌，用作吃饭、待客。烟筒建在房山前约一米的地方，与屋内火炕相连接，连接的部位称“烟筒柜子”。烟筒一般有一米多高，用砖或者坯砌成，既便于排烟，也利于防火。另外，冀东普通民居还有“串糖葫芦”式，一般为三进或四进的房屋设计，从前街到后街可以穿堂而过，庭院南门内设立影壁。这些民居形式是冀东地域所独有的，明显是借鉴、因袭了满族民居的房屋风格而建造的。

再次，在饮食习惯上，冀东人民喜欢吃的传统食品如牛舌饼、绿豆糕、油炸糕、凉糕、“驴打滚”、切糕、豆包等原本都是满族食品，后来为冀东人民所接受，以致成为全国人民喜爱的日常食品。其他像酸菜氽白肉、酸菜炖粉条等都曾是满族的食俗，如今得到了广泛普及，甚至风行全国。另外，清东陵所在地的大饽饽和小饽饽，俗称清东陵大八件和小八件，也是满族的典型食品，后来成为冀东的名牌糕点。

另外，在服饰上，汉族的衣服是上下分穿，上为衣，下为裳。百姓日常服饰没有穿长袍的。而满族的服装与汉族大不相同，由于狩猎生活的需要，无论男女老少四季皆着袍服，即“衣皆连裳”，原称“骑袍”。清代时满族皆被编入“八旗”，所以又称为“旗袍”。通常在袍子的外面还穿着长至肚脐的双襟短褂，因为最初是骑马作战时穿着，所以又被称作马褂，俗称坎肩。这种套装起初是“八旗军服”，后来在民间流行开来。清军入关后，这种服装逐渐普及为民间的礼仪性服装。在20世纪40年代以前，冀东老辈人的服饰，譬如长袍、长衫、马褂、坎肩、棉套裤、瓜皮帽、毡帽，小孩的虎头帽、“兜肚”、双脊脸靸鞋（鞋脸镶嵌双皮条）等百姓的日常服装，很大程度上都是从满族服饰演变来的。

最后，在民间艺术上，发源于冀东昌黎地区后流行于卢龙、抚宁、乐亭、滦县等地的“地秧歌”，与其他各省的秧歌有明显不同，是河北省具有代表性的民间艺术之一。清王朝统一全国后，人民生活较为安定，满族人民在原有民间舞蹈基础上，融入了汉族民间秧歌的表演手段，逐渐形成了具有自己特色的秧歌艺术。昌黎地秧歌中很多元素与满族的“鞑子秧歌”十分相似。如：也按戏剧故事组合演出；所扮人物都分为妞（少女或小媳妇）、丑（滑稽角色）、公子（书生）等行当，除“老㧟（中老年妇女）”手持一双棒槌外，其他角色都手持折扇或手绢。表演中，演员把舞蹈动作、手势、道具、哑剧等表现手法融于一身，塑造出各式各样的喜人形象。尤其是在表演上都有脚下步伐上下颠颤的动作，“老㧟”表演时突出的“抖肩”动作以及妞角的“踩寸子”都明显具有游牧民族舞蹈的韵味。这说明昌黎地秧歌汲取了满族秧歌的精髓，受到了“鞑子秧歌”的影响。

从冀东文化的形成历史来看，北方游牧文化在进入农耕文化的世界之后，被这里有山有海有平原的地域环境吸引，使他们放弃了原有的游牧生活方式。特别是满族等少数民族的统治者，被汉族文化的魅力所折服，开始学习汉制，鼓励农耕，提倡以种田为生，使其族人逐渐地融入 “日出而作，日落而息”的农耕文化中来。不过，导致满族游牧文化融入汉族农耕文化的根本原因，主要还是汉文化的积淀更加深厚。冀东地区的文化虽然兼收了不少以满族为代表的多民族文化因素，但其仍然以本土的汉族文化为主体，并以顽强的生命力在相当程度上维护了本民族文化因素的主体地位，最终形成了自己的地域文化特质。

二、长城文化

长城是中国古代一项极其重要的军事防御工程，形成了浩大的军事防御系统。对中国古代社会政治、军事、经济、文化等各方面都产生了积极的影响。它是中国古代草原游牧文化与农耕文化的一条有形的分界线，是自然和人文的混合产物，也是汉族与北方少数民族交汇、融合的纽带。长城在冷兵器时代和生物动力时代，为维护国家政权的统一和稳定发挥了巨大的作用。同时，在政治、经济、科技、文化、艺术交流、人口迁徙、自然生态环境、民族融合、中外交流和贸易往来等方面，都起到了巨大的历史作用。它凝聚着祖先们的血汗和智慧，熔铸了中华民族艰苦勤奋、坚韧刚毅、开拓进取的精神，是中华民族精神的象征。

据史书记载和考古发现，中国历史上战国时期的诸侯国和后来的秦、汉、西晋、北魏、东魏、北齐、北周、隋、辽、金、明等封建王朝都修筑过规模不等的长城，主要分布在全国 15 个省、自治区和直辖市，总长度相加超过 5 万千米，墙台敌楼、关城隘口、烽堠堡障也数以千万计，构成了纵深次第的整体防御体系。而规模和影响较大的长城段主要在北方。

据《春秋》记载，鲁僖公四年（前 656 年），“楚国方城以为城”。这是最早见于记载的长城。此后齐国也开始建筑长城。至公元前 4 世纪前后，燕、赵、秦、魏、韩以及中山国诸国相继沿边防线修筑长城。战国长城以燕、赵长城修筑规模最大、长度最长，燕筑南、北界两道长城，赵亦筑南、西北、北界三道长城。燕、赵长城南界都位于河北平原，利用河堤筑长城设防；北界则位于农耕、游牧区域边界线，沿燕山、阴山山脉依险分别筑长城，后为秦、汉至明朝历代修筑长城所沿用。秦始皇统一中国后，利用燕、赵、秦三国的长城旧址，在中国北部扩大修建了第一道西起临洮、东至辽东的万里长城。秦代至明代，各朝各代不仅汉民族统治者修建长城，就是入主中原的少数民族政权也修筑长城、增建长城，长城成为中华民族多元一体的伟大象征。

冀东区域内最早的长城主要是燕长城，它西起内蒙古化德县，向西与赵长城相接，东经正蓝旗、多伦县入河北省围场县境，经围场县城子、新拔、山湾子东如赤峰市境。燕长城可分为北长城和南长城。战国时期，由于燕国的经济实力和军事实力的不断增强，逐渐加入诸侯国之间的兼并战争。同时为了抵御他国的军事进攻，对其南部边境的易水堤防进行了扩建工程，就是当时有名的“易水长城”。《史记·张仪列传》载，燕昭王元年（前 311 年），张仪说六国连横时，向燕昭王说：“今大王不事秦，秦下甲云中、九原，驱赵而攻燕，则易水、长城非王之有也。”①由此可知，此时燕已有易水长城。以此推算，燕南界长城修建年代，当在苏秦说文公合纵（前 334 年）至公元前 311 年之间。燕昭王时又进行了增修。燕之南境以南易水为界，西以太行山为界，东到渤海，其间有易水长城为界。易水长城即所谓南长城，西起易县太和庄西的科罗坨，向东南沿易水河北岸进入徐水县解村，经容城、安新，最后在雄县张青口进入廊坊境内。由解村村东至遂城一带仍有残存的城墙，垣基宽约 30 米，高 10 米。但在遂城以东尚未发现。燕南界长城是用于防齐、赵和御秦的。

有南长城，相应地就会有北长城。为免受北方东胡部族的侵扰，保证边境人民的安全和生产发展，燕国在其北部边境也修筑了规模巨大的长城。《史记·匈奴列传》：“其后燕有贤将秦开，为质于胡，胡甚信之，归而袭破走东胡，东胡却千余里……，燕亦筑长城，自造阳至襄平。置上谷、渔阳、右北平、辽西、辽东郡以拒胡。”②由此可知，战国时，燕击败东胡并使之退之千里之外后，

① [汉]司马迁：《史记》，中华书局1975年版，第1203页。
② 同上。

在原东胡居住地置五郡，并在边地筑起长城作为防范。这段长城西起造阳（造阳今为何地，说法不一，此处选用今河北省怀来县大古城说法），东止襄阳，襄阳即今之辽宁省辽阳市。这段长城被称为北长城。五郡除了辽西和辽东在今长城以外，其他三郡皆在今长城以内。秦灭燕，五郡仍在。燕北长城经过燕山山脉、辽东丘陵地区。燕山以北是温带草原以牧业为主，以南是温带落叶植被区域以农耕为主。这条自然分界是中国历史上古燕、东胡、匈奴、乌桓、县北、柔然、契丹、蒙古、女真等北方少数民族长期活动并与华夏民族交往融合的区域。特别是燕北界长城所要防御的东胡族系人民，对开发中国北部、东北部疆土，发展游牧业经济和草原文化，作出了重大贡献。

而秦长城是中国多民族统一集权制国家的产物，它起到了保护中国封建经济和文化的历史作用。它是在战国燕北长城、赵北长城、秦西北边长城的基础之上进行增修扩建而成的。大体分为西、中、东三段。

西段：自今甘肃岷县，行经临洮、宁夏，沿贺兰山至内蒙古的高阙。其沿用了秦昭王西北边长城修建而成。中段：东起今内蒙古兴和县，经集宁市（现为集宁区），沿大青山西行，至固阳县北依阴山，南障黄河河套地区，经五原、杭锦后旗，西入乌兰布和漠北。东段：西起今内蒙古化德县，向东行经河北康保县南、内蒙古太仆寺旗、多伦县南，复入河北丰宁、围场县北，再折入内蒙古赤峰市、敖汉旗、奈曼旗、库伦旗南境，进入辽宁阜新市北，向东行经开原，越过辽河至宽甸，过鸭绿江止于碣石。此处所说的碣石位于朝鲜大同江北岸。这段长城是利用燕北长城旧基修缮而成。秦始皇统一中国时，原战国时期的燕、赵北部地区设立的郡县，因地处偏远，人口稀少，经济相对落后。于是，秦始皇于公元前 214 年，沿长城分设 12 郡，其中 9 郡在燕赵区域内。同时移民开发农牧业生产，活跃贸易经济，使这一地区逐渐强大，于是匈奴北徙，不敢再犯。公元前 215 年，秦始皇第四次巡幸天下，至河北省秦皇岛市刻碣石门，“碣石铭”曰：“……德并诸侯，初一太平。堕坏城郭，决通川防，夷去险阻。地势既定，黎庶无繇，天下咸抚。男乐其畴，女修其业。”记载了长城的修筑对人民生活、生产和国家经济和商业的发展所起到的重要作用。

汉代长城是自汉高祖以后的百余年间，为防御匈奴，在利用秦长城的基础之上增筑的新的长城。可以分为西、中、东三段。

西段：东起内蒙古额济纳旗苏古诺尔湖畔，西南向入甘肃，经敦煌玉门关，西至新疆罗布泊一带。中段：在今内蒙古商都县以西至额济纳旗苏古诺尔东湖之间。东段：分南、北两线。北线，为汉武帝和昭帝始修缮。西起今内蒙古卓资县，经商都、兴和入河北张家口、承德地区，又进入内蒙古宁城县，经喀拉沁旗东南折入辽宁建平县，行经阜新向东至开原，折而向南至宽甸，达于朝鲜境内的涓水。其南线，从河套以东经今山西左云县，向东南至雁门，越恒山沿太行山脉至今河北临漳境内。

今冀东承德地区的汉长城遗址，位于秦、燕长城以南。自内蒙古宁城县大营子一带至河北承德县三道沟门乡、志云乡汉长城遗址，残长约 15 千米，高 1. 5 米，宽 8～10 米，大部分地段为土筑，间有以石为基，上部夯土，长城与墩台相连。承德地区汉代墩台遗址有上百座，墩台为方形，底宽顶窄，一般存高 3 米以下，每边长 8～12 米不等，多修建在交通要道的山口或河川交汇的三角地带。当地群众俗称为“馒头包”或“炮台山”。

北齐长城的位置大体与明长城相仿，被明长城覆盖，可见遗迹很少。从总体上来看，北齐长城经过多次修建，最终形成两条主线，其中一道为北外边，起于今山西西北芦芽山、管涔山向东北延伸，经大同、阳高、天镇北境进入河北张家口、赤城，沿燕山山脉东南行经至居庸关东，入天津黄崖关东行，复入河北达抚宁区榆关镇渤海岸边。另一道为重城即内长城，从山西西北的偏关一带东南行，至宁武县北向东北行，沿恒山山脉经雁门关、平型关，从下关入河北沿太行山北上，在北京西北的居庸关与外边长城相连，长约千里。今天仅河北、山西的一些地方尚有北齐长城遗迹可寻。

北周长城主要是对北齐长城的修接，间有新筑。据今人勘查，今河北秦皇岛市山海关区渤海乡杨东庄至长城乡馒头山，有一段保存完好的呈东南至西北走向的北周长城，墙垣系棕红色的土夯筑，当地称为“红墙子”。

隋朝在燕赵地域修筑的长城有史料记载：开皇元年（581年）四月，“发稽胡修筑长城，二旬而罢”[①]。所谓稽胡，据《资治通鉴》记载是指住在汾州的胡人。隋汾州治今山西汾阳市。这段长城的修建只有20天，可能只是对境内北

① 魏征：《隋书》，中华书局1997年版，第135页。

齐的一段长城的修缮。开皇元年十二月，又修竣了北齐北边至海的一段长城。开皇三年（583年）又在临渝镇改筑关城，称为临渝关或渝关，故址即今河北山海关。

明代初年，返回漠北的蒙古人仍然时常南下侵扰。明中期，东北的女真族兴起，也时常伺机南下中原，他们都对明王朝构成了威胁。永乐十九年（1421年）明成祖迁都北京后，为巩固北部边防，保卫京师的安全，从明初到明末的200多年间，一直在不断地修筑长城，构建边防，长城为维护政权的统一发挥了重大作用。

明代初期修缮的长城主要是沿用北魏、北齐、隋长城的旧基，修治从居庸关到山海关的沿线关隘、今山西大同至北京以北的外边边线长城。这一时期修筑长城主要是为了积极备战。到了永乐以后，由于国势日衰，蒙古族不断南下侵扰掠虏，明王朝只得广筑堡障，加强北部的纵深防御，倾尽国力修筑长城，自黄河上游以西修了延绥、宁夏、固原、甘肃四个重要边镇的长城，黄河中游以东至渤海、东北至鸭绿江，修筑了大同、宣府、山西、蓟、辽东五镇长城。明后期，自山海关到嘉峪关，长城的修筑主要是对城墙的重建或改线。大部分是砖墙、石墙和夯土墙。

明朝长城也是中国历史上修建时间最长、规模最大、保存最完善的。“精坚雄壮，二千里声势联接。”（《明史·戚继光传》）它在工程设计、施工质量、防御体系的系统等方面超过了历代长城。冀东的“万里长城第一关”山海关就是明代长城建筑技艺的杰作。

在中国历史上，自古燕赵地域就是各政权、各民族相互不断争斗不断融合的重要区域。尤其是在燕赵地域修筑的长城费时最久，修筑的次数最频繁，耗用的人力、物力、财力也规模最大，修筑的总长度最长，修筑的形式也复杂多样，地形地貌最为凶险险峻，所设置的关隘最多。至今，不仅保留了战国燕、赵长城，秦、汉、北魏、北齐、北周、隋、金各代长城遗迹，而且保存了最为完整的明长城的精华，大部分都在燕赵地域，成为燕赵文化的宝贵财富。长城凝聚着中华各民族人民的智慧和汗水，随着时间的推移，它已经成为全人类的宝贵文化财富。1987年，长城被列入世界文化遗产名录。

长期以来，人们感叹于长城雄伟的外观，以及由此体现出来的我国古代劳动人民的吃苦耐劳的精神。“万里长城永不倒”已经成为中华民族生生不息，万古长存，永远屹立于世界民族之林的伟大象征。

当前人们普遍认识到的万里长城的价值主要集中在人文精神层面上。其实，长城文化对冀东区域文化也有着巨大的可持续性的影响。尤其是在长城沿线留下的大量的以长城为主体的各类神话、传说以及民间故事或者以长城著名关隘、历史人物为主要对象的文学作品，对于历史进步以及当地社会文化的发展都起到了重要推动作用。

三、 海洋文化

海洋是地球上最大的“宝库”，它总面积约 3.6 亿平方千米，占地球表面积的 71%。人类的生命来自海洋，人类的文化起源于海洋。海洋是人类力量与智慧的象征，它变幻莫测、浩瀚壮观、自由豪放、奥妙无穷。

据考古发现，早在旧石器时代，中国沿海地区就已出现了人类活动的迹象。《山海经》中有这样的记载，“东海之渚中，有神，人面鸟身”，“蓬莱山在海中，大人（神仙）之市在海中”。可见，早在远古时代海洋就已经进入人类的认识世界，成为神话的一部分。春秋时期，齐景公曾有“观于转附（烟台芝罘）、朝舞（荣成成山），遵海而南，放于琅邪 ”的打算。秦始皇、汉武帝正是沿着这条路寻访海上仙山。而所谓“海上仙山”，就源自居住在滨海之地的夷族。

我国有着悠久的海洋历史文化、海洋军事文化、海洋旅游文化以及海洋民俗文化等。从公元前 3 世纪至公元 15 世纪，中国古代的航海业和航海技术一直都比较先进。如郑和七次下西洋的伟大壮举，对开辟亚非海上航路具有历史性的意义。不仅交换物产、传播中华文明，更重要的是进行文化、经济交流。同时弘扬了中华民族在外交上发展和平共处、睦邻友好关系的精神实质，实践了中华民族一贯的相互尊重、和平友好的对外原则，完美地展示了中华民族国际交往的优良传统，也是整个人类文明发展进程中的一个杰出典范和成果。

那么究竟什么是海洋文化？海洋文化“就是缘于海洋而生成的文化，基于人类对海洋本身的认识、利用和因有海洋而创造出来的精神的、行为的、社会的和物质的生活内涵。海洋文化的本质，就是人类与海洋的互动关系及其产物。

如海洋民俗、海洋考古、海洋信仰、与海洋有关的人文景观等都属于海洋文化的范畴”[①]。可见，海洋文化的范畴较为广泛，可以说凡是因海洋而生成的文化都属于海洋文化。也就是说，人类在开发利用海洋的过程中形成的诸如认识、观念、思想、意识、心态等精神成果和物质成果，都属于海洋文化的范畴。因此，海洋文化包罗万象。海洋文化比内陆文化更富有开放性、多元性、包容性、流动性、变异性、冒险性、神秘性、开创性和进取性。海洋文化的产生，主要是因为人类生活由于与海洋发生着密切的关联而产生某些特定的生活方式与行为法则，同时人们也将海洋作为审美观照对象，并将其纳入现实和历史的思考中。

中华民族是人类海洋文化的重要缔造者之一。中华民族世世代代繁衍生息的大地，东南两面都是大海，有长达 1.8 万千米的海岸线。如此得天独厚的地理环境，孕育了中华民族悠久、博大的海洋文化。中国最早的海洋文化是由环渤海而居的东夷族为主体的古国创造和开发的。其范围有齐、燕、赵以及辽西地区的戎，共同构成的环渤海文化圈。“到了战国齐国称霸和燕昭王崛起的时代，以齐燕为代表的海洋文明，特别是齐燕海上访仙道以及稍后邹衍的‘五德终始’说为标志的文化形态已经成为中国古代文化的主流。”[②]

位于冀东区域内的秦皇岛和唐山分别地处渤海西部辽东湾两翼和渤海湾中心地带。秦皇岛海区的海岸线东起山海关金丝河口，西止昌黎县滦河口，总长 162.7 千米。所辖海区 15 米等深线海域面积 1000 平方千米。唐山海区的海岸线总长 229.7 千米，东起乐亭、昌黎县际界线沿河堤，与秦皇岛市接壤，西至涧河口西侧津冀省际北界线，与天津市相邻。已开发的港口主要有京唐港区和曹妃甸港区，共计约 32.5 千米，占大陆岸线总长 14.1%。唐山市滦河口外、曹妃甸海域共有岛屿 100 多个，较大的岛屿有祥云岛、月坨岛、菩提岛、龙岛，等等。

冀东的海洋文化与内陆文化存在着较大的差异，与世界海洋文化又有许多相同之处。由于沿海居民生活的地理环境以及与内陆以农为主的生活方式和生产方式的不同，直接影响了人们的文化心理。例如他们更具有开放性、外向性、

---

① 曲金良：《海洋文化概论》，青岛海洋大学出版社1999年版，第18页。

② 韩明泽：《齐燕文化和海上方仙道》，《中文自学指导》，1996年第1期。

冒险性以及崇尚功利。

司马迁说："吾适齐，自泰山属之琅邪，北被于海，膏壤二千里，其民阔达多匿知，其天性也。"[①]认为沿海居民更具"阔达"的民风。《史记·苏秦列传》记载说："临淄甚富而实，其民无不吹竽鼓瑟、弹琴击筑、斗鸡走狗、六博蹋鞠者。"[②]《管子今诠》则直接道出了这是沿海文化的特点："齐地临海，泱泱大国，风教固殊，生事易而俗尚侈。"[③]居于内陆文化重礼义、勤俭的邹鲁人认为，齐国人"好夸栩贪利无信"，这种认识曾延续了千百年，可见沿海文化在人们头脑中的认识是具有深刻的历史性的。海洋文化向来就具有商业性，最初的渔民捕鱼，除了自食，更重要的是为了要换回粮食和生活用品。所以当时是"天下之商贾，归齐若流水"[④]。这种文化影响到整个渤海地区。燕昭王时代的燕国崛起之后，就得益于东部沿海渔盐、桑麻贸易的开发，使以燕齐为代表的沿海文化兴盛。

海洋文化对文学创作主要有显性和隐性两个方面的影响。在显性影响方面：文学作品是对自然环境和社会生活的审美再现，而濒海地区有着特殊的自然景观和人文景观，如海洋、海滩、岛屿、礁石、海浪、各种海洋生物、船只、风帆、铁锚、灯塔、渔具等，由此形成了滨海居民特殊的生产方式和生活方式以及思想观念、宗教信仰、民情风俗等，进而形成了独特的文学题材和内容。在隐性影响方面：因濒海地区特殊的自然环境和人文环境潜移默化地影响着作者的感知方式、想象能力、精神气质、思维模式以及审美取向等，这些又影响了作品的主体意识、表现手法和风格特征等。古代文人留下了大量的描写海洋的诗词作品，如 "海不辞水，故能成其大" "长风破浪会有时，直挂云帆济沧海""海上生明月，天涯共此时"，等等。可见海洋一直以来都是中华文化的源泉和重要组成部分。崇尚力量、崇尚自由，具有强烈的自觉意识、竞争意识和开创意识，共同构成了中国海洋文化的精神内核。

海洋文化是人类文化的重要构成之一，而文学向来是文化最直接的体现。因而，或以海洋为题材，或书写海上体验，从而表达作者意识的文学作品，我

---

① [汉]司马迁：《史记》，中华书局1975年版，第986页。

② [汉]刘向集录，[南宋]姚宏，鲍彪等注：《战国策》，上海古籍出版社1998年版，第405页。

③ 石一参：《管子今诠》，中国书店1988年版，第302页。

④ 同上。

们都可以称之为海洋文学。或者说，海洋文学是以海洋作为书写题材或故事发生的背景场域，描写海洋的各种自然状况、海洋的各种生物、人和海洋互动的种种情况，进而书写船员、渔民、海军进行远航等海上活动，或者将海洋生物透过情节安排加以表现的文学作品。

第四节 冀东乡土小说的人文特征

商朝末年孤竹国国君死后，伯夷叔齐崇礼、守廉、尚德、求仁的精神，成为孔孟儒学的文化根脉，对冀东人民的影响是根深蒂固的。此外，明代山西洪洞县的大批农民移民到冀东后，由于他们的生活习惯、思维方式、文化形态打上了鲜明的黄土地烙印，他们身上的儒家传统的文化基因，直接影响了当地的民性，体现了礼让文雅、多质朴少浮华的特征。

冀东文学所蕴含的人文特征是开放与兼容的，它兼取异族和异域文化的优长来丰富自己的文化内涵，从而形成了以汉文化为主体、汉满文化交融的独特文化。这种历史性的文化特质具体到人文特征，主要有以下几点表现：

其一，安土重迁、尊贤重礼、安分守己、性情平和。由于汉代大一统政策的推广，使得儒家文化成为中华主流文化，冀东地域虽然没有出现像冀南的董仲舒那样的大思想家，可是在汉朝统揽之下的冀东地区，也受到了儒家文化的重大影响。另外，冀东地区在辽、金，以至后来的元、明、清都是京畿重地，是统治者重点防范的地区，也是王民教化一直非常重视的地区。因此，在长期的主流道德观念的规范下，这个地区的民众恪守着传统规范，较之东北和冀中，侠义之士较少。另外，由于这个地区在历史上一直是兵家必争之地，饱受战乱之苦的人们，渴望和平安定的生活。加之这里豪门地主鲜少，阶级矛盾较为和缓，很少出现血与火的阶级斗争，人们大多自食其力，安分守己，心态平和，满足现状。

其二，思想保守、知足常乐、求稳务实、小富即安。冀东地区有着北山、南水、中平原的地形。北面的长城和南面的临海形成了天然的屏障，中部平原开阔，物产丰富，能够自给自足，对外没有什么依赖性，因而形成了较为封闭的状态。这里的老百姓都能专心于农耕经济，养成了知足常乐的性格。另外，尽管经历了数百年的少数民族的管辖，融入了外来文化的成分，但是中国传统文化兼收并蓄的本质使这里的本土文化的发展稳定而富于自信，表现出保守与封闭的特征。同时，早期农业文明的发展使这里的百姓靠山吃山，靠海吃海，加之平原地带土质肥沃，所以百姓的温饱不成问题。在一分辛苦一分收获的生存观念下，冀东人民形成了吃苦耐劳、诚实守信、求稳务实、小富即安的品质，哪怕遇到生存困境，他们也会忍辱负重地去适应，缺乏铤而走险的内驱力，这也导致了人们不思进取的负面心态。

其三，不欺生，不排外，顺从接纳，乐善好施。冀东地域有句俗话是“外来的和尚好念经”。这种观念的形成恐怕与冀东地区的移民历史有关。诚厚的冀东原住民能够敞开胸怀接纳外省和外族的移民，具有一种亲和力。同时也从移民那里学到很多有益的东西，丰富了生活，开阔了眼界，也影响了冀东文化博采众长、兼收并蓄的包容性的特征的形成，从而使冀东人具有了不排外、不欺生、宽容大度、乐善好施、善于交往的性格。同时，由于这里自古就是战乱频仍之地，政权更迭频繁，在历史的沧桑中，冀东人渴望生活安定，追求安居乐业，所以，只好逆来顺受，独善其身，以求安宁。

其四，讲求实效、不畏艰难、踏实苦干。明朝中期，戚继光任蓟镇总督后，从浙江带过来三千子弟兵。这些浙籍将士一向不畏艰苦，训练有素。他们的严明纪律和严谨精神，影响了冀东人民，形成了讲求实效、不尚空谈、纪律严明、踏实苦干的性格风采。

总体来说，冀东人文的历史基因是趋向于守旧的、小富则安的小农意识，缺乏现代社会所要求的进取、创新精神，这在相当程度上束缚了冀东人的思想，制约了当地经济的发展。在当今的市场经济环境下，重视的是具有开拓精神的魄力和胆略，因此冀东人需要转换思维模式，加强开放超越意识，改变对传统和教条保守依赖的思维模式，要敢为人先，勇于超越，不断拓展思维、视野，发扬进取精神，从而赋予冀东文学新的时代内涵。

第五章 关照乡土民生的生态审美取向

人的繁衍生息依赖于自然，自然也反过来制约人的各种活动。不同的自然界域影响着不同地方的人的精神和性格，人也是自然界域生成的有效参与者，人们的性格特征都会有自然界域的属性。因而，作家笔下的自然常常关涉着人的生存。区域地理环境是影响乡土小说作家创作的主要因素，同时社会风俗和方言土语等作为精神因素也对作家的文学创作进行介入，这是由中国人先天的心理结构和集体意识决定的。丹纳在他的《艺术哲学》里论及地理环境对民族性格形成的影响时，曾经说过："首先我们要对民族有个正确的认识，第一步先考察他的乡土。一个民族永远留着他乡土的痕迹，而他定居的时候越愚昧越幼稚，身上的乡土的痕迹越深刻。"①自然是一切生命存在及共生的场域，也是一切生命的起点和最终归宿。人在对自我精神生命的理解中创造了文化，创造了文学的叙述方式。作家通过文学创作实践与自然发生关系。每一位作家，都有自己的出生地，故乡的地域环境和习俗，融入了作家的血液，它对作家的影响是潜移默化的。尽管我们不能确切地了解自然是怎样将它的结构楔入作家心灵，怎样雕塑作家精神的，但我们确实可以从一个作家的文字里感觉到弥漫着的故乡的气息，那是地域环境和习俗留在作家精神上的烙印。

① [法]丹纳：《艺术哲学》，傅雷译，人民文学出版社1963年版，第275页。

第一节　山庄文学概论

一、“山庄文学”的崛起

最早引起人们对燕山脚下这块独特的文学土壤的关注是20世纪50年代中后期张峻的小说、何理及刘章的诗集的出现。这些作家的创作已经带有明显的地域特色。但是，由于承德地区位于燕山深处，地处较为偏僻、闭塞，文学创作并不十分景气。直到80年代，由于时代环境的变化，文化政策和创作氛围的宽松，这里的作家和作品开始成批涌现。承德作家们凭着他们的“悟性”，迅速发现并发挥了得天独厚的地域优势，在创作题材、主题和审美关照视角以及艺术风格等诸多方面显示出了自己的独特个性，并呈现出了群体的创作优势和力量。

承德资深老作家郭秋良曾于1998年在《新文化史料》上发表了一篇题为《燕北大地崛起的“山庄文学”》的文章，其中提道：“我们统称的‘山庄文学’，不是较为狭隘的地域文学的代名词，它是具有深广的历史内涵及现实内容的，是以大避暑山庄文化为背景，以清代尤其是清代前期塞外历史和大避暑山庄范畴的现当代社会生活为写作题材的文学现象。”这里的“大避暑山庄文化”主要指以清代皇家避暑山庄为中心，包括雾灵山、金山岭、木兰围场等在内的地域文化。

“山庄文学”的崛起有一个突出的表现，那就是自20世纪80年代初期以来，在燕赵大地的东北部崛起了一个文学创作群体，如何理、北野、刘福君、郭秋良、薛理、何申、刘向东、杨田林、李海健、刘兰松、齐宗弟、刘芳、穆春雨、武华、薛小雷、周修、罗世洪、杨林勃、田林、韩闽山、李华峰、王琦、戴天孚、张秀超、徐哲、远观、王翠琴、杨勇、张俊、苏金星、周亚新、陈映实、孟宪奇、刘朋、李久实、李树伟、付杰、远山、葛丽红、王金石、白德成等。其中许多作家的作品曾获河北省文艺振兴奖及其他的各种文艺界奖励。他们以自己的文学创作实绩逐渐赢得了文学界和文艺评论界的关注，并给予较高评价。这些作家长期生活在“大避暑山庄文化”的氛围中，尽管他们的个体创作风格各有千秋，但是他们有着相似的文化心理、创作心态和共同的审美追求，他们的作品存在着一个共性，那就是对塞外地域特征的美学呈现，因此我们称其为“承德作家群”。承德作家群汲取了“大避暑山庄文化”的营养，发挥了“紫塞”得天独厚的地域文化优势，创作出了大量具有浓郁的承德地方色彩和韵味的文学作品，逐渐形成了具有整体性的创作风格。这一群体以郭小川、张俊等为领军人物，以郭秋良、白鹤龄、何理、何申等为骨干力量。他们以独特的审美视角和独具匠心的艺术手法，创作出了一大批意蕴深厚、格调高雅、风格独特的艺术佳品，为当代中国文坛增添了瑰丽的篇章。随之“山庄文学”这个概念也出现了。

承德作家群经过多年的实践探索以及不懈努力，不仅作品数量多而且体裁丰富多样。从诗歌集、散文集到小说、影戏剧，近 30 年来已达上百部。如以张俊、郭秋良、何申、薛里、刘建华等为代表的小说创作；以何理、刘章、杨林勃、白鹤龄、刘兰松、步九江、王玉祥、孙德民、苏金星、张凌震、周修、张仲朋等为代表的诗歌创作；以郭秋良、刘芳、武华、杨林勃、张秀超等为代表的散文创作；以朱彦华、石建国、陆羽鹏等为代表的民间文学创作等都有突出成就。

由于承德地区具有浓厚的历史文化积淀和诸多的人文景观，再加上独特秀美的自然风光，从而使这里的作家很善于抒情。因此，“山庄文学”中诗歌和散文创作尤为丰盛，如何理的叙事诗《天涯风雪》。刘兰松的长篇叙事诗《剑峰情》以及其他作者的诗集《春的馈赠》《这个世界》等；散文集如《山庄湖色》《虞美人》《热河冷艳》《夜宿竹楼》《绿染京华》《佛梦》《天地情思》等；此外，话剧《懿贵妃》《万里东风》《草原风云》等，已经形成了“山庄戏剧”系列；有民间故事集如《承德的传说》《乾隆的传说》《金山岭》《香妃的传说》等二十多部。小说创作除了当年享誉文坛的“现实主义冲击波”的“河北三驾马车”之一何申的小说外，有影响力的作品还有郭秋良的长篇历史小说《康熙皇帝》《康熙皇帝演义》，薛理的长篇小说《风流天子》《金马奇案》，刘建华的长篇小说《神鬼档案》，何理的长篇小说《金瓯奇缘》等。根据何申小说改编的电视剧《一村之长》《男户长李三贵》，周修的电视剧本《人间芙蓉色》，苏金星的电影剧本《东陵大盗》等作品，都曾引起社会及文学界的广泛关注。

二、山庄文学的历史文化资源

中国文学注重文学意识上的整体性和统一性，其原因主要是由于在共同的社会文化背景下，最终直接或间接地影响文学创作的是地域历史文化。因此，我们对具体的作家、作品进行深入研究与了解的前提和基础是他们的出身、家庭背景、生活背景，等等。我们发现，不同的地域历史文化以及民族发展历程，总能在文学作品中找到其存在的空间，从而使文学作品具有深厚的地域及民族文化特色，体现了文学创作艺术风格和主题意蕴的丰富多彩。同时，生活在同一区域中的作家，由于他们扎根在同一块文化土壤里，接触的是相同的生活风俗，呼吸着相同的文化气息，继承了同样的历史文化渊源，接受了同样的民间文艺滋养，以至于形成了相似或者相近的群体性格特征，使他们的文学创作呈现出许多共性，这是形成一个地域性作家群体和文学现象必不可少的条件和因素。

承德地处东北地区和华北地区的过渡地带，曾是热河省的省会，西挨张家口，西南与南部分别与北京和天津相接，背靠内蒙古，东邻辽宁，东南与南部衔接省内的秦皇岛、唐山两个沿海城市。承德作为我国历史文化名城，有着世上绝无仅有的丰厚的历史文化积淀。根据考古资料，早在中原龙山文化时期这里就有人类活动的遗迹。到了新石器时代后期，这里又是游牧民族从蒙古高原沿河流进入平原区进行农耕生活的过渡区，同时还是人类进化、发展的转折区。上溯殷商，下至元明清，历朝历代无不在这里留下了浓重的历史文化印迹，形成了独特的生态景观。

尤其是清王朝时期，承德以其“左通辽沈，右引回回，北控蒙古，南制天下”的重要地理位置以及其独特的自然地理条件，受到统治者的格外青睐。历康、雍、乾三世，倾 87 年之力， 在这里开设了了木兰围场，创建热河行宫，俗称“承德离宫”，即承德避暑山庄，是中国现存最大的清朝皇家园林。这里成了清代皇帝夏日避暑、处理政务、推行民族政策的重要场所，也成为清王朝的第二个政治文化中心。曾经繁忙的各种政治、外交、宗教、文化活动，都会有形或无形地影响、浸润着生活在这里的人们。这里还有我国现存最大的皇家园林，诸如七十二景、外八庙及其他的宫苑、园林、寺庙、藏书楼等设施，每一处都具有深厚的历史文化意蕴。

此外，承德还有热河皮影、热河二人转、丰宁剪纸、滕氏布糊画、金碧立粉彩绘工艺画、万树园“火戏”、跳骆驼与马技、承德民间花会、民间音乐“承德清音会”以及富有地域文化色彩的承德民间歌谣、承德民间谚语、承德民间故事等地方文化遗产。

文化具有巨大的辐射力和穿透力。由中国儒家传统文化、北方游牧民族高原文化及草原文化历史性地结合起来形成的“大避暑山庄文化” ，虽然其发展已较为成熟，但是它与那些源远流长、影响着中国主体文化发展的燕赵文化、齐鲁文化、巴蜀文化、吴越文化、湘楚文化等地域文化相较而言，只能属于一种亚地域文化。它所承载的丰富的民族历史文化内涵，深深地影响了本土居民群体的性格和审美心理，当然也是作家进行文学创作的内趋力、凝聚力形成的文化土壤，更是山庄作家群和山庄文学赖以形成和发展的文化渊源。就如郭秋良先生所言：“承德地域自康熙以来是汉民族和满、蒙、回等少数民族共同生息、繁衍、劳动、创造的地区，其地域文化自然有汉族和各少数民族‘融合’的特点，既有草原民族的勇武精神、开拓精神，又有农耕地域流行的提倡人伦价值、推崇仁爱原则、追求理想境界、向往理想人格的精神，但这些精神都属于中华民族传统文化的共同性。”[①]因而，“土生或者土长”在这里的承德作家，必然与这块热土结下不解之缘，为这里的历史文化所陶醉，被这里的现实生活所吸引，心理特质、文化素养、生活习俗、性格特征、审美观念等诸多方面无不受其潜移默化的影响。餐山庄秀色，吐紫塞华章，这便是承德作家群整体的形象、风采和品格。

三、山庄文学的地缘文化特征

历史上承德曾是除北京之外的又一政治文化中心，又曾是省会城市。所以，

① 郭秋良：《大避暑山庄文化雏说》，《社会科学论坛》，1995年第6期。

尽管它地处塞外，偏远闭塞，但是与其他中小城市相比每每能得风气之先。其浓重的历史色彩与人文内涵的地理景观，充分昭示着这是一片神奇的土地，它是世界文化地图上一个不同于其他地方的独特存在。经过历史长河的沉淀和新时代的洗礼，承德丰富的地理、历史和人文景观作为历史文化符号世代铭刻在了承德子民的心灵记忆中。尤其是对于生于斯、长于斯的承德作家来说，厚重的承德文化已经和这片古老的大地融为一体，深深地滋养和濡染了他们的血液和灵魂。他们以承德的自然景观和人文景观作为审美对象，把承德富有生命力的、各具形态的自然文化资源与作品中人物的命运、精神或情感交织在一起为创作题材，其隐含着作家对于自然与人性、人生价值的深度审视，使他们的作品呈现出了明显的地缘文化特征。。

首先是对清代历史题材的情有独钟。历史始终是文学创作的重要文化资源。承德有着秀美的自然风光，也有着康乾盛世留给后人的宏伟的园林和寺庙等历史印记及隐含在其间的恢宏的清宫史。那段历史已被深深植入承德人的历史记忆之中，它直接影响了“山庄文学”创作的题材。承德作家的清代历史题材创作，充分显示了地方优势和地域特色，具有较强的历史深厚感和历史亲切感，为研究清代政治、经济、文化、宗教、心理、风俗习惯、风土人情等提供了重要资源。

其次是注重“雅俗共存”的文化心态。在“皇家”特殊的历史文化传统和氛围浸润中成长起来的承德作家，很自然地就会在他们的文学创作中呈现出一种高雅的文化气息，这是创作主体的性情和精神品格的外化。正如西谚所言：“绅士是天生的，而不是人为的。”同时，他们又植根于燕北生活的沃土，深受这里丰厚的民间文化的影响。因此，承德作家对在作品的题材、人物、叙事方式、语言风格的选择上既以格调高雅为标准，又有民俗生活之趣味，从而形成了一种“雅俗共存”的文化心态，它对山庄文学的整体创作品格有着潜移默化的影响。

再次是富有鲜明的地域文化韵味。俗话说“一方水土一方人”，意思就是不同地域的人有不同的脾气、秉性、心理和品格。富有地域性的风俗民情一直是作家在创作中所呈现的重要内容之一，也是形成文学作品独特艺术魅力和美学价值的重要体现。承德作家的创作始终扎根于这块热土，不但为我们描绘了壮美秀丽的紫塞风景、雍容华贵的皇家园林、气势恢宏的燕山山脉、钟声幽渺的皇家寺庙、辽阔葱茏的坝上草原、波光粼粼的滦河风光，他们还站在历史和现实的交汇点上，观照了“大避暑山庄文化”范畴内的历史传统和当代生活，给人以美的享受和哲理的思考，体现了这块土地的神奇和魅力。

最后，承德的历史文化与满、蒙民族文化密切相关，特别是元代的蒙古族文化及清代的满族文化入关后由弱变强，由边缘走向中心，并且成功地与具有悠久传统的中原文化相交融，加之征服者所具有的特殊的民族优越感以及北方人的淳朴、憨厚的性情，几者互相砥砺，逐步积淀，最终形成了承德人豪爽大气、质朴又不鄙俗的略带贵族气息的精神特质，也造就了具有独特魅力的社会文化心态。

第二节　山庄文学创作基本面貌

在新中国成立后，在承德地区集中地出现了一批出色的作家，他们以特定的地理环境为背景，形成了一个阵容强大、人数众多、实力雄厚的作家群体。这些作家或出生于承德地区，或虽非“土生土长”但长期生活、工作在承德，他们在其文学创作生涯中始终受到丰富的承德本土文化的滋养，他们的创作始终寄情于这块土地，以强大的群体优势和鲜明的地方特色，成为当代中国文坛一道亮丽的文学风景线。

清朝作为我国最后一个封建王朝，从建立到衰亡，有过辉煌也有过丧权辱国，最后走向腐朽，承德与其曾经有过共荣共辱的历史。从辛亥革命到五四运动再到新民主主义革命的胜利，几十年间，人们对清王朝政治进行了不断的剖析和评价，特别是新时期以后，更是进行了深层次的历史反思。反映在文学界，出生于新中国成立前的老一代承德作家，在他们身上留下了极为深刻的时代发展和社会历史变迁的痕迹，他们大多对新旧生活的对比有着切身感受。于是他们不约而同地把目光转向了清代历史，清代题材成为山庄文学创作的热点。其中以小说和影视剧创作成就最为显著。如通俗小说《金马奇案》，传奇小说《慈禧墓珍宝失窃案》，历史小说《康熙皇帝演义》《康熙皇帝》《香妃与乾隆》，剧本《懿贵妃》《十三世达赖喇嘛》以及何理的长诗《天涯风雪》，等等。

生于河北衡水的郭秋良，于 1957 年大学毕业后被分配到承德，属于“外来者”而非承德“土著”。但是受到这里几十年的文化的浸润，于 20 世纪 70 年代末，他先后创作了与承德地理文化相关的散文《山庄湖色》和《热河冷艳》，其中《山庄湖色》以清代著名山水长卷“避暑山庄全卷”为发端，有生动的画面描写，也有充满内蕴的历史凭吊，笔调轻快、明丽。进入 80 年代后，他的《磬锤峰漫记》《金山岭长城》《连环套行》《金莲映日》《虞美人》《木兰围场纪行》等散文，都是在避暑山庄文化的背景下，围绕着承德特殊的自然地理景观，或以史料为佐证，或以美丽的传说作穿插，对古往今来的历史人文进行深沉的思考，抚今追昔。他的长篇历史小说《康熙皇帝演义》和《康熙皇帝》，都是以清代帝王为主人公的长篇力作，也被誉为“山庄文学的开山之作”。作品从社会、历史和民族统一的视角，将康熙皇帝波澜壮阔而又富于传奇色彩的一生艺术地展示了出来。作品除了成功地塑造了天资聪颖、常思进取、雄才大略的康熙皇帝的艺术形象外，还对清代宫廷生活和民俗风情进行了出色的描写，表现出了深厚的历史文化意蕴。

另一位是典型的在承德土生土长的作家何理，他自称是大山的儿子，与承德的山山水水有着特殊的缘分。他也被称为承德作家群体中的仁厚长者。他的创作以诗歌和散文见长。1955 年出版了第一本诗集《唱一唱农村》登上文坛，于 1958 年又出版了第二本诗集《报喜》。其后随着阅历的丰富，文风变得越来越坚实与深沉。比如他的《山音》，以伟岸绵延的燕山寄寓自己对家乡的悠悠情思。特别是出版于 1983 年的长篇叙事诗《天涯风雪》，是他这个时期的重要创作成果。这是一部气势恢宏的民族史诗，讲述了在 17 世纪初的清朝乾隆年间，土尔扈特部蒙古族经过艰苦卓绝的长途跋涉回归祖国的辛酸而悲壮的历史事件，歌颂了渥巴锡和土尔扈特部族惊天地泣鬼神的历史功勋，表现了民族团结的重大主题。整首诗雄浑、壮美，渲染着瑰丽神奇的抒情色彩，为我们展开了波澜壮阔的历史画卷，具有较强的历史感和厚重的草原文化意蕴。

承德作家群中的田牧和刘兰松的两位诗人也颇为引人注目。田牧的《水塘边》(二首)、《诗画乡·梯田谣》，刘兰松的散文集《凝望》、诗集《那边风景》、叙事诗《剑峰情》以及叙事长诗《离宫梦》等，都是对乡土的讴歌、乡音的赞美，文笔清澈、剔透，格调简洁、纯朴，色彩明快、亮丽，善于捕捉具有闪光的诗性的生活画面，表达了作者对这片热土的深厚感情。其中，《剑锋情》以当地关于棒槌山的民间传说为素材，在赋予这个民间传说以新的生机和活力的同时，对承德地方风物给予了浓墨重彩的描写，具有丰富的历史文化含量。

此外还有散文作家刘芳、杨林勃等。刘芳的散文主要收录在《黎雀声声》《绿的呼唤》《生命之歌》《走进白桦林》等集子中，其作品以赞美山水乡情为基本主题，不仅描写了塞外美丽的自然风光，也歌颂了塞北人民改造自然的宏伟气魄，展现了燕北农村的精神面貌，带着浓浓的塞外地方乡土气息。可以说是作者用自己的心灵谱写了一曲曲家乡的赞歌唱给美丽的燕山。尤其是他的散文还表现了对生态环境的关注和对生态文明的感悟，揭示出了自然是人的自然，人与自然同呼吸共命运的时代课题，具有很强的生命意识，寄托着浓浓的故土之恋。杨林勃的散文集《采花归来》《心灵的笔记》和诗集《心灵的辐射》，步九江的诗集《九江四味集》，尹志杰的散文集《碎羽集》《短笛无腔》和诗集《心有灵犀》，胡锦成的长篇小说《塞外码踪人》等，都将艺术创作之根深植于“紫塞”沃土，形成了承德文坛一条独特的风景线，他们这一代人是承德文学创作的中坚力量。

20 世纪 90 年代，随着西方文艺思潮对中国当代文坛的冲击，中国当代文学步入了众声喧哗的狂欢时代。价值的多元，“英雄”的失声，消费文化的风行，快节奏的审美取向，使承德文坛出现了如穆涛、薛晓雷、赵明森、王琦、勾长吉、北野、郭世杰、王舜等一批年轻诗人的创作，他们的《灵魂去处》《普通的幸福》《一个男孩的梦》等作品较具有代表性。散文创作有李春秋、王翠琴的《春秋情》《雪落》《生命的四季》《神话山河》等，写作技巧极为圆熟，行文优雅，透视出深沉和细腻的人生思考。小说创作有刘英、黄守东、周亚新、孙林、张秀超、何自成等人的《不是没有笑的》《男社员女社员》《发现》《青云五虎》《飘荡的乡音》《月落青州》等，主要反映了平凡的世俗生活，寄寓着在普通人的生活中寻找真善美的精神守望。

由于“山庄文学”的突出创作成就，使外界越来越关注承德地区文学的发展态势，也开始关注具有相当创作力和凝聚力的承德作家群体。“山庄文学”作为中国当代文学创作园地中的一枝独秀，大大地丰富了中国的文学宝库。

第三节 “乡土情结”与乡土社会精神生态的反思

山庄文学的重要代表作家何申，原名何兴身，生于天津市。1969 年到承德地区插队，1973 年入河北大学中文系学习，1976 年毕业后回承德。先后在承德地委党校、承德市文化局、承德地委宣传部、承德日报社工作。他的文学创作起步于 20 世纪 80 年代初，早期的作品多为中篇小说，如《云雾缠绕的铁塔》《孔家巷闲话》《酒仙桥边风流巷》《国粹》等，主要是市井生活题材，反映现实，注重情节的故事性，富有生活情趣，人物个性鲜明，语言生动诙谐，但很少涉及农村生活。到 20 世纪 80 年代末以后，随着他的中篇小说《乡镇干部》的发表，开始了“农村干部系列”作品的创作，包括《七品县令和办公室主任》《男户长》《燕河之秋》《村长》《乡干部老秦》《村民组长》《报道干事》《信访办主任》《村长与鱼》，等等。至今已出版长、中、短篇小说百余篇，电视连续剧《一村之长》是根据他的中篇小说《村长》改编的，该剧获得第十届“大众电视金鹰奖”一等奖；由他的小说《男户长》改编的电视连续剧《男户长李三贵》获得全国人口文化二等奖；此外他的电视剧作品还有《一乡之长》《青松岭后传》《大人物李德林》等。其作品曾获首届鲁迅文学奖、庄重文文学奖、人民文学奖及《当代》《小说选刊》等多个文学奖。

一、何申的“乡土情结”

严家炎先生在《中国大百科全书·中国文学》中说，乡土文学通常是指以农村生活为题材，具有较浓的乡土气息和地方色彩的一部分小说创作。乡土小说作家们所处的“乡土”可以说是小说乡土性特征的决定性因素。[①]“乡土”并不是一个抽象的概念，它具有丰富的文化内涵，它总是要依附于特定的地域而存在，并在特定的地缘关系中得以体现。“乡”是一种生命的群落联结，“土”是滋养万物之母。“乡土”是自然性与社会性并存的地方。它既有丰富的文化内涵，也有着多样的生命特征。对中国文化来说，乡土既是人性之源，也是文学之源和精神之源。而乡土小说作家可以说普遍具有“乡土情结”。“乡土情结”的地理背景是农业文化中的乡村。20 世纪以来的中国乡土文学作家，大多数来自农村，或是有过农村生活的经历，那片厚土为他们提供了极其丰富的农村生活经验及文化素养，即使后来他们中大多数人离开了生养他们的那片土地，但纵然走到天涯海角，他们也始终对故土魂牵梦绕，无法割舍与它的情感。“故土”既是他们生命的根，更是他们文学的根。因此，无论是一直坚守在乡土，还是后来远离故土漂泊都市，他们的心中都始终坚守着那块富有浪漫主义色彩的“精神寄居地”。既歌颂农耕文明的淳朴、和谐的人性美和自然美，也反省着农耕社会中的愚昧、保守与落后，成了他们文学作品的精神内核。因此，“乡土情结”成为中国作家普遍存在的一种心理审美积淀，是个体经验与地理环境相结合的产物，是由于主观情感的作用而对朝夕相处的地理环境产生的心理依恋。它关联着作家的乡土生活经验和情感体验，有时候是一种强烈的无意识行为，更多的时候是由于心理意象的作用而表现出来的有意识的回忆与寻觅。它的核心是一种乡土经验，这种经验是建立在乡土环境认知基础之上的。

何申 18 岁时到原属于承德地区的青龙满族自治县插队后，就一直没有离开河北，在这块土地上深深地扎下了根，这里成了他的“第二故乡”。他对承德地区的乡村生活非常熟悉，这也成了他从事文学创作的源泉。他曾经讲过：“大约在整个八十年代的十年里，我跑遍了承德四万多平方公里的大小山川，二百多个乡镇，以及无数村庄，都印在了我的脑子里。”[②]这些生活资源，为何申此后小说创作提供了大量素材。不但如此，他还潜心于探索承德地区的乡土民情，奠定了其小说创作的艺术风貌。“燕山深处有一片沃土，给了我许多东

① 中国大百科全书出版社编辑部：《中国大百科全书·中国文学》，中国大百科全书出版社1986年版，第512页。

② 何申：《为了心中那份实情》，《北京文学》，1997年第9期。

西”，“历史引我回到似乎很遥远的生存环境中，于是贫瘠山地里哺育出的纯朴之情，便在我的血脉中得到更新与流淌”。[①]因此，在他的小说创作中，农村题材占的比重最大。他的作品从早期的“市民生活题材小说”到中期的“ 农村干部系列小说”“穷人系列小说”再到后来的“热河系列小说”，越来越为文坛所瞩目。从一时引起文坛轰动的中篇小说《年前年后》到为新中国成立五十周年献礼的长篇小说《多彩的乡村》，主要以河北承德地区的自然环境和人文环境为描写背景，充满了优美的塞北风光和浓厚的皇家气息，都浓缩着他丰富的乡土生活体验，折射着时代的多姿多彩的乡村人生画面，具有独特的认识价值和审美价值。

梅新林先生在《中国文学地理学导论》一文中特别强调要关注“地理”之于文学的“价值内化”作用，他认为“经过文学家主体的审美观照，作为客体的地理空间形态逐步积淀、升华为文学世界的精神家园、精神原型以及精神动力”。[②]对于乡土作家来说，“客观的地理空间”即为“乡土”。文学中的乡土想象源于人与自然的密切关系，源于人对土地的情感依恋，显示了人的博大的生态情怀。何申的小说着力于以原生态的方式展现塞北山乡基层农村的生活图景。由于他在这块土地上生活了几十年，深得这里的山川大地之神韵。浓郁的山村生活气息，特定的风土人情，对农民群体性格特色的逼真描写，构成了何申小说特有的生态审美韵味，这韵味便是山庄文学和谐优美的塞外地方味。这个独特的地理空间已经成为何申文学世界里的精神家园，他的小说中有数百万字写的都是世代生活在这片土地上的乡村百姓的生活和命运，在温和平静的叙述中，通过一幕幕农民生活的悲喜剧，不仅反映了经济转型时期的农村社会现实生活，展现了新与旧、公与私、落后与先进、文明与愚昧、激进与守旧等种种错综复杂的矛盾冲突，同时也让我们感受到了社会转型时期淳朴、温馨的人情和民性以及理想化的乡情、亲情和农民的精神状态。

---

① 何申：《为了心中那份实情》，《北京文学》，1997年第9期。

② 梅新林：《中国文学地理学导论》，《新华文摘》，2006年总第15期。

二、对乡土社会精神生态的反思

在生态批评语境中，在文化—生态审美主义框架下重新审视何申文学创作中体现出来的传统与现代、文化与地域、世俗现代性与审美现代性等一系列问题具有重要意义。

何申的小说执着于对现代文明冲击下农民生存状态以及精神形态的思考，体现了现代作家对人类文明进程中人与人、物质与精神、社会发展与自然环境之间关系的生态审美反思。生态整体观认为，自然、人及社会之间的网络关系构成了复杂的生态系统。人作为这个系统中的重要组成部分，不仅是自然的存在物，也是具有能动意识的社会存在物。因此，人与人之间的关系也同人与自然的关系一样，是生态批评关注的基本问题。正是怀着对社会现实的忧虑和对人的命运的关切，何申从人与人、人与社会的关系的视角出发，对社会变革时期的农民的精神形态予以深切的关注。

农民的生存状态和精神际遇是乡土小说的重要观照对象，地缘和血缘是生长在“乡土”中的人们的“生态根系”。何申小说中大多都是写普通农民的衣食住行、乡邻关系、劳作娱乐。这些平凡的小人物，既质朴、敦厚，又隐忍乐观。尤其是他的“乡镇干部系列”小说，如《村民组长》中的黄禄，《村长》中的郝运来，《乡镇干部老秦》中的杜满仓、老秦，《乡村干部》《年前年后》中的李德林等，真实地反映了改革初期中国北方农村的社会现实，大胆地揭示出了经济转型时期出现的新问题、新矛盾，塑造了一系列具有地方特色的农村基层干部形象，展现了富有时代色彩的农村社会生态画卷，是中国农村官场精神生态的真实写照。

《年前年后》中的李德林，因为原来在县城工作，后来被任命到七家乡做乡长，所以家还在县城，工作在七家乡，这样他不得不两地奔波，往返于城乡之间，成为一个处于城市文化和乡村文化结合部的“这一个”。他在工作上可以说是勤勤恳恳，尽心尽力，总是能把乡里的工作安排得井然有序。他还能够关心村民疾苦，跟老百姓关系亲近融洽。但是他也受到了来自传统文化意识和市场经济体制的双重束缚和压力，在公与私的关系处理上处于尴尬的境地。在某些时候，他也不得不被官场中的诸多潜规则所牵制。比如为了乡里的小流域

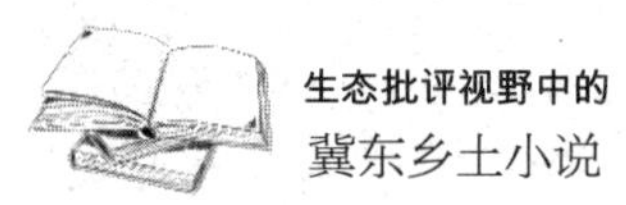

治理项目不得不宴请领导，甚至无奈地动用自己妻子的关系。李德林是一个真正发自内心为群众办好事、办实事，带领群众走上致富之路的乡村好干部，他努力追求为人民服务的理想境界，但是在现实面前他又不得不低头。在这里，作家写出了农村基层干部工作上的两难处境，反衬出了社会转型时期乡村社会各种尖锐复杂的矛盾。

《乡干部老秦》中的老秦，一副农民打扮，能吃能睡，但又脾气不好，可是却粗中有细。小说中写到他为了迎接回乡省亲的台胞，独自面壁练习接待礼仪，但是令他没有想到的是因为台胞返乡，在村里引发了一系列的矛盾和问题：收回“老宅地”风波、民办教师工资问题、干部赌博问题、家族矛盾冲突，等等。由于村里各种纷繁复杂的生活矛盾，老秦不得不时常骑着他那辆破自行车奔波于乡间路上忙于“断案”。他在解决矛盾问题的时候，带有乡村化的“泥土味”。如乡村两大家族发生矛盾需要评判，两家抢着为自己争理，让谁先说？他的评断：“按姓氏笔画田在先，先说？”再如因为田老七向台胞要小钱，他非常生气，觉得很丢脸，一怒之下打了田老七，当田老七表示悔改后，他又很懊悔自己因一时怒气而打人，就让田老七“也给我一下子！”将矛盾化解。

《梨花湾的女人》中的村长老仓，作为一村之长有颇多不易。他虽然是村干部，但是既无实权又无经费，面对上级水利检查、计划生育指标和修大坝要摊派等工作，不得不使用一些非常规手段来应付。市场经济体制下，人们的目光都转向了经济利益，老支书病了，民兵连长出去赚钱了，村里只剩下了几个干部。老仓自己也感觉到，“早先的村干部是村里的皇上，谁敢拉硬弓，说不给你救济粮就不给，好差事说不派你就不派”，现在却是村干部开展工作困难重重，连工资都不能够按时领到。即便是这样，当老仓媳妇劝他别干了，找个能赚钱的门路时，老仓还是严词拒绝了。他不仅忠于职守，还为村里寻找致富的门路，开办了罐头加工厂。在原料紧缺、资金不足时，他步行一个多小时亲自到县里去跑贷款。不仅如此，他为了维护国家利益，还勇敢地制止文物偷盗行为。但是，在他身上也同样具有农民所普遍固有的自私狭隘的一面，比如他羡慕玉明倒卖化肥赚了钱，于是居然挪用盖校舍的公款去做生意，被检查组发现后挨了镇长的批评，他就利用修水坝的机会闹起了情绪，以“不干了”威胁镇长为他挪用公款保密；看见郝二来承包煤矿赚钱盖楼他又开始嫉妒起来，暗地里唆使别人从中作梗，并企图撕毁合同自己承包煤矿。显然，这是一个新形势下的农村干部形象，他既无私又自私，既霸道又圆滑。这些艺术形象源于现实生活，贴近现实，体现了中国独特的乡村官场文化。“我们在何申小说中看到的，是和常人一样的有着各种各样优点和缺点的人物。这些人谈不上高尚，但也绝不能以卑下论之。这些人物是复杂的，性格丰富的。他们体现了我们时代的特点，展现了当代农村的面貌。当代中国农村的许多问题诸如向市场经济转轨时的失误、道德观念的变化、干群关系的紧张、计划生育工作的艰难、脱贫致富的艰辛、人口素质的低下，等等，在何申笔下都得到了反映。这些人物的动机、欲望、焦虑和烦恼，可以概括出许多东西，可以透露出时代的变迁、人情风貌的景观。”①

另外，何申的农村题材的长篇小说创作也非常优秀，如广博好评的《多彩的乡村》，这是一部反映社会主义新农村建设的主旋律作品。小说主要写了农村四个家族：赵、钱、孙、李之间错综复杂的矛盾冲突。他们虽然都是农民，但是又各有不同的生活方式，赵家以耕种为生，信奉勤劳是本分，他们善良淳朴又保守。钱家是乡村小业主，从事着家庭作坊式的工业生产，富有进取心。孙家是乡村破落户，游手好闲，胡搅蛮缠。李家过去曾经是乡村生活的组织者，由于各种原因已经被历史甩在了后面，可是他们还是一直想利用自己手中的权力为自己捞点好处。四个家族的生活境况不同，生活态度不同，但是作者又通过婚姻关系把他们联系在了一起。赵家三个女儿，一个嫁到孙家，两个嫁到钱家，而李家只有一个儿子，还是个白痴，儿媳备受折磨，不得不离婚，与赵家老二结为夫妻。尤其是小说中塑造了一位叫赵国强的乡村改革的英雄形象。他不畏权势，不计个人得失，冲破农村很多旧的传统观念的束缚以及其他重重阻力，积极带领全村老百姓走上发家致富的道路。《多彩的乡村》虽然是主旋律小说，但可贵的是他没有公式化、概念化地去诠释党和国家的农村政策，而是以浓郁的乡村生活气息和对农村暴行的真实再现以及情感细节的描写，为我们展现了20世纪90年代中国北方乡村的绚丽多彩的生活画卷，塑造了个性鲜明的农民群体形象。不仅在社会生活的描写上具有地域生活气息，在语言上也诙

① 焦会生：《何申“乡镇干部”小说漫评》，《殷都学刊》，1997年第3期。

谐幽默，尤其是对承德地区的方言运用得得心应手，使作品具有独特的地域风格。

在何申的另一部小说《村民组长》中，主人公村民组长黄禄，在组里的公用电线被盗后，他坚持要查个水落石出，这一方面可以理清组里的各家之间的关系，另一方面也可以树立自己的威信。他费尽心机，明察暗访，但还是找不到一丝线索。后来在无意中却发现偷盗者竟然是自己的哥哥黄福。由于念在亲情的份上，他并没有让哥哥去投案自首，而是让他夜里偷偷地将电线送回去，以此方法企图逃避法律责任。但是，正所谓无巧不成书，黄福的所作所为都被驴老五两口子看得一清二楚，直到有一次，“驴老五的老婆叹了口气，终于说：‘黄禄，实话告诉你，电线是你哥剪去又挂回去的’”。黄禄才知道自己护哥哥的短的事早被人发现了，也知道了驴老五的老婆敢偷自己家的树苗栽到她家地里是因为她抓住了自己的把柄。还有一次，当黄禄抓住锁柱聚赌时，锁柱交完罚金截住黄禄说“我不是找后账……我说一碗水要端平，我知道哪个编双檐篓子……”，黄禄顿时哑口无言，他知道锁柱说的是他护着自己的哥哥的事。虽然黄禄的官职不大，管的人也很少，但是就因为自己不能够秉公执法，被群众抓住了把柄，处处都拿他的短处说事儿。而且群众也肆无忌惮地开始做起违法的事，使村子陷入混乱状态，“这些日子村里犯邪，啥玩意儿都丢，瓜果梨桃这些地里的东西不说，就是鸡狗羊驴这些活物也没”。可见，干部不能够以身作则，就无法去管理群众。作者以小见大，通过村里发生的一系列琐事，指出了乡村干部的所作所为是否具有正义性的重要意义。

何申通过对农村基层干部这一层面的描写，给我们展示了他们在生活和工作中所面对的方方面面的问题，大到村民致富、邻里纠纷、违法乱纪，小到丢鸡丢狗、傻媳妇避孕等婆婆妈妈的日常事务，都要尽量去化解、去和解。他们生存在上层机关和底层群众的夹缝中，一方面要贯彻国家的方针和政策，完成上级交付的行政工作，另一方面又要顾及百姓的生计，于是他们成了矛盾的载体，承受着诸多的苦衷和无奈。尽管如此，他们还是尽心竭力把工作干好，为国家着想，为群众谋福利。这些人物尽管身上也存在着这样那样的缺点，但更显示了人性的复杂，使人物形象是丰满、立体的，而不是扁平化的。同时，也表现出了作者对处于社会转型时期的农村社会存在的种种弊端和丑陋现象进行的揭露和批判。正如何申自己所说："中国的干部千千万万，万万千千，乡镇干部不简单，在农民的眼里他们是官，在官名中他们大概是再也不能小的官了，但他们身上的担子可不轻，我们不该忘了他们。"[①]"乡镇这一级干部，从他们的工作生活中，可以看到当今中国农村所发生的巨大变化，也启发人们去思考一些问题。"[②]这也正是何申小说的深刻之处。他真实地写出了当下中国农村的现实境况，写出了基层农村干部在工作上面临的重重阻力和挫折不仅仅是来自外部的社会，还有来自复杂的家族宗亲的关系以及来自市场经济下金钱的诱惑。他们处于城乡之间的结合部，同时受到城市文化和乡村文化的双重影响，他们是党和国家各项方针政策在农村的传播者、执行者和体现者。他们是农民中的一员，是农民中的先进分子，要走在农民的前面。他们既要克服自私、狭隘、保守的小农经济意识，又要葆有淳厚朴实的秉性；他们既吸收了来自工业文明的现代经济意识、科学意识，又要抵御拜金主义思想的侵蚀。因此，面对思想观念和经济形态处于转型期的整个社会飞速发展的进程，乡村干部必然会有困惑和不安。因此，何申作品深刻地剖析了基层干部在社会变革的冲击下，经历的种种艰难的痛苦与挣扎的心路历程，增强了作品的历史厚重感和人文价值。

除了乡村干部形象，何申还刻画了一批富有地域文化色彩的农民形象。在一个以农耕文明为主的国度，农民的生存境遇和精神状态，一直是有社会责任感的作家所关照的对象。一直以来，农民作为社会中一个阶层，由于历史和现实所赋予的既定形势和特殊的生存境况，使得他们被赋予所谓的"小农意识"的思想倾向，并与麻木、愚昧、贫穷、落后等联系起来。新民主主义革命后，中国农村经历了一系列漫长的历史进程：土地改革，农业合作化、人民公社、"大跃进"、联产承包责任制等。因此，当代文坛凡是反映农村的社会历史与社会现实、解读农民的生活与思想的文学作品都显得那么厚重。何申的农村题材小说对燕北农村生活以及农民生存状态的观照，并不是为了揭示他们愚昧、落后，而主要是为了表现在传统思想和现代意识的交融碰撞中，当代农村的真实生活状态，展示传统的农业文明在现代工业文明发展的

① 何申：《为了心中那份实情》，《北京文学》，1997年第9期。

② 杨立元：《与新的山乡共脉动——何申的审美指向》，《文学评论》，1997年第1期。

冲击下所面临的艰窘与变异。

土生土长在这块土地上的何申，深刻地体会到“中国农民怪不容易的”，他曾经说：“如果你以普通人的身份在农村待上一段时间的话，你就会知道农民的处境还不十分宽松，天灾病痛时时威胁着他们，各项庞大的支出需要从他们身上摊，城里人吃一顿饭花千儿八百的不当回事，可这钱足够农民挣一年的。”[①]走进何申的《乡镇干部》《村民组长》《奔小康的王老祥》《年前年后》《信访办主任》以及《穷县》《穷乡》《穷人》等“穷人”系列作品，我们会发现作者首要关注的就是变化着的农村社会现实。他把燕北山区普通农民的生活与灵魂，搁置在历史转型的巨变、动荡和阵痛中，执着地去追寻如何改善农民生存状况和精神状态。

如在《多彩的乡村》中作者描写了一系列极具代表性的农民形象：有一心一意要把大块地种好的倔老汉赵德顺；有致力于带领村民走上小康之路的村长赵国民；有一心只谋个人发家致富的钱满天；有一心盼着生儿子的养牛专业户孙二柱；也有装神弄鬼搞迷信的冯三仙……通过这些具有代表性的人物为我们展开了一幅幅乡村生活的画卷。

其他还有《富起来的于四》中的于四、《梨花湾的女人》中的郝二来、《奔小康的王老祥》中王老祥、《穷人》中范老五等，他们都是跋涉在脱贫致富奔小康的艰难途中的农民形象，他们身上既有传统农民身上的传统文化因素，又有新时代的思想觉悟，他们既有不怕吃苦的实干精神，又有新时代农民敢为人先、勇于拼搏的“爱折腾”的韧劲。当然，他们身上表现得更为明显的是中国农民身上普遍具有的、根深蒂固的贪财好利、自私狭隘的“小农意识”。因此，有论者曾鲜明地指出，何申写出了“改革给农民带来的经济和人际关系的变化，写出了在商品经济冲击下农民思想的异化，以及脱贫致富奔小康的艰难。他的小说无疑给解决农民问题提供了一个可靠的参照系。在商品经济大潮的冲击、撩逗下，发家致富这个在农民心底压抑多年的欲望被彻底地发泄出来。发财的梦想过去在政治压力下只能折服于农民的潜意识中，现在却堂而皇之地占据了农民心灵的殿堂，支配着他们的行为走向”[②]。何申通过文学创作活动对改革

① 何申：《为了心中那份真情》，《北京文学》，1997年第9期。

② 邢建昌：《何申小说的意义与局限》，《河北学刊》，2002年第1期。

开放环境下的农民进行了一种想象和重塑，准确地把握住了农民在社会转型时期经济状况慢慢变好过程中的种种复杂心态，尤其是在经济利益诱惑下人性的迷失与困惑。这种想象是源于现实又高于现实的。在小说《富起来的于四》中，于四一开始破木材板子给人钉水果箱，后来自己办了个木材加工厂，家庭经济状况逐渐有所改善，但是家里的生活依然很节俭，老婆孩子平时很难吃上一顿肉。在洪水来临时，于四甚至舍命不舍财，为抢救木板差点送了命。可是他却捐资修路、修缮学校。即使面对挫折和打击，他也从未消沉、退缩过，并且不怕“折腾”地谋划要建立新型木材加工厂。这是一个新的历史时期具有代表性的农民形象：他们不满于贫穷的现状，通过自己的艰辛劳动致富之后，又懂得回报家乡，肯为家乡的富强出钱出力。因此，“……何申小说里的人物往往瑕瑜互见，美丑共存，既是高大的又是渺小的，崇高的也是平凡的”[①]。再如《梨花湾的女人》中的郝二来，借改革开放之机承包了村里的煤矿，为了营利，不惜请客送礼和刻薄工人。赚钱后，对外却称没赚到钱，一面“哭穷”，拖欠村里的承包费，一面却盖起二层小楼来炫耀，他的浮躁与虚荣昭然若揭。在经营得利后不是加大投资，扩大生产，而是恃富而骄，贪图享乐，最终因赌博而入狱。这个人物生动地体现了农民身上“小富即安”思想的狭隘性。同时作品也描写了他善良的一面，如参与修桥修水库，还周济村里人钱财等。何申在塑造新型农民形象的时候，没有刻意回避他们性格当中的弱点以及身上的劣根性，从而警示我们要想真正改善农民的生存状况，不仅要使他们物质上富裕，更要注重他们精神上的“富裕”，作品蕴含着深刻的批判意识。“我们在何申小说中看到的是和常人一样的有着各种各样优点和缺点的人物。这些人谈不上高尚，但也绝不能以卑下论之。这些人物是复杂的，性格丰富的。他们体现了我们时代的特点，展现了当代农民的精神面貌。当代中国农村的许多问题诸如向市场经济转轨时的失误、道德观念的变化、干群关系的紧张、计划生育工作的艰难、脱贫致富的艰辛、人口素质的低下，等等，在何申笔下都得到了反映。这些人物的动机、欲望、焦虑和烦恼，可以概括出许多东西，可以透露出时代的变迁、人情风貌的景观。”[②]因此，曾有论者指出过，“现代化的发展与人们所设想的

① 邢建昌：《何申小说的意义与局限》，《河北学刊》，2002年第1期。
② 焦会生：《何申“乡镇干部”小说漫评》，《殷都学刊》1997年第3期。

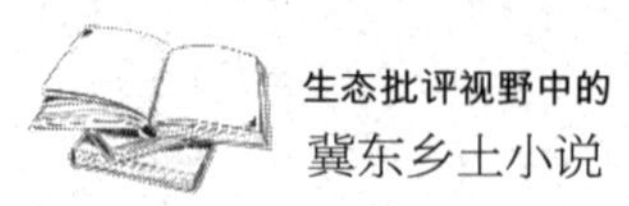

前进方向似乎存在偏离，首先是物质的丰裕并未能成就精神的高洁，日益膨胀的物欲带来一系列社会问题；其次，贫困问题竟出人意料地益发严重起来”[①]。

纵观何申小说中的农民形象，我们发现他们都曾经极为贫困，有着极强的欲望想要改变贫穷现状，他们能够在现有条件之下努力追求美好的生活。但是真正生活富裕了之后，他们往往又显得茫然不知所措。他们带有中国改革开放以来的这一特殊群体的共性，同时又有独特的地域文化色彩。他们既有开拓进取的奋斗精神又有锐意拼搏的精神内涵，体现了承德地区的地域文化品格。“地域文化性格，是地域文化的深层结构，它不同于文化的浅层结构，浅层结构指的是文化诸层次中多有历史沿革的精神价值体系，是经过理论加工的社会意识形态；深层结构则是某文化群体在漫长的历史中积淀而成的固定心态，是流布在民间的社会心理，属于既不易律动又不易突变的心理层次。某一文化可兼容多种表层结构，而深层结构却是唯一的。”[②]承德处于塞外，地理位置独特，这里的人们性格有深刻的地域文化渊源。其区域文化性格的深层结构便是燕文化和京都文化、皇家文化独特的结合。受其影响，既有燕文化精神的刚烈而勇武，又有京都文化、皇家文化的大气、包容、典雅。此外，承德人以塞外人游牧文化为根基，他们曾经骑马射箭，驰骋于草原，高歌于旷野，造就了坚忍不拔、勇往直前的不屈精神。再加上塞北地处关外，冬季漫长奇寒，交通不便，恶劣的自然环境造就了世代承德人的辛勤劳作、艰苦忍耐的作风与品质。另外，他们受关内儒家宗法社会的伦理道德影响较弱，风俗人情与关内不同，他们更加强调随意、自我的意识，性情更加豪爽泼辣、敢爱敢恨。

三、乡土社会精神生态的重要事象

在人类文化意识结构中，民俗是原生态文化意识的表现，是人类社会的一种文化现象，是一定区域内的人们共同的生活习惯和行为习俗，它折射了乡土社会民族灵魂的、历史的和心理的发展轨迹。它不光呈现了人类生命的某种原

① 韦丽华：《20世纪末的乡土现代性反思——近期乡土小说的一种解读》，《福建论坛》（人文社会科学版），2000年第1期。

② 崔志远：《燕赵风骨的交响变奏》，作家出版社2001年版，第259页。

始状态，也具有现代文明影响的痕迹。民俗也是“创造于民间，流传于民间的，具有世代相袭的传承性事象（包括思想与行为）”，①是社会上长期形成的风尚、礼节、习惯的总和。是在人类历史发展过程中，同自然环境斗争和对自然改造的结果。在创造与被创造的过程中，民俗以其特有的形式影响着人的生活，并与人的精神生命交织着。汪曾祺曾说：“风俗是一个民族集体创作的抒情诗。风俗中保留着一个民族的常绿的童心，……风俗多少有点怀旧，但那是故国神游，带抒情性，并不流于伤感。风俗画给予人的是慰藉，不是悲苦。”②

（一）方言俗语

有论者曾经指出：“在一个地域的文化系统里，方言的使用，反映着这一地域的历史传统和文化积淀，并涵化了这一地区民俗的要素，使之与外地文化类型相区别，与他乡的民俗风情相区别。乡土小说语言的审美特征亦因地域文化的千差万别而异彩纷呈。”③由于何申长期生活在燕北地区，对这片沃土既熟悉又热爱。我们可以通过他作品中明显的具有承德地域文化色彩的乡村俗语，感受到它对这里农村生活熟悉的程度和深厚的情感。在他的小说中“土得掉渣”的方言俚语比比皆是，例如：“外道了不是”即见外的意思；“孩患子骑车不长眼”中“孩患子”指淘气的小孩儿；“寒碜到八里沟去了吗”寒碜是寒酸丑陋的意思；“弄不机密”是弄不明白的意思；“不好整咕”是不好办的意思；“淡白他们”是冷落他们的意思；“到处嘞嘞”是到处宣扬的意思；“拉的饥荒”指负债；日子过得“太四致了”指太精细时髦了；“瞎嘚啵”指瞎说；讲“车轱辘话”指重复的话；“哑巴雀没声没动的”指悄无声息的；“着急巴火”指着急上火；“为难着窄的事”指为难的事；等等。作家对塞北地区方言土语的熟练运用，推动了小说的故事情节发展，渲染了生活气氛，提升了审美效果。

何申小说中还运用了大量的歇后语，如“黄鼠狼下豆鼠子——一代不如一代”“筷子夹骨头——都是光棍”“狗过门帘子——全靠嘴对嘴”“爹死娘嫁人

① 鲁原、刘敏：中国当代文学史纲，中国文联出版公司1993年版，第86页。

② 汪曾棋：汪曾棋小品，中国人民大学出版社1992年版，第49页。

③ 贾剑秋：《从地域文化堪中国现代乡土小说的审美特征》，《西南民族学院学报》，2002年第1期。

——各人顾个人”，等等。这些歇后语的运用可以把通常较难描述的事件或情感形象化、简单化、通俗化，同时也能够增加小说的生活情趣和幽默色彩，提升了小说整体上的鲜活性与灵动性。

另外，何申小说中还运用了较多的地方性的口语化的比喻：如“急得小脸瘦得快成狗舌头一条了。”“狗肚子盛不下二两油，一张没门的嘴，到处吵吵。”赵德顺老伴说赵德顺“人家要那干净劲儿还要不过来呢，你弄块年糕非蘸点黄土吃”。“浑黄的河水像大酱汤一样”比喻发洪水的样子。“阴乎乎的天空像口大黑锅。”“鸡窝打烂了，别想捡整鸡蛋”比喻洪水来临时家家都要受灾。钱家的电锯声响大“吵得周围半里地树上都站不住鸟”。“日子过得像没放盐的菜，淡了巴叽，一点儿叫人乐的滋味都没有。”玉琴说孙二柱是“没星的秤，干啥事都没准儿”。桂枝一沾自己的事儿“这嘴就变棉裤腰了，要多笨有多笨，掐死的鸟，打蒙的猫，长八只嘴也没人瞧”。“天净得像刚洗过的白的确良布。”“自己都变成不通气的死面干粮了。”“瘦驴拉粗屎赖汉子拽硬弓强撑着”比喻李德林在乡里工作的难处。《年前年后》一开头写道：“往年一进腊月，各乡镇早早地就老和尚收摊吹灯拔蜡放众人回家喝酒去了。”用“老和尚收摊吹灯拔蜡”形象地比喻各乡镇干部往年早早就放假了。这些带有地方色彩的比喻使得抽象事物变得形象化，使人物性格和生活气息显得更加丰富生动，充满乡土味。

除此之外，作者还很自然地在作品中穿插了富有地域风格的民间顺口溜。如《乡村英雄》里公社干部给农民劳模赵德印编的顺口溜：“赵德印、农粪办，蹬着破车可处转，跟着两个邋遢兵，先看茅房后吃饭。”再如《热河大兵》里的吴大兵在法庭上用顺口溜为自己辩护：

报告法官，还有法警，下站老吴，有话容禀。从小受苦，爹娘全无，当兵吃粮，六神无主。隆化解放，天光大亮。南下剿匪，北上过江。负伤归来，建设热河，任劳任怨，糊火柴盒。十年动乱，俺没捣蛋。组成兵团，救苦救难。改革开放，政策得当，老吴拥护，心无二样。水平不高，理论有限，捣弄旧车，只盯着钱。车毁猪亡，肥肉遭残，老吴有罪，甘愿开膛，可惜太瘦，出不多肉，不如留下，立功在后。痛改前非，重整自我，为了亚运，捐献十万。[①]

这样的顺口溜读起来既朗朗上口，又融入地域文化因素，达到了亦庄亦谐的叙述效果，充满了生活气息，收到了独特的艺术审美效果，颇有赵树理小说之风韵。

何申在创作中有力地抓住了这一方土地的民俗要素，方言俚语、歇后语、顺口溜等大量的运用，或形象或夸张地将塞北独特的历史传统和文化积淀融于其中，不仅反映了塞北粗犷豪迈的地域文化精神，提升了小说的文化内蕴，表现出作家深刻的文化积淀，也增添了作品平淡质朴又幽默诙谐的艺术风格，呈现出了浓烈的乡土化气息，显示了创作主体强烈的地域文化意识，凸显了小说的审美指向，体现出独特的地域文化价值。正如有论者所说："何申小说地域色彩浓烈。他善于把人物的活动历程与山乡的背景紧密融合，把现代人的思想流变与山区古朴的风土人情交相叠映，把诙谐幽默的语言与鲜明的当代生活合为一体，使作品在地域囿限中透视出鲜亮的时代色彩，流溢出丰富的社会意义。"[②]

（二）民俗景观

位于河北东北部的承德地区，深受康乾盛世以来清王朝统治精神的影响，自古代以来，满、汉、蒙等多民族的文化就开始在这里不断地聚集交融，从而形成了独具特色的地域民俗景观。它具有一种在特殊历史情境之下结合而成的介乎于大皇家气魄和乡土风俗之间的文化品格，充满着大气磅礴的精神。因而有论者将其概括为："带有清代前期康乾盛世时期影响的顺应历史潮流的推动历史前进的开拓、进取和吸纳、开放精神。"[③]它蕴含着独特的自然民俗景观和人文民俗景观。

从地域上来讲，何申本人来自天津，但由于青年时期作为知青被下放到承德农村，于是与承德地区结下了不解之缘。后来他一直以文人的眼光观照这片神奇的土地，尤其是进城以后，他对这里的美丽更有种对世外桃源般的留恋，

① 何申：《热河大兵》，大学生小说网，http：//www.dxsxs.com/dangdai/921/27013.html，2016年3月12日。

② 赵增楷：《当代小说结构探索》，广西人民出版社1990年版，第 26页。

③ 郭秋良：《大避暑山庄文化雏说》，《社会科学论坛》1995第6期。

回忆中的塞北乡村有种难言的秀丽多姿。如在《多彩的乡村》中，为我们展示了一幅梦幻般的乡村画卷：

“此时，三将村的街上很是安静，树梢不摇，绿叶不动，小南山那边的青龙河水哗哗地流，远处山谷里放羊人在骂骂咧咧地吆喝。日头从东山坳里冒出一小会儿了，红通通的一个火球，滚烫滚烫地往高里爬。天上竟然没有一丝丝云彩，比在青龙河水里洗过的豆包布还干净，还豁亮，分明是豁出来让那火球使劲耍把，大抖威风。”①

“温泉城距离县城五十里，一座罗圈椅形的小山面朝南，怀中抱着一片树木茂盛的草地。时至年底，这儿的树竟然还有未落叶的，黄黄绿绿一派晚秋景象。山坡上流淌着一条冒着热气的小溪，几个女人在洗衣，羊儿在一旁啃着溪边的残草。冷眼看去，真是一片极美的乡村风俗画。”②

通过景色描写来衬托出塞北农村特有的豪迈、坚毅和灵动之气，同时也让读者隐隐地感受到了作家对于他工作生活了几十年的承德地区的依恋之情。

何申的作品中对地方风俗民情的观察和体会相当细致，如：山里人的衣服料子都是家织的小粗布，只有干部才穿细布；女孩子们都喜欢戴围巾；中年妇女的发型有特点，梳着“两把头”，“是传统满族女人的梳法，即中间一条分线，向两边向后梳，梳到脑后打一个弯翘起来，像大公鸡的尾巴”③。从这一发型可以看出这是深受满族皇族文化的影响。受塞外气候的影响，人们餐桌上摆的是又辣又冲的薯干酒、大碗的猪肉炖粉条子、鲜嫩雪白的水豆腐、大锅贴饼子、大锅饨羊肉、大锅熬豆角等富有地方特色的吃食。

何申在 21 世纪之初将创作视角从乡村转移到城市，出版了《热河傻妞》《热河官僚》《热河会首》《热河鸟人》《热河春梦》《热河残梦》等“热河系列”小说，并以《热河傻妞》为名结集成册。在“热河小说”系列中，地域文化特征更为突出。承德曾是热河省的省会城市，热河城古为汉族和满、蒙等游牧民

① 何申：《多彩的乡村》，人民文学出版社1999年版，第3页。
② 同上，第373页。
③ 同上，第402页。

族的集散地，是高原文化、草原文化和平原文化的交汇处，形成了一个特殊的文化心理结构。后来，清王朝在这里建造了行宫，由此成为除了都城之外的政治文化中心。作为塞外古城，它有着独特的地域环境和浓厚的历史文化积淀，在城市精神和风格上都有着与其他城市不同的独特的地域色彩。这些都濡染着热河文化的精神气质、审美观念，形成了独特的心理和性格。他们既有北方山区和游牧民族的豪爽、坦荡、淳朴，又有皇城古都的大度、纯正之气。“热河”是何申小说重要的风俗文化资源。

如《热河大兵》中的一段描写：

热河城内有座皇家宫苑避暑山庄，避暑山庄里有条河，名曰热河。热河来自地下泉水，四季长流，清澈无比，冬季亦不结冰。此河起于山庄东北部，流数十米，便汇入湖中，可谓短也。故英国《全英大百科全书》中称：热河是世界上最短的河流。

热河虽短，名气甚大，当年皇上把避暑山庄建在这里，便是明证。民间传说就更神了，先是说英武之气稍弱的皇帝在此都难以存活，有清一代中的嘉庆和咸丰两朝天子均殁于此。为吗？皇上属“龙”的，龙入“热”水河。焉能不亡？再有就是“热”水融“冰”（兵），此地不动刀枪。察看地理，热河城北拒草原，东临关外，南拒京师，西阻边关，实实在在是一塞外重镇。然而有趣的是，遍观史书，甭管哪场大仗打起来，一旦到热河城下，就偃旗息鼓兵不血刃了。这两条说明什么？简单说就是热河地脉气力壮，上敢抗天子，下敢拦刀枪。真是这么回事吗？我也说不清，这些都是小时候听前院我表姐夫老吴说的。老吴是当大兵出身，说来惭愧，他是先当国民党的兵，后来当的解放军（这还是“文革”中交代出来的）。但我小时候一直以为他压根就是解放军。这种误解起因于他的自我介绍，他是这么说的：“十一纵四八年开春打隆化，在隆化中学东北角，有一个桥型碉堡，火力特强。六连六班长董存瑞冒着枪林弹雨冲过去，举起炸药包就给炸了。当时，俺离那儿不远，一看这情景，俺和俺们班长一踩油门，呼一下就冲了出去，然后就胜利了，解放了……”您听，这不是解放军嘛。[①]

① 何申：《热河大兵》，大学生小说网， http：//www.dxsxs.com/dangdai/921/27013.html，2016年3月12日。

再如《热河鸟人》中写道："朝阳洞是热河十大景之一，那十大景分别是：磐锤峰、天桥山、罗汉山、僧冠帽山、蛤蟆山、鸡冠山、朝阳洞、双塔山、元宝山、热河溪。这朝阳洞是十大景中唯一有庙有香火的地方。"[①]

"热河系列"小说蕴含了丰富生动的承德地域文化，即郭秋良先生所谓的"大避暑山庄文化"，或称为 "亚宫廷文化"。作为一种特殊的乡土文化的表达，小说中塑造了热河人直爽宽厚、从容中庸的典型的族群性格，形成了"热河系列"小说淳朴浑厚、幽默诙谐的独特的审美风貌。

乡风民俗规约着社会成员的行为意识，具有传承性和现实性。它不仅增强了文学作品的地方特色、民族风貌，也承担着构筑故事、连贯情节、塑造人物等叙事功能，是乡土文学赖以生存的底色。同时，风俗文化也是隐含着地域性的生存方式、生产方式和文化形态等背景下物化的自然与人化的自然和谐统一的呈现。乡村民俗风情的描写既揭示了乡土的生活美，也是衡量乡土小说审美品质的一个标准。民俗风情，因为地域文化系统不同，表现出了不同的文化特质。"由于每一个所生活的文化背景不同，人们的民俗也千差万别。但正是这种千差万别的民俗塑造了每一个具有不同文化个性的人。因此，可以这样说，如果文化是从本质上塑造人的话，那么，民俗就是从个性上塑造人。"[②]从这个意义上讲，对民俗的描写是乡土小说刻画个性化人物、表达独特性文化内涵的重要手段，反映了不同文化系统中人们独特的生存方式、行为方式和典型环境中的文化心理。何申的小说不管是农村题材还是所谓的"热河系列"，都有着极为鲜明的地域文化特色和乡土气息。作家把自己长期的农村生活经验内化在自己的小说文本当中，把塞北乡村丰富的自然景观以及人文景观巧妙地融入自己的小说中，不仅揭示了独特地域的生态文化形态，丰富了当代乡土小说的内涵，也形成了自己较为完整的新乡土小说体系，其深厚的地方历史文化底蕴，丰富了中国现代乡土小说多样性的文化审美品格。

---

① 何申：《热河鸟人》，解放军文艺出版社2001年版，第238页。

② 高丙总：《民俗文化与民俗生活》，中国社会科学出版社1994年版，第23页。

第六章　唐山文学创作中的生态伦理精神

新时期以来，唐山的文学创作取得了令人瞩目的成绩。在这一片繁荣的文学园地中，出现了许多富有地方文化特色和独异风格情调的作品，体现了唐山作家的价值观念、美学追求和文化意识，同时也反映了一个地区文学的总体风貌。

第一节　唐山文学概论

一、“唐山文学”概念的意涵

人类社会文明源起于河流文化，人类历史及其社会生态系统的发生发展与河流是相互依存的，它直接影响人类在长期历史传统中形成的精神信仰、心灵品格和外貌特征。滦河作为冀东文化的母亲河，古名渜水，“渜”的意思是热水，因为其发源地有很多温泉。渜后来被讹传为濡，因为濡、滦古音相近，致唐代演化为滦，元朝又称“御河”或“上都河”。它发源于河北省丰宁县骆驼沟乡东部的小梁山（一说是丰宁县西北部的巴延屯图古尔山北麓），向西北流经坝上草原，叫闪电河。至多伦大河口附近又有吐里根河注入，称大滦河，至隆化县郭家屯有小滦河汇入，始称滦河，然后继续向南流至潘家口过长城，经迁西县、迁安市、卢龙县、滦县、昌黎县，最后至乐亭县南兜网铺注入渤海，全长 800 余公里，沿途汇入的大小支流有 500 多条，流域面积达 44750 平方千米。它滋养了沿岸肥沃的土地，哺育了两岸优秀的儿女，催生了沿途丰厚的文化景观。

滦河流域，地貌多样，山青水美，草木丰茂，生态优越，素有“头摆口外汲清泉，尾荡渤海洗盐滩”之称。正是这种丰富多彩的地理环境和复杂多变的历史境况形成了其独特的生态文化形态。可以说，滦河所流经的每一个区域内的文学都呈现出了多样化的地域特点。唐山地区的文学创作就是这得天独厚的地域环境的产物，其特征与滦河的地域特征有着紧密的联系。从文学自身发展来讲，其既有现代革命文学尤其是河北老一代作家创作传统的影响，又有新的文艺思潮的冲击。因此，呈现了崇高与优美、刚健与柔和、豪放与婉约、开放与包容相融合的美学特征，同时也形成了一个具有共同审美气质和相似生活经验的作家群体。唐山作家在滦河文化核心精神的滋养下，刚健自强、开拓进取，创作出了具有突出的审美个性和高远的艺术视界的作品。这些作品既继承了燕赵文化慷慨悲凉之遗风，又表现了现代昂扬刚劲之新质，显示了强劲的创作态势，形成了具有强烈的地域色彩的文学现象，因此，我们称其为“唐山文学”。

二、唐山文学的特点

（一）传统性

唐山文学是传统农业文明的产物，主体主要来源于古老的燕赵文化资源，是中华民族传统文化的继承和发展，受封建正统文化的影响较大。

冀东大地，也是一块英雄的土地，尤其是抗日战争爆发后，这里成了民族斗争的前线，出现了许多可歌可泣的英雄人物，发生了像冀东大暴动和长城抗战等重大历史事件。所以这里对传统文化的继承突出表现在强烈的道德意识和爱国主义精神上，无论是在革命战争时期还是在和平建设时期，英雄模范人物的思想行为作为一种道德力量始终得到了人民的普遍认同。这种重道德、轻实利的革命英雄主义精神，是由李大钊、节振国、董存瑞等无数英烈以自己的鲜血和生命所实践的崇高美、悲壮美。 它作为一种文化倾向在唐山文学中得到传承，形成了唐山文学的审美取向之一。因此，不管是革命战争时期的斗争生活还是和平建设时期的日常生活，都是唐山作家的创作源泉。

曾经亲历过战争生活的唐山的老一代作家， 用文学反映和记述了自己亲身经历的火热的战争生活，歌颂了唐山人民高度的民族精神和爱国精神。例如著名作家管桦曾亲身经历过抗战时期的冀东大暴动，这成为他日后文学创作的重要资源。在他的作品《将军和》《小英雄雨来》《辛俊地》中反映了冀东地区军民为民族解放所做出巨大牺牲的可歌可泣的民族精神，他们的爱国主义、英雄主义精神对冀东这块英雄土地上的人民始终具有激励作用，同时也表现了作者对家乡和人民的深厚感情。 正如管桦先生所说："冀东美丽的土地，在我生命的清晨，走进保卫祖国家园的战斗行列。" "我的文集中的《中短篇小说卷》的四分之三是在女过庄写出的。" 他的抗战题材小说在某种程度上来说，已经成为一种地域文学传统，对后来的几代唐山作家都产生了重要影响。

总的来说，唐山文学创作既受到传统文化的影响，也受到来自新文化及战争文化的影响。唐山作家能够做到对各种文化资源反思的基础上进行继承和发扬，同时又融入本土文化因子，从而在众多文化因素所形成的合力作用下，形成了自己的创作风格，体现了他们的社会责任感和使命感。

（二）平民性

中国文学自古就有现实主义的文学传统，而关注现实、参与现实、反映社会现实生活，关心社会的进步和人民的疾苦，这也是唐山文学的优良传统。尤其是新时期以来，唐山文坛的中青年作家对现实主义的文学传统进一步发扬光大。他们以贴近现实、反映现实作为自己创作的基点，并构成唐山文学创作的主流。如张学梦的《错位》，单学鹏的《这里通向世界》《海湾三部曲》、关仁山的《大雪无乡》《风暴潮》《权力交锋》等一批作品也都从不同侧面真实地反映了经济体制改革中的社会现实生活。

唐山文学中描写农村现实生活的作品占的比重很大，从内容到形式都极为贴近普通民众，描写了农村中各类人物在生产方式、生活方式以及价值观念等方面发生的变化，从不同角度反映了新时期以来在时代变迁下农村生活发生的巨大变化以及出现的种种矛盾，平民意识非常突出。

另外，唐山文学中不仅有大量的关于民风民俗以及民间故事、曲艺、地方戏剧等地域文化的描写，而且在作品主题和题材上也对平民生活、平民利益、平民情感有很高的关注度。例如关仁山、单学鹏、张建国、何玉湖等作家的创作都能够站在平民立场，以广大人民群众作为读者，带有通俗文学的乡土气息，体现了广泛的平民文化。当然这里所谓的平民性，并不是仅仅指农民阶层，也包括工人、知识分子、市民等各阶层的劳动者。 唐山文学中的平民性，既是作家平民意识的反映，也是普通民众生活文化性的体现，具有很强的生命力。

（三）开放性

唐山地区，在自然地理上既有内陆平原又有沿海港口，从而使它自古以来就呈现出开放、包容的地域文化态势。尤其到了近现代时期就更加开放，不断吸纳外来文化丰富和发展自己。但是从根本上说，唐山地区的传统文化的源头应该是以儒家文化为主的中原文化。另外，因为自然地理位置的关系，又吸收了齐鲁文化和关东文化，特别是与京津文化关系密切。京畿文化是都市文化、皇家文化，津文化是商埠文化，它们各具特色。因人员往来频繁和一衣带水的经济社会发展的需求，唐山文化受到这两个大城市的影响非常大，同时也将自己的文化元素渗透进去。京文化中的政治性、多元性和津文化中的商业性、人情味，都对唐山文化有一定的影响。

此外，20 世纪 80 年代中期以来，由于外来文化思潮的影响，中国文学界出现了各种艺术形式的探索和创新，涌现出了各种不同的文学风格和文学流派。走在艺术探索前列的作品，被称为“ 新潮实验文学”。在这种形势下，唐山的作家也没有故步自封，但也不盲目追求新潮，他们大都能够既坚持探索创新，又保持自己稳健的创作态势；既坚持现实主义，同时也向其他创作方法进行大胆的借鉴与探索，创作出了一批有影响力的作品。像刘晓滨、张建国、单学鹏、关仁山、张楚等作家都能够汲取新潮文学的优点，突破自己固有的模式，发挥新潮文学与传统文学的所长，呈现出各自的艺术风格，使自己的作品更富有艺术感染力。

总之，唐山文学既有北方文化的厚重、朴实，又有京津文化的高雅和灵动，既能够适应当今时代发展的创新、求变，又能够植根于传统，发展于现实。其传统性、平民性、包容性、开放性，正是唐山文学的价值观念、审美追求和文化意识的表现，也是唐山作家在创作中不断努力、探索、追求的结果。

三、唐山文学发展阵地

唐山文学的发展壮大与其有自己坚实的文学阵地《唐山文艺》有密切的关系。1950 年《唐山文艺》创刊，由唐山市文联主办，为报型四开四版不定期综合性文艺刊物，公开对外发行，郭沫若同志为《唐山文艺》题写刊名。其办刊方针主要是为广大工人服务，为生产服务。在内容上侧重于反映新中国建设的宏伟面貌，反映生产战线上的先进人物、先进思想以及新时代的新道德、新风尚、新品质。从 1953 年 10 月 11 日起改在《唐山劳动日报》副刊出刊，每两周出版一期，每期一版。到了 1958 年，又改为月刊，25 开单行本。从 1961 年第 2 期起，在《唐山劳动日报》每双周的星期五出刊。后来因受“文化大革命”影响，《唐山文艺》于 1966 年 7 月被迫停刊。党的十一届三中全会以后，《唐山文艺》于 1979 年 2 月 15 日正式复刊，每逢双月 15 日出版。1978 年《冀东文艺》创刊并于 1981 年对外公开发行。1984 年 1 月 1 日《唐山文艺》编辑部与《冀东文艺》编辑部合并，《唐山文艺》和《冀东文艺》合刊。合刊后的刊名定为《冀东文艺》，由唐山市文联主办。1985 年作家单学鹏承包《冀东文艺》，更名为《天地人》，属文学半月刊，为报型版和刊型版，单学鹏任社长兼主编。《冀东文艺》休刊。1985 年 11 月 15 日《冀东文艺》复刊，更名为《冀东文学》，《天地人》停刊。12 月 10 日由马嘶任主编，金占亭任副主编。《冀东文学》于 1986 年 1 月 30 日荣获中国煤矿文化宣传基金会和中国作家协会举办的文学刊物“乌金奖”。1988 年《冀东文学》从总第 43 期起又更名为《唐山文学》，由陈大远先生题写刊名，仍为双月刊。2009 年 5 月改为标准流行版，增加版面为每期 88 页，一直至今。

从《唐山文艺》到《唐山文学》，一直致力于以培育文学新人、推出优秀作品为己任，积极帮助文学青年修改和发表作品，组织培训和创作研讨活动，并向省级和国家级刊物推荐优秀作品，从而使一批批优秀文学青年脱颖而出。它是唐山文学作品发表的重要园地，为发现文学新人、培养文艺人才作出了重要贡献。目前唐山地区较有影响的作家大多是从《唐山文艺》发表作品起步，并逐渐走上文坛的。

四、唐山文学创作实绩

地域文学的繁荣和发展是地域文化繁荣和进步的重要标志。而不同的地域文化孕育了不同的文学。一个地域内的文学和文化，受到当地的自然环境和社会环境的影响很大。唐山作为百年煤城、中国近代工业文明的诞生地，它北依燕山，南临渤海，长城贯穿东西，滦河由北向南蜿蜒，可谓地大物丰，有着独特而丰富的地理风貌和人文景观。滦河流域孕育下的气象万千的唐山文化显示出的博大雄厚的历史文化积淀，为唐山作家群的文学创作提供了丰厚的文学资源，一大批优秀的唐山作家从这里走出。唐山文学一直以其创作阵容强大、作品题材丰富、形体多样、风格鲜明而站在河北文学的前列，有些作家的创作成就甚至享誉全国。

唐山作家群的创作可以说各体具备、形态丰富。小说创作主要有：叶淘的小说集《老钢板与小铁锤》《钢》《快速炼钢的故事》《北戴河的故事》。长正的小说《爸爸回来了》《夜奔盘山》《中流砥柱》，小说集《桃花泪》。单学鹏的长篇小说《渤海渔歌》《燕岭风云》《凤落梧桐》《奔腾的大海》《千岛之恋》《受审》《劫难》，“海湾三部曲”：《初潮》《微澜》《狂涛》)，“四殇”系列：《童殇》《男殇》《女殇》《官殇》；中篇小说《警士与美人鱼号》《孤女魂》《这里通向世界》（获1982年《当代》文学奖），小说集《龙潭礁》。张建国的中篇小说《红花滩》《同学之间》《霞满龙湾》《伟大的播种者》《马潜龙走国》《殷赵村疑案》《同心河》及长篇历史小说《诸葛亮演义》《姚广孝演义》《孙膑演义》《徐茂公演义》《郭守敬》《成吉思汗》。么顺华、刘冬生合作的长篇小说《煤乡英烈传》。李助新的长篇小说《鱼草淀的孩子》《草泊烽烟图》。李国馥的长篇小说《废墟上的小屋》，小说集《雨夜，有人敲门》。肖波的长篇小说《杨三姐》《秦桧》《告状之后》，小说集《良民魂》。吴元武、毕经骏的小说集《青春梦》。肖东（赵栋）的长篇小说《成兆才传奇》（1989年由《唐山文学》连载）。夏庄（李义）的中篇小说《荒原狼》。刘宝池的小说集《黑金》。刘世军的小说集《父亲的螃蟹滩》。关仁山的长篇小说《魔幻处女海》《白纸门》《福镇》《大雪无乡》《风暴潮》《不爱不明白》《权力交锋》。关仁山、王家惠合著的长篇小说《唐山绝恋》。胡天启的小说集《荒岛》。刘晓滨的小说集《白鼬》，长篇小说《红戒指令》《阳光地带》《呼唤》《三棵树》《陆家桥的腊月》。杨立元的长篇小说《滦州起义》。刘光菊的长篇小说《生的延续》《梦想成真的女人》《逃女》。文寰的长篇小说《夕阳下的寻觅》。张宇天的长篇小说《浩劫奇梦》，科幻小说《太空奇梦》。李凤宽的短篇小说集《黄绿之间》。孙汝举的小说《冤缘奇录》。吴述东的小说集《雀儿啼》。解占久的小说《谁染春秋》。张金池的小说集《商海潮声》，与人合著的长篇小说《樱花恋》。阎瑞赓的长篇小说《冀东大暴动》《遍地八路》。何玉湖的长篇小说《隐形拳手》《瑰丽的视界》《燃烧的好家园》《炼狱的路径》《是什么使我们幸存》，中篇小说《飘在时间维度的目光》（获得首届先觉杯全国文学大奖赛优秀奖。李连草的小说集《多彩的世界》。刘振广的短篇小说集《月亮旁边有财运》《岁月遗踪》。董天柚的长篇小说《北斗峰》《火桥》《凤凰城》。慰慈的长篇小说《女人韵歌》。李庭芳的小说集《小红楼轶事》。郗辉庭的小说集《夜宿黑风岭》。朱继经的小说集《寒夜繁星》，日记体小说《山鬼》。晓洲（张庆洲）的长篇小说《震城》《红轮椅》。贾玮的长篇历史小说《伍子胥演义》《严嵩》。谷景峰的长篇历史小说《贾似道》。杨海光的长篇历史小说《蔡京》。杨永贤的长篇小说《潇潇雨歇》《明成祖朱棣》。薛树滨的小说集《血浓于水》。阎克岐的短篇小说集《心底的笑声》。李真理的小说集《梦了无痕》《冰糖雪茄》。赵连城的小说集《海地、热土》。伦洪波与人合作的长篇小说《不了姻缘》。南枫（吴慧生）的长城抗战实录长篇小说《血光》，小说集《两个人的山谷》。刘海莲、刘振广合著的历史小说《乱世丽人》。龚乃全的作品集《半途而废》。张楚的短篇小说《曲别针》（获得河北省第十届文艺振兴奖小说集）、《樱桃记》《长发》（获得《人民文学》短篇小说奖）。珂宁（方明）的长篇小说《后福》。刘凤城的长篇小说《凤凰劫》。张建伟的长篇小说《帘卷海棠红》《落红满径》；刘敬君的长篇小说《悔》。姚建国与朱家宏合著的电影小说《但愿人长久》。杨迎新、耿立兰合著的长篇小说《诗殇》。璇子（李璇）的长篇小说《兰竹梦》《天空的伤痕》《落雪》。张玉洁的长篇小说《老呔商帮》。墨微（刘三伶）的长篇小说《窈窕淑女》《智慧女人》《富家姐妹》《名利场写真》《女儿的使命》《质问你的婚姻》《谍上谍》《富三代》《爱情心理问题》。赵锡臣的长篇小说《龙旋风》。若水（刘春辉）的长篇小说《媳妇》。李广蕊的小说《槐花梦》（获得第五届全国煤矿乌金奖）。李真理的小说集《爱或者沉默》等。

诗歌创作有：刘晓滨的诗集《警觉的草原》《三月的信使》《雾夜行者》；张学梦的诗集《现代化和我们自己》，与他人合作的诗集《人类诗篇》，与郁葱合作的诗集《祖国诗篇》；李健仁的诗集《太阳城》；金占亭的诗集《月是故乡明》《发光的石子》；孟祥聚的诗集《杂芜集》；宋晓峰的诗集《海鸟衔去我一根睫毛》；田歌的诗集《在寻梦的小路上》《北国红豆》；赵起的诗集《青春橄榄绿》；李守稳的诗集《世纪末的情绪》；刘静远的诗集《跋涉》；吴述东的诗集《乌夜啼》；阎秋阳等的诗集《如雨年华》；徐国强的诗集《独自燃烧》《在落叶上行走》《悲壮》；王志民的诗集《青春宣言》；李如忠的诗集《手中的瓷瓶》；高幸夫的诗集《光明赋》；靳宝来的诗集《雪溶》；周振中的诗集《鲜花诗篇》；司新颖的诗集《真爱阳光》；郑岱、耿瑞田的诗集《山野韵情》；冯立新的诗集《亲亲，我的祖国》；李志强的诗集《鹰背上的雪》；方明的诗集《这一条断裂带》；祝雅丽的诗集《灵魂在高处》；郑玉恒的诗集《耕文诗稿》；邓树民的诗集《庶民集》；常丽的诗集《雪梅香》；孙黝（孙有）的诗歌集《雪》；赵斌的诗集《雨中花园》；孙武勋的诗集《海韵诗稿》；周祝国的诗集《燕山诗魂》、作品集《周祝国文集》；孙士运的诗集《雁迹光踪诗稿》；林志强（强子）的诗集《红烛不灭》；李木马的诗集《掌心的工地》《铿锵西藏》；阿紫（魏翠侠）的诗歌散文集《让爱去旅行》；刘晓文的《小文杂诗集》；许乃风的诗文集《残莲诗文》；铃铛的诗集《铃铛爱情诗》。

纪实文学创作有：长正的传记文学《沟河红莲》《严峻时刻》；单学鹏的报告文学《在笑骂声中崛起》（获得河北改革题材报告文学奖）、《大地忠魂》和《他从海上来》；王立新的长篇报告文学《运河孤茔》《马胜利的是是非非》《要吃米找万里》《韩振国和他的乡亲们》《中国往事》《唐山人在汶川》《首钢大搬迁》；王士立、赵振国主编的《冀东名人传》；吴述东、袁洪国的报告文学集《风正一帆悬》；袁洪国的报告文学《时代强音》，与人合著的报告文学《鼎新革故写春秋》；刘晓滨的长篇纪实文学《搏击者》《命运朝圣者》《唐山，唐山！》；刘晓滨、王德江的长篇纪实文学《镇邪之剑》；杨立元的报告文学集《情酬苍生》；李连草、冷宇的报告文学《护电神》；风保成、张金池的报告文学集《奉献颂》；谷景峰、肖波的报告文学集《渤海潮》；杨海光的报告文学集《渤海女儿》《血碑》；赵笠里的长篇报告文学《移民九歌》；阎克岐的长篇报告文学《黑金热土》；杨永贤的报告文学《法官风采》《枫叶正红》，与人合作的报告文学集《营造辉煌》；关仁山的报告文学集《中国网络梦之队》，长篇报告文学《执政基石》《感天动地——从唐山到汶川》；马嘶的长篇纪实文学《往事堪回首——百年文化旧案新解》《林庚评传》《一代宗师魏建功》；孟祥聚的报告文学集《天使》；王宝林的报告文学《勿忘国耻》；李广蕊的报告文学《农民走窑汉》；朱继经、高昌顺的长篇纪实文学《银杏树下》；孙伟的报告文学《王国藩社的变迁》；刘欣民的报告文学集《终结罪恶》；匡满、长正、冬生、单学鹏等创作的报告文学《唐山来的报告》等。

散文创作有：陈大远的散文集《三个朝鲜的朋友》；马嘶、东燕、金占亭、吴文良等创作的散文集《燕山漫步》；李术的散文集《炸弹与鲜花》；马嘶的散文集《芦笛集》《燕园师友记》；长正的散文集《五色土》《往事》；董天柚的散文《童年风景线》（获得第 10 届陈波吹儿童文学奖）；孙汝举的散文集《群芳赋》《柳絮飘飘》；吴述东的散文集《子规啼》《风过故园》；鲁青的散文集《山乡小镇》；杨立元的散文集《家乡戏》；单学鹏的散文集《凡人随笔》；李永文、韩启华的散文集《陡河风》；南枫（吴慧生）的散文集《乡情集》；谷景峰的散文集《哑女传奇》；刘晓滨的散文集《大自然的语言》《江湖无辈》；肖波的散文集《凡人记事》；张金池的散文集《履痕》；张丽钧的散文集《畏惧美丽》《依偎那座雪峰》《看见阳光就微笑》《花海铭香》《生命的暗示无处不在》《让我在鲜美的时候遇上你》《你不能施舍给我翅膀》；刘绍辉的散文集《美丽的脚印》《美丽的冲动》《天上的剧本》《会做梦的狗尾草》；袁建军的诗集《船在海上》；李贵胜的散文集《海韵》；碧青（张书琴）的散文集《谁会送我一双香草鞋》《远处有多近》；赵连城的散文集《滦河右岸散步》；老剑（王建政）的散文集《许愿》；李志强的散文集《碎银集》；魏钧、李雅萍的散文集《谁活着，谁就看得见》；李思业的作品集《男人的智慧》；赵晓平的散文集《行云有影》；贾志勇的小说、散文、诗歌集《蚂蚁寻海》；刘恩辉的散文集《柳絮私语》《荷叶上的露珠》；姚翠琴的散文集《焦竹听雨》《寒梅映雪》《幽兰凝露》；东篱的散文集《低于生活》；小波的散文集《记录觉悟》；肖铃的散文集《向北方，向太阳》；孙官珍的作品集《行云作品集》；王应荣的散文集《梧桐细雨》；何宗禹的散文集《历史的丰碑》；杨荻的散文集《尘世是唯一的天堂》；杨盛东的散文集《风雨江山外》《地震往事》；张广田的散文随笔集《家乡的溪水静静流》；幽兰（阚丽萍）的散文集《兰香悠悠》；刘九贺的散文集《闲云傍山飞》；张长泰的诗歌散文集《小草》；采薇的散文集《深紫色的忧伤》；韩进勇的散文集《故乡冷暖》；铃铛的散文集《铃铛爱情散文》等。

影视文学创作有：张建国创作的电视剧本《翻身》（又名《意愿》）由河北电视台拍摄；1983 年 6 月由单学鹏编剧，西安电影制片厂拍摄的故事片《巧哥儿》举行首映；1987 年由董天柚创作的《驴吉普》改编的电视剧，由武汉电视台制作，中央电视台播放；1987 年由墨微创作的《生活的未知数》改编的电视剧由淮北电视台播放；1987 年由墨微创作的《黄昏来信》改编的电视剧由唐山电视台播放；1987 年由赵栋创作的《李白进宫》改编的电视剧由唐山电视台和中央电视台播放；1987 年由董天柚创作的《甜与涩》改编的电视剧由中央电视台播放，并获得金童奖；1988 年由于祥、赵栋创作的《巧取城防图》改编的电视剧由唐山电视台播放；1989 年由古景峰、杨海光编剧的电视剧《海丫》由唐山电视台制作并放映；1989 年由墨微创作的《玉恋》《六月水荒》改编的电视剧分别由河北影视协会和西安电影制片厂摄制；1989 年由墨微创作的《五色沙砾》改编的电视剧由中央电视台和河北电视台播出；2001 年由王家惠创作的电视连续剧本《曹雪芹》由中国电视剧制作中心拍摄完成；2004 年 10 月 15 日，由关仁山同名小说改编的 20 集电视连续剧《风暴潮》在丰南开机，这部以京唐港建设为背景的主旋律题材电视剧，由中央电视台文艺中心影视部、河北省委宣传部、丰南区委政府和河北电影电视剧制作中心联合拍摄；2006 年 10 月 1 日，根据关仁山同名小说改编的 24 集电视剧《天高地厚》在中央电视台一套播出；2009 年由赵栋创作的电视剧本《戏圣成兆才》由河北人民出版社出版；2009 年 3 月由墨微同名小说改编的电视剧《误入军统的女人》在河北电视台播放。

儿童文学创作有：董天柚的长篇童话《外星人与沉船城》《琥珀城奇游记》《纸风车》《火桥》《男孩有只萤火鸟》《拇指牛》《红宝石咒语》《蓝皮人》《太空兽之谜》《艾尔玛星的湖妖》《带枪的猴孩》《冬眠谷》《红妖谷》《蚁人谷》《飞碟狗》《空心城》《海底城》《隐形城》《学画画儿》《轮子和车》《小老虎数数儿》《狐狸小学的插班生》《大魔法师的怪故事》《女孩半夜变精灵》《一棵树

上三女巫》《我的神秘聊客》《狐人小露伊》《吃房子的妖精》《十万个哈欠和一个冬天》《一只靴子找朋友》《我把海妖带回家》《我给海妖当家教》《神秘蜥蜴人》《神秘红树妖》《喷香的米饭》《哗啦啦》《导盲狼》《笛雨琴风》《妈妈是个稻草人》《青蛙爬进了教室》《七色马》《辣娃和银豹》《鬼蟹岛》《紫月牙》《溜出天堂的孩子》《寻找乌龟》《笨家伙和神仙十号》，童话集《魔布手套》《泥狼进城》《蹈海》《虎皮伞》，童话绘本《蜗牛王》《大白鲨》《金羽毛》《隐身豆》《富贵猫》；2003 年刘晓滨的小说集《挂在彩云上的梦》。

话剧创作有：1981 年王兴浦、关山合作的话剧本《李宗仁》由河南人民出版社出版。

第二节　地域的书写　精神的家园

中国当代文学书写的兴起必将促进文艺理论领域生成新的理论范式和批评范式，换句话说，文学的生态书写生成了新的美学形态和批评原则。关仁山自 20 世纪 80 年代走上文坛以来，一直被认为是当时在文坛占主流的现实主义创作倾向的代表，同何申、谈歌一起被称为河北文坛的“三驾马车”。由于他的作品具有紧扣时代脉搏、直面现实生活的特点，迅速得到了创作界和评论界的广泛关注，也引起了当时文艺评论界关于现实主义的大讨论。关仁山在他的作品中表达了乡土中国的变化，展示了社会变革中冀东农村的生活状态。尤其是 90 年代后关仁山的创作有了巨大发展和超越，并逐渐显示出了自己的创作个性，成为“新乡土文学”的代表作家。在关仁山的眼里，冀东平原这块地域已经不仅仅是一个物质空间，而是蕴含着丰富的文化与精神指向。它体现了对地方文化的归属，承载了他的价值观及生态思想，传达了他与当代的物质文化和精神形态进行的多层次的对话。我们从生态批评的视角对关仁山作品中的地域写作进行研究，解读与阐释他的小说所富有的地域文化内涵以及对当地社会深层文化的忧患、对人类生存状态的思考具有重要的意义。

任何一个人都不可能脱离周围的自然环境而独立存在。特定地域内的自然环境决定了人们可利用的一切资源，进而影响着人的生存环境，生存环境的不同又形成了不同的生存方式和生命形态，并随着历史的演进，它们逐步形成了相对稳定的态势，从而发展出有别于其他地区的文化特性及文化资源。而这一有某种稳定性的资源，很难被改变或者彻底颠覆。于是，地域环境与地域文化之间的重重纠葛逐渐作用于一定区域内人们的精神世界，并导向某种共性，最终慢慢走进了文学的范畴，成为古今中外文人墨客笔下的精神产物。茅盾曾在《文学与人生》中谈道："不是在某种环境之下的，必不能写出那种环境；在那种环境之下的，必不能跳出那种环境，去描写别种来。"[①]文学创作总是与特定时空的某种认识相关联。具体地说就是作家总是向"地域"资源索求素材，收集生活信息，提炼主题。区域的自然资源与人文环境是作家从事创作的源泉，并促成了其相应的地域审美意识的形成。

作家关仁山出生在唐山市丰南区，20世纪80年代走上创作道路后，曾长期在冀东沿海一带体验生活。这里在上古时期就是游牧民族与农耕民族相互交融的区域。后来从战国一直到西汉，胡汉之间的分界线都是东起滨海的碣石（今河北昌黎），沿着今燕山南麓向西偏北延伸，再折向西南，经恒山（今河北唐县西北）进入山西境内。在先秦时期的文献中就有关于燕地渤海的记载，当时写作"勃海"或"悖海"，其对燕地呈环绕之势。燕素称"有鱼盐枣栗之饶"，物产上一直得鱼盐之利。在战国时期，由于滨海地带特殊的地理环境，使这里产生了广泛的方士之学以及阴阳之法。《韩非子·外储说左上》就记载着燕王学道的事件："客有教燕王为不死之道者，王使人学之，所使学者未及学而客死。王大怒，诛之。"[②]时至今日，此地仍流传着较多的仙人传说。这种地域文化背景给了关仁山文学创作以取之不尽的素材和永葆生命力的创作灵感，开阔了他的创作视野，造就了他的创作题材和体裁的多样性，也为其现实主义文学创作提供了丰富的表达效果。因此可以说，冀东区域文化已作为"原型"积淀在了关仁山的主体深层意识之中，其小说中对独特民俗风情的描写使其整体创作呈现出明显的地域文化性格。

① 茅盾：《文学与人生》，《快乐阅读》，2012年第2期。

② [清]王先慎集解、姜俊俊校点：《韩非子》，上海古籍出版社2015年版，第301页。

关仁山小说创作具有明显的“家园意识”。“家园”一词在汉语中是指对出生和栖居之地的经验表达。关仁山是农民的儿子，他与冀东大地有着千丝万缕的联系。他和大多数农民出身的作家一样有着深厚的土地情结。冀东农民的现实生活、民间传说、历史事件等都成为关仁山创作的文学素材，成为他汲取文学养料的源头。他笔下的“雪莲湾风情系列”和“平原系列”小说，通过对冀东平原人们生活状态的描写，表达了他对这片土地的血浓于水的深厚感情。如作品中频频出现的浩荡奔腾的大海、古老奇特的风俗，以及地方性语言的熟练运用等，形成了独特而浓郁的地域文化氛围。俗话说“一方水土养一方人”，关仁山的小说创作不可能离开生养他的那块土地，也不可能脱离对此地民俗风情的描写。作者曾多次提到算命先生说他“命里喜水”“利于见海河”，所以他从未离开过海。他的作品中除了描写河、海，也常常会出现神秘莫测的阴阳先生，如《秋殇》《躁潮》等。在《白纸门》中“红海藻”一节里，作家开篇就写道：“这年月谁不迷信谁头疼。疙瘩爷刚刚让算命先生‘十三咳’算了一个凶卦，回头就应验了。”作品中的人物都无形中受到命运的摆布和主宰，如大鱼不管怎样努力奋斗，都得不到麦家人及蛤蟆滩村人对他的尊重。此外，文中还有诸如黄大船师坐化为舍利子等历史传说以及神秘意识的展示。他笔下的人物特别是某些悲剧主人公的性格也与燕赵祖先的“慷慨悲歌”有着极大的相似之处：都具有舍生取义、血气方刚、勇猛彪悍、无所畏惧等特征。如当老扁看到孩子们用枪捕杀海狗时，义无反顾地扑向了枪口；黄老船师为了尊严和正义而慷慨自焚……如此种种无一不让我们感受到冀东地缘文化与地理环境、人文历史相互交织，和谐一致，共同建构的关仁山文学创作的精神家园。

作为一个富有创造力的作家，关仁山把冀东作为一个独具特色的世界，作为一个独立的文化系统去加以解读和再现，这就使他的作品常常与更多的文化领域——文化人类学、哲学、宗教、历史地理学、伦理学等产生交叉和渗透，使文本充溢着一种问题意识视域和理性思索深度，蕴藏着丰富的可阐释的空间。从 20 世纪 80 年代的“传奇系列”到 90 年代前期的“雪莲湾风情系列”再到 90 年代后期的“平原系列”等小说，每一阶段都有精品出现。如“传奇系列”中的《魔幻处女海》《胭脂稻传奇》，“雪莲湾风情系列”中的《苦雪》《红旱船》《白纸门》，“平原系列”中的《大雪无乡》《天高地厚》《麦河》等，都表现出了他独特的审美能力和创造能力。

第三节 沉重的厚土 深切的情怀

文学是人学，文学研究的生态视角其实就是研究人与自然的关系。“乡土小说”的“乡土”是最富有生态学意蕴的。生长在“乡土”中的人，无论以哪种生命形式存在，都难以摆脱人与自然的关系，都深受地缘与血缘的维系。“血缘是稳定的力量。在稳定的社会中，地缘不过是血缘的投影，不分离的。‘生于斯，死于斯’把人和地的因缘固定了。生，也就是血，决定了他的地。”①传统文化中的中华民族生活在稳定的农耕文明中，对“自然”“土地”有着天然的亲和与依附。中国当代作家大多来自乡土世界，那里人与自然、人与社会之间独特的联系成为他们永久的乡土文化记忆，也积淀着他们重要的人生经验和文化血缘联系。后来有的作家离开故土寓居城市，离开了这些熟悉的经验和文化，从而成为在肉体和精神上双重的漂泊者。尽管他们已经无法回归故土，但是他们那种失去乡土之根的感觉会一直缠绕在心头。茅盾在《小说研究ABC》中较为详细地论述了作家与故土之间的关系：“人物有个性，地方也有个性，通常称之曰‘地方色彩’。一位作家先须用极大的努力去认明他所要写的地方的‘地方色彩’。”“故乡的环境——即其风土情调——无论怎样都要反射到作家的胸中”。②可见，故乡的风土人情、文化传统必定会对作家的创作产生重要的影响。

人类的生存根基是土地，土地是生命获得存在的可能性的前提。土地为人类提供了生命支撑，人类是大地之子。而土地对以农耕为主的国家来说是经济发展的命脉，更是农民的命根。农民的生命价值是与土地的价值紧紧联系在一起的。农民对于土地的概念不会因为时代的变迁而改变。当下时代，土地问题

① 费孝通：《乡土中国》，上海人民出版社2006年版，第58页。

② 吴福辉：《二十世纪中国小说理论资料》第三卷，北京大学出版社1997年版，第56页。

仍是中国农村最为关键的问题。对于具有现实主义精神和“乡土情怀”的作家关仁山来说，当然会把土地问题作为其作品的聚焦点，他曾说：“一是我对乡土，对农民的苦难与疼痛有切身的体验。我是农民出身，农民的儿子，我母亲现在还是农民，虽说进城和我一起生活，我是省作协专业作家，但我还住在县城，叔叔们种地，我母亲的地也是叔叔们代种，和村里有千丝万缕的联系。农民的苦难，他们想什么，我有很真切的了解，第一个触动我的，就是生活本身。再一个是文坛现状，作品要由对农民有感情的人来写。”①由于长期的农民生活的经历，使其对农民生活的艰辛有切身的体会，也使他始终割舍不断与乡土的血肉联系。其小说创作初衷就是源于对土地的深情，对农民苦难的切身感受以及对当下文坛创作与土地背离的不满。作家浩然曾经勉励他：“作为一个乡土作家，一定要深入生活，为农民写作，冀东平原的农村非常有典型性，既有东北农村的特征，也有河北、山东一带农村的特点。写好冀东平原的农民也就是写好了中国农村的农民。”②关仁山的大部分作品都表达了一个共同的主题，那就是当下社会城镇化、工业化迅速发展过程中农民焦灼的精神状态和情感世界，反映了在农村改革进程中农民面临的困境以及被忽视的伤害和痛苦，充分体现了作者对家乡和土地的深厚感情，散发着浓郁的乡土情结。

从《大雪无乡》《九月还乡》《天壤》到《平原上的舞蹈》《红月亮照常升起》《农民》，我们可以发现一条主线：承包土地—离开土地—回归土地，从中透视出了农民的人格精神和价值观念的变迁。正如作家贾平凹的描述：“这里（棣花街）没有矿藏，没有工业，有限的土地在极度地发挥了它的潜力后，粮食产量不再提高，而化肥、农药、种子以及各种各样的税费迅速上涨，农村又成了一切社会压力的泄洪池。体制对治理发生了松弛，旧的东西稀里哗啦地没了，像泼去的水，新的东西迟迟没再来，来了也抓不住，四面八方的风方向不定地吹，农民是一群鸡，羽毛翻皱，脚步趔趄，无所适从，他们无法再守住土地，他们一步一步从土地上出走，虽然他们是土命，把树和草拔起来又抖净了根须上的土栽在哪儿都是难活。”③可以说贾平凹先生说的这种情况在当下农村

① 关仁山：《唱一曲严峻的乡村牧歌》，《文艺报》，1997年9月23日。

② 同上。

③ 贾平凹：《秦腔・后记》，作家出版社2005年版。

较具有普遍性。关仁山长达47万字的长篇小说《天高地厚》，全景式真实地记录了我国近30年来农村的一系列变革，展现了中国当代农民命运和精神历程。其以深沉的主题内涵、多彩的生活画面、鲜活的人物形象和淳朴的乡土风情引起了文坛内外的广泛关注，被评论界认为颇有柳青《创业史》的风韵。《天高地厚》的后记中这样写道："农民可以不管文学，但是文学永远不能不关心农民的命运。""靠鲜活的生活之流，书写农民的命运史，这是我心中一个永久的理想。"[①]小说从20世纪70年代初华北冀东平原上具有丰厚的历史传承和瑰丽风土人情的蝙蝠村全村逃荒写起，通过描述鲍、荣、梁三个家族的升降沉浮、盛衰进退以及三代农民悲欢离合的坎坷人生，展现了十一届三中全会以来中国农村改革的风云巨变，如实地描写了中国农民在时代变革的浪潮下求生存、求发展的坚韧意志，赞美了他们面对挫败与困窘表现出的自强不息的奋斗精神，表达了作家对这一变革的深切反思和对今后中国农村社会发展的深沉思考，使作品显得格外厚重。

小说的主要人物之一荣汉俊，是中国农村改革进程中旧式农民向新式农民转型的代表人物。在青年时代曾是蝙蝠村的生产队副队长兼民兵连长，乘改革开放的春风脱颖而出，成了显赫一时、说一不二的村支书，受到乡里、县里的器重。他也是得风气之先，是村里第一批富起来的领军人物，是财力雄厚的乡镇企业家，是省劳模。他曾经因种"黑地"被判入狱八年，平反后，迸发出了被压抑已久的生存的智慧和力量。他第一个走出蝙蝠村去外面的世界闯荡，增长了见识，开阔了眼界，回乡办起了第一个加工企业——汉俊皮包厂，开始财富的积累。荣汉俊的人生哲学是："男人要想活出个人样儿，就得有权有势，权势还要有财力作后盾。"他机变狡诈、冷酷精明、善于谋划、工于心计。在奋斗历程中似乎每一步都伴随着他的这个人生哲学。他利用醉鼓节为自己的企业大作宣传，从制作假冒伪劣皮包的汉俊皮包厂到创办红星轧钢厂，再到兴办红星工商公司，一路下来，生意越做越大，他排除异己、打击种粮大户，贿赂领导干部。为了达到目的，不惜出卖女儿的色相去讨好冯经理。就这样，他用尽心机、不择手段，先捞钱，再搞权，最后权钱并用，当上了村支书、省劳模

① 关仁山：《天高地厚·后记》，河北教育出版社2008年版。

和财大气粗的企业家，一步一步实现着自己的人生目标。读者能够感觉到作家对荣汉俊这样的所谓的“乡土政治家”和“经济强人”的态度是复杂的。满怀着同情描写了他最早起来与农村极“左”政策进行抗争、大胆追求爱情、作为农村改革先行者的过去，肯定了他开拓进取、敢于创新、敢于拼搏的一面，又带着道德评判的义愤，鞭挞了他在个人感情处理上和创造财富时不择手段的卑鄙与残忍以及他身上所具有的小农意识的劣根性。

19世纪末20世纪初，庸俗化的物质至上观念促使一些人为了追求物质欲望最大化，不惜牺牲亲情、爱情、友情甚至生命。人与人之间缺乏诚信，现代社会中人性的虚伪和庸俗暴露无遗。工业文明高度发达为人们提供了丰富的物质需求，但却使人的精神需要处于饥饿状态。马尔库塞认为：现代西方社会的精神病态就是出自爱的缺乏，高度的物质文明挤压了人的精神生存空间，带来了人的精神生活的极度压抑与空乏，以及痛失家园与爱的失却的悲凉感。人类社会的生态问题与工业革命和现代化进程的加剧密切相关。中国的城市化进程一方面冲击着传统自给自足的乡村田园经济，使城乡对立日益加剧，另一方面伴随着物质财富的不断扩张、物欲横流和人性的异化，乡土世界不断地金钱化、物质化，使乡土中国传统中的诗情画意荡然无存。生态审美主义认为人与自然、人与社会、人与人之间的爱是人类文明的重要内容，人类要想更好地生存在这个世界上，就需要一个充满爱意、知足、健康、平等的心。并努力让内在的精神战胜外在的欲望，从而构建一个人与人、人与自我、人与自然和谐的生态社会。在荣汉俊这个人物身上集中体现了改革的新机运与生活的旧形态的交错，时代的发展与人性的提升的失衡，真爱的追求与物欲的贪婪的冲突。然而，尽管这个人物身上表现出招人嫌恶的某些品性，但是如果我们从历史发展的角度来评价他，不得不承认他算是 个不可多得的机敏而有魄力的时代弄潮儿。正是这个人物的丰富复杂的性格内涵，凝聚了中国农村改革和社会发展的全部复杂性。作者在对历史批判、现实批判和欲望批判等层面显示了自己的明确立场，人类社会的每一次进步并非完全是善的胜利，历史进程往往也会有悖于人类的伦理指向，是以毁灭传统文明中的自在和谐、淳朴宁静的人文主义荒野美学价值为代价的。关仁山曾说：“当月亮升起来的时候，我们常常看到它的残缺。农村改革解放了生产力，可是乡村又不断出现干群矛盾激化、产销失衡、打白条子、盲目引资、资源浪费、新的浮夸现象以及出国热、进城热等，为社会提出各种难题。我们茫然，无法理解它，但要正确把握它。这些严峻的问题并不能剪断我们的乡村情结，谁也无法否认，乡村正在发生着巨大的变革。我们还是发现弯曲绵长的乡路上开满鲜花，把对土地的深情歌唱还给乡土。乡土的新故事酝酿着新的生命力，乡村温情的童话展现在自然的怀抱中。农民的淳朴、坚韧，乡村变迁的脚步声，虽然充满悲悯的情调，但是人与土地的美好品质熠熠生辉。”①

比起荣汉俊这一类带着中国农村传统社会旧痕的人物来，《天高地厚》把更多的希望和同情投向了改革浪潮中农村新一代农民身上，如鲍真、梁双牙、梁炜等。作品中的年轻一代进步农民的典型代表人物是鲍真。她是荣汉俊的私生女，但从未得到过荣家的承认，是倔强能干的单亲母亲鲍月芝把她一手拉扯大。在蝙蝠村，她始终是普通村民的身份，荣汉俊的权势没有给她带来任何影响。鲍真高考落榜后进城打工，当保姆、做股票，经过一定的历练，手里有了资金后，回乡开拓自己的理想事业。她开垦荒地，办奶牛场、酱菜厂，在水稻田里养蟹，承包棉田，经过一系列的努力后，有成功，也有挫败，但是她愈挫愈勇，越干越有经验。积累了一定的经验和雄厚的资金后，她没有故步自封、小富即安，而是又搞起了生态农业，创办起了农民经济人协会。她不辞辛苦地闯北京市场，创自己的农产品品牌。此外，她还参与村镇政权建设，当过村长助理和土地管理员，竞选过村长，积极参与推倒“空心村”的工作，等等。这一连串让人眼花缭乱的经历背后，透露出的是新一代农民激发、释放创造潜能，寻找既适合自己又能适应社会的人生道路，他们以自己的实践推动了改革的进程。但同时，鲍真们谋生的艰难和经营方式的不断改变，也折射着中国农村存在落后的旧习惯、狭隘的偏见，反映了农村社会的新生力量在奔突、奋争中不懈地寻求出路的努力。对于鲍真等新生代农村青年来说，他们求索奋斗的精神是属于未来的，从他们身上我们看到了一片孕育着蓬勃生机的厚土，一片高远辽阔的天空，一排葱茏抽绿的远树，一群洒下爽朗哨音而高翔的鸽子。虽然在他们身上，也能感受到历史负累的沉重、现实人生的艰辛、农民处境的无奈，

① 关仁山：《唱一曲严峻的乡村牧歌》，《文艺报》，1997年9月23日。

但更真切、更强烈地吸引读者的是农村青年新生代寻路的执着、探索的大胆、志趣的高远以及从中透露出来的中国农村社会发展和人的发展的新希望。”①

此外，在作品中关仁山有意将人与人之间的脉脉温情和浓浓爱意贯穿在他所构建的地域写作中。无论是人与人之间充满关爱与温暖的行为，人与自然的和谐共处，还是新一代农民的健康人性，这些总是能够表现出超出事物本身的价值，他们承载了历史和现实的意义，使我们看到作家流露出对工业文明挤压下异化的人性理应寻找复归之路的渴盼。随着工业文明的发展，金钱与权力成为衡量成功的标准，人与人之间关系变得越来越淡漠，逐渐丧失了精神追求。作为一位有着强烈历史责任感的作家，关仁山对此痛心不已，不断思索着如何摆脱生存困境。在乡土文化中找到的平静和安宁，也给了作者创作的力量和灵感。他将冀东人民在日常生活中的热情、友好和爱意进行艺术的再创作，在追求日常生活的意义中构建人与人之间充满爱意的和谐的关系。就如关仁山所说：“我们河北冀东平原时常被缥缥渺渺的雾所笼罩，在浓雾里触摸我们的土地，在浓雾里探寻父老乡亲的心灵，我感觉浓雾里的平原和人就有了文学需要的质感和味道。”②

《天高地厚》中的故事设置时间跨度长，空间跨度大，涉及政治、历史、民俗等多个层面，爱恨情仇、生死恩怨，情结错综复杂，冲突横生裂变，作家抓住了转型时期农民的情感生活、人性的变化，这些变化往往给人以更隐秘的震撼。小说不仅写出了农村现实的严峻性，也写出了社会主义新农村的广阔发展前景，从而给人以希望和信心。作者曾说：“我们的文学应该是鼓舞人，给人展示美好的东西。改革的火热和经济的飞速发展激发着人民群众的创造力，也同样感染着我们。从更高的视点去考察现实的矛盾和冲突，来强化文学的功能。”③关仁山善于从农村发展的人视野中观照农业发展的宏阔远景，既写出农村现在的真实境况，也指明现实转化成理想的途径。正如普列汉诺夫所说：“文

① 曾镇南：《秀出的青枝奋争的精灵——评关仁山〈天高地厚〉》，《小说评论》，2003年第5期。

② 路侃：《乡土小说的新佳作》，《中华读书报》，2003 年1月29日。

③ 关仁山：《唱一曲严峻的乡村牧歌》，《文艺报》，1997年9月23日。

学要能够更充分地表现出他那个时代社会的或者精神的需要或憧憬。”[①]未来的中国农村，必定是鲍真、梁双牙、梁炜们的。在这些新一代农民身上正焕发着建设社会主义新农村的勃勃生机，也透射了关仁山对新一代农民的天高地厚情。正如作者所说：“乡村正在发生着巨大变革。我们发现弯曲绵长的乡路上开满鲜花，乡土的新故事酝酿着新的生命。”[②]这是作者对人与自然和谐共处的生命之歌、人性之歌的追寻，展示了一种阔大的、庄严的、浑厚而又不失浪漫的乡土叙事的诗性美学，流露出现代意义上的生态美学情怀。

第四节　家园的固守　精神的皈依

关仁山始终密切地关注着中国乡土上的变迁，始终以极大的热情和激情对中国的乡土现实进行书写。《麦河》是关仁山经过多年的生活积累，历经四年的倾力打造，通过精心的构思和对主题深入的开掘，创作出的一部观照农村、土地和农民现实问题的大书，是一曲献给土地的深情的颂歌，被认为是关仁山具有转折意义的力作。作品以流淌于冀东平原的麦河（亦称滦河）两岸的鹦鹉村为背景，不仅以宏大的笔触描写了中国乡村土地上近百年来的变迁，农村土地流转政策下农村和农民所经历的苦痛、迷惘、挣扎、探索、奋争的嬗变轨迹，描绘了中国北方乡村的风俗画卷，同时还精心塑造了一系列富有新时代精神的农民形象，丰富和发展了中国文学史的人物形象画廊。

一、与生态文化传统的精神契合

一直以来，在各民族的传统生态智慧中都有关于对自然生命的保护、对大地的感恩以及对万物生命一体的情感诉求，这些渗透在本族群的神话传说和风

---

① 普列汉诺夫：《论西欧文学》，人民文学出版社1957年版，第122页。

② 关仁山：《唱一曲严峻的乡村牧歌》，《文艺报》，1997年9月23日。

俗文化中。这些原生态的敬畏生命的智慧与他们在大地上的生存方式和生存经验结合在一起，不仅有效地约束了他们的行为，也使他们对世代生存的土地充满了家园情怀。在中国的传统文化中，儒家偏于世功，道家偏于精神，儒道互补是中国文人秉承的文化心理结构的稳定模式。尤其是道家对自然和生命的看法和态度直接影响了中国文人的文化心态。自然是道家哲学思想的核心，崇尚自然，强调人与自然的同契性，以自然为主体的“天人合一”思想是道家文化的一个根本出发点。老子提出的“人法地，地法天，天法道，道法自然”，包含着一定的生态价值因素。效法自然并顺应自然规律，才能保持人性的纯正和健全。人在天地自然面前是渺小的，人的生命是有限的，而自然生命是恒久的，生生不息的，个体生命只有与天地精神融为一体才能展示其丰盈和不朽。庄子进一步发展了老子的思想，认为要想达到“天地与我并生，万物与我合一”的境界，不仅要遵循自然天道，使人的生命律动与自然相契合，更要做到超利害、齐物我、等生死、泯是非，在虚静中同自然物化，在淡泊中心与物同游，从而获得精神的逍遥和生命的自在。他追求“当是时也，山无蹊隧，泽无舟梁；万物群生，连属其乡；禽兽成群，草木遂长。是故禽兽可系羁而游，鸟鹊之巢可攀援而窥。夫至德之世，同与禽兽居，族与万物并”的人与自然和谐相处的理想境界。道家的“天人合一”理念为中国文人生命哲学的建构提供了一种内在的文化心理动因。关仁山在营造他的文学世界时，就吸纳了道家文化中的养料。他在《麦河》题记中就写道：“天地与我并生，万物与我唯一。”小说的标题“麦河”是一个贯穿全文的具有独特象征意味的意象。“麦河”，就是滦河，“它流经金莲川草原，流向多伦，汇入河北冀东大地。古称濡水。发源于河北省丰宁县馒头山，由西向北流入沽源县，还称闪电河。流经锡林郭勒盟正蓝旗折向东，称上都河。入多伦县后，至查干敖包东黑风河自北汇合，始称滦河。经小菜园出境复入丰宁县。流经承德地区，经潘家口穿长城入唐山地区，又经迁西、迁安、卢龙、滦县、昌黎、滦南、乐亭七县。从老河口流入渤海。滦河还有几条支流，羊肠子河、黑风河、蛇皮河。”[1]这里曾经是天光云影，一片浩渺。“河水有时清明如镜，有时波浪滔天，皆因地势起伏。云彩变化多端，霞光照耀河

① 关仁山：《麦河》，作家出版社2010年版，第43页。

水一片辉煌。河水清亮柔软，泡在里面非常舒服。夏秋季节，岸边水车就响了，吱吱呀呀，清水就流淌进地垄沟里。”麦河两岸有“紫槐、旱柳、沙榆、云杉和山丁子，树棵儿里常常有野兔、黄鼠、野鸡奔跑……”[①]。在小说中，刚刚从学校回到庄稼地里的曹双羊不甘心一辈子守着固有的土地，在下定决心之后，在白立国的陪伴下，两人走了几天的路程来到了麦河的源头。曹双羊曾听说麦河源头有一个泉眼儿，叫白井子，有一棵老树叫老菩提，还有一座香火旺盛的破庙，所以他总想象那块圣地，想去朝圣，为自己开煤矿图个吉利。白立国小时候和他爹去过麦河源头，那时候他还没瞎，他只知道：不知为啥，村里人想干大事，都要探一探河的源头。其实这是对民族地域文化源头的追寻，更是地域精神发源的源流。“麦河”是人们的根，植根于此，寻根于此。因此，“麦河探源”不单单是寻找麦河的源头，更是寻找自己的根，寻找本土文化的源头。“麦河”的变迁和人们的精神及社会动荡关系密切，并形成了鲜明的对照。麦河的改道意味着家庭联产承包责任制将被“土地流转”所取代的重大历史变迁，显示了 20 世纪以来工业文明浪潮对传统农村带来的巨大冲击。农村传统经济的转型，打破了原本安逸的田园生活，也躁动了原本安逸的村民的心。农民对失去土地的失落与痛苦以及对回归田园的渴望被物质主义社会的喧哗所淹没。失去了土地，就失去了家园，也失去了自己的“根”，土地流转后的农民既不属于乡村，也不属于城市，这是在特殊的时代环境下自我与“地方”的错位。小说中的“麦地”“麦子”“麦穗”都是某种隐喻，代表了某种精神性的存在。麦子养育了华夏五千年的农耕文明，可在麦地上生存却如此的艰难，正是作者对土地与生存以及人的精神性与生命的自然性之间彼此互渗关系的思考。

在小说的最后，桃儿向祖先祈祷的时候喃喃地说：“祖宗啊，让我在土地上怀上我们的孩子，也许就叫天人合一吧？”[②]中国传统文化培养了人的精神感应能力，也氤氲了人的审美态度。中国文学一直执着坚守“天人合一”的理想境界，崇尚自然、强调自然与人的和谐统一也是生态批评的核心命题。关仁山在《麦河》中深刻反映对道家文化传统的崇尚，丰富了作品的思想深度和哲

---

① 关仁山：《麦河》，作家出版社2010年版，第9页。

② 同上，第519页。

学维度，也体现了关仁山对“天人合一”境界的向往和追求。

二、自然意象的生态美学意蕴

文学自诞生之日起便与自然产生了难解难分、彼此交融的关系。古往今来众多文学家都热衷于描写自然，借自然意象或获取灵感，或抒发情感，或寄托情怀。朴素淡远的山水田园成为他们想象的艺术空间，也是很多文学家借以逃避尘世喧嚣的灵魂寄居地，更是他们文学生命的重要构成。而对于身处现代社会的知识分子来说，创作贴近自然、呵护本心的作品，既是他们对人与自然、人与社会关系的现代价值的一种思考，也是对现代社会人性与自然性、社会性的体察；既表达了他们的浪漫主义情怀，又体现了他们对人与自然和谐共处的文化追求。在他们的作品中，“自然”不仅仅是人物活动和故事展开的空间场域，更是角色无法回避的生存境遇和具有审美特质的空间向度，体现了其具有时代性的生态审美价值。

“文学是人学，写动物不过是从别一样的角度表现人。”[①]神鹰“虎子”是《麦河》中非常重要的一个烘托型意象。“虎子”是曹家长期驯养后由曹双羊的姐姐曹凤莲送给白立国的一只百岁老苍鹰。这只苍鹰，不仅仅是瞎子白立国的眼线，它还能够预见未来，作者在文中写道：“我感觉天上的飞禽都是神灵的使者。”神鹰“虎子”不同寻常、神秘莫测，它身上有一种神奇的、让人着魔的东西。神鹰“虎子”先后被三个主人收养，它看到了世间最常见的悲欢离合，它虽然不是人，但是被赋予了人的特点。更加神奇的是，“虎子”曾经在 40 岁和 70 岁时完成了两次涅槃式的蜕变，使它摆脱老迈、迟钝，不仅重新焕发精神恢复力量，而且能用特殊的语言同它的主人进行交流，成为白立国的助手。最后却被送给了上海的一个商人的孩子，从此“虎子”开始了自己具有传奇性的漫长的“回家”之旅。作者通过“梦境”描写了它从遥远的上海飞回麦河所经历的种种艰难困苦，它站在岩石上的喘息、长啸和伤痕累累都曾在白立国的梦中出现，而白立国的幻觉往往就是现实，于是形成了“幻即是真”“真即是幻”的魔幻特征。众所周知，人虽然与自然界中的其他动物不同，但不管

---

① 朱宝荣：《动物形象——小说研究中不应忽视的一隅》，《文艺理论与批评》，2005年第1期。

人类怎么进化，他到底还是“高级动物”，这就使人与动物之间有很多共通之处。人性与动物性之间有互动、交汇、碰撞。在“虎子”孤独的飞翔中，关仁山以抒情的笔致写出了曹双羊与“虎子”的共通点：“他跟虎子一样孤独。我有一个共同发现，孤独是他们的生活常态，这一切都来自他们内心的高傲和强悍。我突然间理解了双羊，他的每一天都像虎子的处境，每时每刻都在搏击。敢于搏击的人，都是勇士，都是英雄啊！英雄们总是希望把凡人的灵魂领到远方，他不管人的肉体能不能走到那里。”[①]自此曹双羊的形象与“虎子”的形象形成了同构。“虎子”回家路上飞翔的时候，嘴里竟然还叼着麦穗，“虎子不怕死，但是它现在不想死。它非要找到我，找到故乡麦河。它嘶叫了一声飞过了黄河，创造了新的奇迹”[②]。这既是写鹰，也是写曹双羊，“他像虎子一样从土地上起飞，那是虎子借双羊还了魂。双羊的生命在冲刺，像虎子一样，没有结果，只要速度。土地神连安都看着他呢，连安会用他的麦穗在土地上刻下他挣扎、苦斗和思索的脚印”[③]。“虎子”就是农民企业家、农民的先锋、农民的探险者、农民的英雄——曹双羊的精魂。小说终章的“铸魂”，既是对“虎子”的怀念，更是对麦河地区人们精神的致敬。“雏鹰一声长鸣，呼啦啦，一时间飞来许多苍鹰。树杈、河滩、墓地，落满了黑压压的苍鹰。没有叼麦穗的苍鹰，却有一只凶猛的苍鹰从半空中俯冲下来，落在铸魂碑上，傲视着人们。”[④]它亲眼见证了发生在麦河的一切。作者寓言式地表达了人性与兽性、生与死、人类与自然终极命运的思考，尤其是年迈的“虎子”为了归根麦河与命运和困境所做的搏杀，更是惊心动魄。作者以这样的意象扩充了作品的艺术内涵、思想内涵和象征能指，以动物审美的笔触探讨了人与动物更深层次的关系，大大强化了文本的艺术震撼力。

小说中另一个重要的烘托型意象就是“麦香”。“麦香”在这里具有一种积极、健康、向上的意蕴。在作品中，曹双羊和桃儿的爱情一开始是散发着“麦香”的健康而纯洁的情感，作者对其是倾注了真挚感情的。白立国的初恋曹凤

---

① 关仁山：《麦河》，作家出版社2010年版，第504页。

② 同上，第507页。

③ 同上，第518页。

④ 同上，第343页

莲作为一个中国乡土农村中善良美好的女性形象，她身上也是有“麦香”的，直到曹凤莲生命的最后，她身上始终飘荡着令人心动的“麦香”。“好女人都有麦子的香味。”[①]这喻示着人们对乡土生活的善良美好等优秀品质的坚守。淳朴善良的曹老大去世的时候也散发着“麦香”。“麦香”笼罩下的传统乡村，人们是淳朴、善良的。可是当人们一步步从传统的乡村生活中走出来的时候，身上的“麦香”就一点点消失了，同时人们身上善良的品质也一点点地消失了。与之相对的是城市所带来的污浊。“在麦河一带有个说法，哪家女人红杏出墙了，在外堕落了，她身上就有螃蟹的腥味儿。”[②]为了给母亲治病，到城市打工，生活的沉重，使这个可爱善良的女孩变得堕落，最终成为卖淫女。失足的桃儿在被城市的物欲所包围的时候，身上的“麦香”逐渐消失，继而发出的是令人作呕的“蟹味”。当她濒死被救后，开始了自己的精神救赎之路，在逐渐找回自己曾经丢失的美好品质之后，身上重新又出现了“麦香”。另外一个沦为卖淫女的麦圈子，身上总是散发着“蟹味”。曹双羊失去了农民的善良与质朴的时候，白立国也能从他身上闻到螃蟹味。本来具有麦香的麦河土地在被污染后也散发着“蟹味”。“麦香”和“蟹味”都是自然意象，从生态主义角度看，关仁山通过这种具有象征意味的书写，把外在的气味的改变，内化为事物本质的变化，把自然与人性道德融为一体，不仅歌颂了自然之美、善良的人性之美，也丰富了作品的精神意蕴，体现了自然生态与精神生态的完美契合。

在生态批评看来，自然意象的生成与作家的自然观是密不可分的，作家对自然的态度决定了文本的自然面貌。大自然与孕育其间的人情、人性和道德是一种异质同构的关系，自然与人的灵魂是息息相通的，人与自然在生命层次上是合一的。人来自自然，终欲回归自然。就如小说中写到的“上苍创造了那么多生灵，都是天地间和谐的音符”[③]。“麦河”，就是人与自然无我无碍的灵魂栖居地。这里人与自然既和谐亲近，又互衬美好，仿佛二者浑然天成；这里既荡漾着生活的情趣，又包含着一定的生态美学意蕴。作者热爱自然的生态哲学思想跃然纸上。

---

① 关仁山：《麦河》，作家出版社2010年版，第49页。

② 同上，第54页。

③ 同上，第513页。

三、“神性”乡土的美学构建

展现民俗风情、彰显地域色彩、追寻本土文化，是新乡土小说的一个重要内容，也是关仁山小说在本土文化的演绎中显示出的一种与众不同的特质。《麦河》除了在艺术手法、叙述视角、语言风格等方面都令人耳目一新之外，对冀东俗风、俗情、俗景的描写，体现了地域乡土文化的魅力。有论者认为：“关仁山是作家版的百变金刚，他每部长篇问世，都给人带来新的艺术面目的审美体验。《麦河》的叙述方式是令人吃惊的，迥然有别于我们见识过的所有乡土小说；讲述人和苍鹰的设计更令人难以预料，其书写需要洞察力和想象力。这是一部乡村寓言，带有神性的观照，照亮了村落的历史、现实和未来；又是一部乡村纪实，记载了农人们年年月月、日日夜夜的希冀与奋斗；也是一部乡村抒情史诗，字里行间饱蘸着作者对河流、土地和乡亲诉不尽的眷恋与深情。”①

生态伦理学认为，由于人类中心主义思想导致人类把自己看作是自然的主宰，对自然缺乏敬畏心理，从而造成了生态危机。要想重建人与自然之间的和谐关系就要重新敬畏自然的神性。而中国的民间文化中的泛神思想及贵生观念是中国文学生态意识的源头之一。中国有着五千年的农耕文明史，中国的乡村有着奇特的民间文化史和独特的地域民俗风貌，有着充满神秘色彩的历史传说、风水、占卜等民间信仰和传统的佛道鬼神观念，且以人们的集体意识而存在。尤其是近现代以来，延续了几千年的农业文明渐趋衰落，乡土文化传统的基本框架坍塌，宗法伦理制度被消解。价值失序下的伦理重建指向了农村经济转型下个人命运的动荡。新旧世纪社会转型期的乡土小说中神性的“返魅”，体现了知识分子在新世纪人文精神空间中对“人性”与“神性”的寻绎，是在普世关怀与精神信仰、感性触摸与理性认知之间的审美观照以及灵魂的救赎。乡土小说中对“神性”的“返魅”不仅使文本具有了民俗学价值和意义，也散发着浪漫主义的理想主义气息，丰富了乡土文学的哲学维度，参与了“神性乡土”的美学构建。因此，当代的乡土小说作家笔下呈现出一个个充满地域风情和传奇色彩的乡土世界。寻找契合现实的立足点，从民间传统文化资源中获取独树

---

① 胡平:《关仁山长篇新作〈日头〉: 乡村叙事的思想力量》, 中国作家网 http://www.chinawriter.com.cn 2014年10月15日。

一帜的艺术体验，成了中国作家在自然书写中的普遍追求。如扎西达娃、韩少功、莫言等人的作品，都将笔触伸向神秘的地域文化，构建艺术世界中的“故乡”，体现出了自然生命形态与传统生活方式的循环往复。

受西方现代派作品的启示，关仁山把冀东地区的相术、卜筮等神秘的氛围融入作品，赋予作品一种神秘性与奇异性。在小说《麦河》中，对麦河地区神秘莫测的民俗的描写侧重于精神方面，这种民俗描写包括民间信仰、禁忌、巫术等。特别是对本土辟邪巫术的独特描写，让我们看到了在中国传统文化影响下的“神性”世界与现实存在的互相渗透。如一片片金黄色的麦子、氤氲在整个麦河流域的麦香、掌管一方天地的土地神“连安”以及梨花板鼓书艺人白立国和百年神鹰“虎子”都具有十分鲜明的神异色彩。费尔巴哈曾说：“人们并不是崇拜石头、动物、树木、河流本身，而只是崇拜它们里面的神灵，崇拜它们的精灵。”“人的生命和存在所依靠的东西，对于人来说，就是神。”①

鬼神信仰在人类历史进化过程中是普遍存在的，是科学蒙昧时期由于生存的艰难使人类本能地产生支配自然的雄心。“他们把自然物与自己等同，以形体意识、生命和灵魂把他们形象化、人格化、神话化……于是大量的民俗文化得以滋生，它成为民族血脉的标志。”②它既是一种独特的文化积淀，也是一种民间精神遗存。不论是在拉美国家，还是在历史悠久的中国，文学作品中都常常会有鬼神出现。在《百年孤独》中就有大量的鬼魂描写，如在死人国中的阿基拉尔感到寂寞了，就跑到活人的世界来。但是，拉美魔幻现实主义作品中的鬼魂书写体现了拉美大陆固有的世界观。他们坚信世界是二元的世界，即世界本身是一分为二的，一半是活人的世界，一半是死人的世界，两个世界是没有真正意义上的明确界限的。而中国文学中描写鬼神的作品，会受到不同地域历史、文化的影响，又从中国古代的唐传奇、志怪小说中汲取“魔幻”的因子，把自古以来民间对鬼魂的认识与想象结合在了一起，因此，带有鲜明的本土化特征。关仁山的《麦河》既受到了拉美魔幻现实主义的影响，又融入了本土民俗文化因子。他不是让魔幻世界和现实世界直接打通，而是通过一个具有神异功能的瞎子与坟前的泥塑对话来沟通鬼魂和活人的世界。小说关于在去世的人

① [德]费尔巴哈：《宗教的本质·六》，人民文学出版社1953年版，第39页。

② 黄铁：《新世纪乡土小说的生态批评》，中国出版集团东方出版中心2016版，第221页。

的坟头塑泥塑是这样描述的："我们鹦鹉村有个风俗，村里凡是有点德性的人死了，坟前都要塑一个泥像。用麦河滩的黑沙土搅拌上一些石灰，再加上死人的血，塑好后放在砖窑里焚烧，淬火炽烈，烧好的泥塑就坚硬无比。有人说血的气息如尘土。我们给死人取血是很讲究的。死人咽气的刹那间，血液还没有凝固，这个时候，用小锥子往死者的手指上轻轻一捅，血就流淌出来，流到一个白瓷碗里，一般人死后血只流到半碗，就自然凝固了，这点血就够用了。泥塑有我着迷的地方，我迷的是神，我是我的神，我早已把自己当神仙看了。"[①]通过在已经逝世的人的墓前雕塑泥塑，我们能够看到曾经的活人都在鬼那活着，并且活得有滋有味，仿佛比活人世界更真实。在一个纯粹的审美境界中使人重新获得了"通灵"的神性。这是一种独特的地域文化传统，这种文化构建起现代化发展过程中独特的民俗景观，既基于现实，又源于民间传说，魔幻而不失其真。这样既不损害作品的现实主义书写，也构成了与现实世界相关照的魔幻世界，更突出了中国传统民俗文化中所具有的对历史与现实、生命与死亡的特殊的感悟方式，深化了本土的"神性"文化色彩。

当代文学在对现代化反思中，民俗仪式开始了对神性土地的复魅，作家通过把民俗信仰注入日常生活，观照人们的心灵世界，从而使作品带有了自然神论色彩。《麦河》中还采用了把神话传说和民俗仪式结合的书写方式，着墨不多，却奠定了全文具有"神性色彩"的基础，勾勒出了"那方土地"的"神化"世界。如："女娲把黄土和成泥，然后捏成一个个男人和女人，捏好了，她就吹出一口仙气，于是，泥人就活脱脱有了生命。从那时起，人类就繁衍生息、传宗接代了。"[②]再如关于姑娘善庆的传说，作者在后记中提到，它是人世间的善的象征，是在现代化冲击下人们不该忘记的本源。文中的上鹦鹉村正是从善庆姑娘的传说中演变而来。麦河特有的"麦子仪式"也具有浓厚的民间神秘色彩，象征着在现代化冲击下对人们心灵的洗礼，是对于生命本源的回归。又如："我的故乡把地神叫'连安'。……传说'连安'有着非凡的神力。我们村里的'连安'像是用枣树雕的，因为这棵枣树有一支树杈无法锯掉，工匠就给他雕了一根拐杖，'连安'手里就多了一个'麦穗儿'。他想去哪里，把'麦穗儿'

① 关仁山：《麦河》，作家出版社2010年版，第29页。

② 同上，第256页。

往两腿间一夹，就像鹰一样飞去了。这根‘麦穗儿’有非凡的魔力。举个例证吧，有一年大旱，人们到土地庙祈雨，一道白光闪过，连安手里的‘麦穗儿’一挥，滂沱大雨就落下来了。”①还有关于麦河的神话：“说太阳和月亮是一对青年男女变的。那时候，大地黑咕隆咚的。为了替大地和人们寻找光明，他们两人走遍了天涯海角，最后飞上了天空，男青年变成了光芒万丈的太阳，女青年变成了温柔可爱的月亮。当人们抬头看月亮的时候，发现月亮上还有那些不太明亮的地方，朦朦胧胧，像是蒙着一层纱布。……当时天上的月亮太明亮了，亮得刺眼，热得人透不过气来。……又有一对青年男女立志兴利除弊。……女青年是位织布能手，她为月亮织了一幅美丽的丝锦，让男青年挂在箭上射到月亮上把它盖起来。”②这一系列具有神话传奇色彩的传说以其自然魅性给我们带来了某种精神世界的寄托，充满了自然生命的神性色彩。这些本土民间传说与信仰的描写，既借鉴了拉美魔幻现实主义对地域文化环境的描写，又迎合了自然与人文环境日趋恶化的时代背景，从深层文化机理表现了民间文化的厚重与复杂、生存的苦难与坚韧、人性善良与高贵。在一个“后现代”欲望主义、消费主义日渐浓郁的年代，人的精神世界日渐荒芜，心灵世界日显扭曲，生命如此脆弱。《麦河》通过对自然远古神话的再现，表现出的对民间宗教的肯定和推崇，以及对传统价值观流露出的依恋，为个体生存的脆弱留下些许安抚的温床，寻求一个精神的依托，使作品富有神秘、神圣、魅幻的感染力，从而与污浊的现实世界形成对照。

自 20 世纪 90 年代以来，中国的一些乡土作家的作品具有一个共同特征，他们不再执着于宏大的主题，而是着重描写中国乡土上的芸芸众生的生活和精神状态，流露出现实主义的写作倾向。而在关仁山的作品中体现出的是现实和“神性世界”的完美结合。他利用现代主义手法对神话、民间信仰、民族文化和地域文化等的描写，形成了别具一格的写作生态，构成了对当下乡村发展面临的人文生态困境的关照，这在《麦河》中表现得尤为集中。小说借助具有民间宗教信仰色彩的地域古老神话的复现，呈现出大自然的神秘性，流荡着对自然神性的虔敬转化为对人性善良的守护的感动，显示出独特的神性乡土美学意

① 关仁山：《麦河》，作家出版社2010年版，第285页。

② 同上，第289页。

韵。不仅丰富了文学的表现空间，也为认识和表达自然生态问题提供了崭新的文学叙事方式，丰富和拓宽了我们的文学视野。当然，关仁山乡土小说中带有“神性”的地域民俗文化的渗入不是民间风俗仪式的简单发掘和刻意追求自然神性的传奇描述，而是立足于知识分子对民间无常人生的恒常关怀，具有关照现代生存的哲理意味。它促进了新的乡土美学风格的形成，使乡土文本更具魅力和感染力。

四、土地崇拜与乡土挽歌

生态批评不仅对水资源、森林资源等遭受的破坏进行批判，还批判了现代化发展导致的土地资源的破坏。土地不仅是人类的衣食父母，是人类繁衍生息和社会发展的基础，更是农民活着的尊严。“土地”在民间是一种带有风俗仪式性的东西，它载物载德。所谓“吾土吾民”“生于斯长于斯”，都有着与“乡土”过从甚密之感。人类对土地有着本源的亲近。人类对土地的感恩是自然而真挚的。土地更是农民的“根”，也是麦河人们的精神皈依，更是全中国所有农民的灵魂依靠。作者在《麦河》中通过人物塑造多次直白地表达了这种情感。作品的主人公曹双羊是个有理想的农民，曾在决定弃农从商时，将麦河上鹦鹉村的泛香的泥土放在枕头中，并且一直带在身边。后来他说：“家乡的黑土，给了我财富，给了我自由啊！我曹双羊要做的，就是让祖先含笑九泉！”“土地不仅是财富的象征，也是农民的生存方式，自古以来就有着‘土生万物由来远，地载群伦自古尊’的土地崇拜理念。……土地就像神灵一样被农民世世代代敬仰着，土地在农民心中深深地扎下了根，人离不开土地。”[①] “人只有脚踩大地，才会力大无穷。”[②] “离开土地，背叛土地，就是死路一条，我们谁都不能离开土地啊！”[③]“土地还在，日子还在。”[④]“我感觉土地是滚烫的，宽厚的，温热的，麦茬儿残留着麦香。土地终于露出暗藏在背后的影子，让我

① 关仁山：《麦河》，作家出版社2010年版，第167页。
② 同上，第150页。
③ 同上，第510页。
④ 同上，第511页。

们感到所有的游魂都有了皈依。”[①]“归土是我们的造化。鹦鹉村的土地就是生命的来处，也是生命的去处。”“人哪，别管啥时候，都得有人守着土地。这是庄稼人的根儿，……走到哪儿不能拔了根儿啊！”“万物都归于泥土，这是先人的命，也是我们最后的命。”[②]狗儿爷也说：“土地，这狗日的土地，啥时候想起来心里都是沉甸甸的。”[③]小说的最后麦河立起了一块碑，叫“寻根铸魂碑”，“有了根脉，土地就不会荒芜，我们鹦鹉村人就能够世代永存！”[④]而“土地神”连安更是土地文化的象征，白立国是土地神派来的使者，“虎子”就是连安的化身，是他的魂魄。甚至“一个村庄无论大小，土地神都给调剂好了。一个村的人不能一律健全，好人坏人都得掺着来。我听说百人出个瞎子，千人出个瘸子，万人出个傻子”。[⑤]土地神管着一片地域上大大小小的事物，是人们的原始崇拜，是乡村人们的宗教。作品中通过祈求土地神来拯救曹双羊和桃儿这一情节非常富有象征意味。在麦河地区的人们的心中，一切都有连安的关照，坏人会受到惩罚和好人在阴间的幸福都是由于连安土地神的缘故。如在桃儿跳入麦河自尽并已经确认死亡的情况下，白立国用在麦河这片土地上凝聚人们智慧的梨花板，经过三天三夜不停歇的吟唱，将一个全新的桃儿救回了人间。通过这种方式表达了作者想要“重建土地崇拜”的理想。

在现代工业文明社会，可以说农民对土地的感情是十分复杂的。农民热爱土地，可是土地已经不能提供给他们富足的生活。在《麦河》中，多次表现了乡村环境受到污染和破坏的现实。原来麦河的水是甜的，可是现在麦河的“水被污染了，没法喝了，连洗个澡都会起一身红疙瘩”[⑥]。由于过度开采，煤矿挖通了地下河，出现了大透水，麦河土地上出现了天坑，一夜之间有一半水神秘消失，麦河出现了历史最低位。麦河百姓呼号道：“唉，作孽呀，这是老天爷对我们的惩罚哩！”[⑦]鹦鹉村的土地是香的，但不是所有的都香。由于土地

① 关仁山：《麦河》，作家出版社2010年版，第512页。
② 同上，第516页。
③ 同上，第117页。
④ 同上，第519页
⑤ 同上，第367页。
⑥ 同上，第34页。
⑦ 同上，第399页。

流转，村里只剩下了老弱病残，没有劳动力，土地粗放耕作，出现荒芜，甚至为了多打粮食，就更多地使用化肥、农药、除草剂来种植和管理，造成了耕地、水源和大气的污染，土质板结。有的“土地光用化肥，土地几乎没有味道了”[①]。白立国说：“我小的时候，冬天的风能把耳朵冻掉的，现在咋样？说这是温室气体排放造成的极端气候现象，飓风、洪水、暴雪、热浪等。你说，这往后人还咋活？”[②]在土地被“流转”之后，转香喊出“救救土地”的灵魂之声，象征性地表现了一代扎根在古老乡土的中国农民在面对时代的大变革时心灵所经受的冲击和动荡。其实作者是想借人物之口表达自己的心声：“对土地的掠夺，就是对母亲的掠夺，对祖先的掠夺，也是对子孙后代的掠夺啊！工业化进程，是一个远离土地的过程，同时也是糟蹋土地！将来我到哪里去？城市，那是我的根儿吗？国外？那是我的家吗？……从今往后，我们要养护土地，孝敬土地啊！”[③]“我们农民所负担的，更多是颓废和绝望，我们都是精神上的病人。”[④]

历史的脚步不会停歇，现代工业文明的发展诱惑着年轻一代的农民，他们渴望走上与祖辈不一样的人生轨迹。他们很多人穿着农民的“外衣”离开“土地”，走入城市，尽管伴随他们的是屈辱与磨难、挣扎与苦恼，但现代化发展意识的洪流毕竟冲开了他们思想的闸门，唤起了他们主动掌握自己命运的意识。当然也有一部分人带着这种“现代意识”回归土地、坚守土地，追寻自然生命与精神生命的融合，用灵魂和血泪重构乡村社会永恒的家园。这份家园依托感无疑闪耀着理想的星光。关仁山的小说创作始终密切关注变革下的农村发展动态，潜心探索新形势下农民精神状态的变化。20世纪90年代以来的新乡土小说对于农民形象的塑造，大多还都是带有传统印痕的旧式农民形象，而具有真正的现代意识的新型的农民形象却不多见。关仁山的《麦河》最突出的贡献是成功塑造了一系列在传统和现代夹缝中生存的新型农民形象，他们是灵魂与精神处于蜕变过程中的具有深邃人性内涵的形象。诸如回乡进行土地流转的

① 关仁山：《麦河》，作家出版社2010年版，第154页。

② 同上，第143页。

③ 同上，第401页。

④ 同上，第496页。

企业家曹双羊、乐亭大鼓书艺人瞎子白立国、命运坎坷的农村姑娘桃儿等。

叙述者“瞎子”白立国不是一个以卖艺为生的普通的说书艺人。虽然他看不见，却对鹦鹉村的人与事了如指掌；虽然他出身贫寒、孤苦伶仃，但他以自己的聪慧、学识、才艺和思想，成为村人尊敬的“仙人”。 他有与死魂交谈的特异功能，还通晓周易、擅长算卦，能预知世事人生。他是鹦鹉村历史发展进程中的参与者、见证者。他善良宽厚、正直清高、处事达观，具有宽容积极的人生态度，他不仅与曹双羊结成患难之交，还赢得了桃儿纯真的爱情。“他挚爱家乡、拥护改革、有谋有略，直接推动和促成了鹦鹉村的历史变革。”①他的“摸一摸我的天，亲一亲我的地”的土地大鼓书，沉郁、悲怆、激越，是一曲民间苦难生存的抗争悲歌，唤醒了人们的土地之情，坚定了挣扎在土地上的人们前行的信念，成为冀东平原上的时代主旋律，也成为整个小说的叙事主调。他是传统乡村精神的维护者和拯救者，被赋予了人性的光辉，是作者人道主义精神表达的寄托。作者通过这个人物，重建“人的神性维度，是为人的安身立命提供依据和法则，提供超验的精神导向，使人活得心安理得，活得宁静”②的乡土美学。

可以说在某种意义上白立国是“乡土文化”的精神象征。但是，毕竟他只是一个以唱乐亭大鼓为生的民间艺人，哪怕他唱的大鼓很受当地农民的欢迎，但也无法凭一己之力改变乡村没落的现实，哪怕他道德高尚，胸怀谋略，而且有神异之能，却也难以主宰农村变革的命运。于是作品着力刻画了主人公曹双羊的形象。他虽然来源于农村改革中的现实生活，但又不同于20世纪80年代改革小说中的人物形象。这位我们在时代改革大潮中常见的乡村“能人”，一方面是土地坚实的守护者，他的精神根脉深深地扎在了这片深厚的土地里。另一方面又有一种执着于乡土中国现代化道路探索的精神。他见多识广、能说会道，是一个有“狠劲”的人物。曾经和黑道的人用真刀真枪震慑过黑石沟的地痞，也曾经为了合股开矿出让了自己的情人桃儿，他的性格极其复杂。曹双羊的创业道路是艰辛而壮烈的。他穷则思变，投靠官员子弟合开煤矿，实现了原

---

① 段崇轩：《关仁山长篇小说〈麦河〉雕塑改革中的新农民形象》，《文艺报》，2010年08月30日。

② 刘晗：《乡土美学建构的三个维度》，《文艺报》，2005年7月14日。

始的资本积累；他创立“麦河道场”食品集团有限公司，挤垮多家同行，占领了大片方便面市场，个人财富不断增加。他趁农村实行流转土地的契机，兼并全村农民的土地，实现了农业的工业化和现代化。他推进全村的政治、经济、文化建设，使贫困的农民走向小康，成为一方土地的农民领袖。曹双羊确实有着不同凡响的气魄和胆略，他胆大、心硬、执拗，在创办企业、开拓市场、整顿管理、联盟官商等方面，常有惊人之举，不达目的绝不罢休。他的口头禅就是“老虎的屁股，球儿！”。同时他也守诚信、重情义，在处理亲人、朋友、乡民以及家庭、官场、商场等复杂关系中，表现出一种恢宏大气的胸怀。特别是作者所写的曹双羊身上发生的两次蜕变，具有重要意义且发人深思。第一次是煤矿意外发生瓦斯爆炸事故，面临理想破灭、财富丧失的沉重打击，好朋友白立国向他讲述了苍鹰“虎子”40岁再生的经历：已到中年的雄鹰，困居山洞，只喝泉水，自己拔掉羽毛和指甲换上一身新装，再次飞上蓝天。曹双羊听后受到极大震动和启发，最后通过努力走出困境，重新振兴了企业。第二次是曹双羊的企业逐渐发展壮大，他已经积累了上亿资产。有钱了，进城了，却出现了严重的精神危机，“患上了一种现代病。他身心被金钱牢牢控制，浑身难受，又对土地、远方和未来充满了想象，想尽情释放。他无法回避现世欲望，又想做出必要的抗争，抗争的力量不足，方向都很模糊。……无边的空虚冲击着他”[①]。于是开始出现了人生的迷茫，沉迷于灯红酒绿和赌博之中，找不到人生目标，他离土地越来越远，越来越陌生。白立国说：“曹双羊的魂儿丢了。”“这种心态是进步的异化。”[②]曹双羊也自责地说自己成了一条沦落的丧家犬，毁了家乡，丢了家园，再有钱，管蛋用？“土地在变，人也在变！”“土地在变，人和人之间的关系也在变哪……”[③]这里暴露了现代工商业发展追求的是物和利。在城市进程中，人们渐渐变得虚假、贪婪、丑恶，在拼命追求效率、金钱和物质享受的同时，人们的精神却出现了危机，人性产生了异化，体现了作者对资本和欲望使人性异化的批判。于是，这时候又是好朋友白立国向他讲述了苍鹰“虎子”80岁时的再一次新生：已是老年的苍鹰，蛰伏土窝，

① 关仁山：《麦河》，作家出版社2010年版，第144页。
② 同上。
③ 同上，第423页。

只吃泥土，三个月中伐毛洗髓，实现了又一次搏击长空。经过这一次蜕变后，它飞得更高，力量更大。“虎子的第二次蜕变更为惨烈。它没有飞到高高的山岩上筑巢，而是回归大地。”曹双羊也再一次从中获得鼓励和振奋，面对鹦鹉村“受市场经济的影响，农村劳动力大量外出，这样就产生了一个特殊的群体，老、弱、病、残、妇女留守在家，劳动力很是缺乏，土地粗放耕种，甚至出现荒芜，……为了多打粮食，就通过使用更多的化肥、农药、除草剂等来种植、管理农作物，造成耕地、水源、大气的严重污染，土质板结，土地都给糟蹋了，人地矛盾日益突出。随着城镇的迅速扩张、工业用地和基础设施用地的大幅度增加，基本农田越来越少！”[①]的危机状况，他依然回到家乡，开始谋划流转土地、兴村富民的壮举。当白立国问曹双羊回到土地上是啥感觉时，曹双羊大口呼吸着说：“踏实，振奋，好像灵魂回到了身体！”[②]最后小说写到曹双羊认识到了开发矿产对生态造成的破坏：“麦河上游的煤矿、铁矿、钢厂带给麦河一种重金属污染物，这种污染物进入土壤后不能为土壤微生物所分解，很易被作物吸收，在土壤中积累，甚至转化为毒性更大的甲基化合物，通过食物链的作用进入人体，影响人体健康。土壤都受到了不同程度的污染，有许多地方粮食、蔬菜、水果中镉、铬、砷、铅等重金属含量严重超标……”[③]于是他尽力想办法进行弥补，他请了农业大学的教授对池塘淤泥和麦河淤泥进行化验，试图用淤泥来养护已经板结的土地。“我们的土地有救啦！”[④]作者在对现实的批判中包含对未来的希望。

随着商品经济大潮向乡土世界的冲击，乡土社会日趋土崩瓦解。这些带有浪漫主义色彩的叙述是对民族记忆和文化根性的呼唤，是对乡土情怀、土地情结的神话演绎，也是对现代化推动下乡土生态的摧毁、人性异化的反感和批判，呈现了作家试图努力维护心灵中的原生态农耕文明。更是为正在消逝的千年传统农业文明中风情的原野、诗意的生存、人性的真善美谱写的一曲“挽歌”。

---

① 关仁山：《麦河》，作家出版社2010年版，第129页。

② 同上，第151页。

③ 同上，第475页。

④ 同上，第480页。

第五节　故土易离　“家园”难归

众所周知，文学源于自然审美，是对自然的描写和礼赞。但随着现代工业社会的发展，自然在文学中逐渐被边缘化，人的发展、科学的发展却日渐成为主流。20世纪现代化的核心是“征服自然”，科学打着进步的旗号，以增进人类福祉为目的。现代化的突飞猛进以空前的速度与规模对自然进行灭绝性的操纵与掠夺，对自然生态的破坏触目惊心，其结果虽带来物质文明的快速发展，反过来也带来了生态失衡，人性、人心沦丧等空前严重的生态危机，使人类自身陷入暴力、死亡、孤独、恐惧、焦虑的荒野中，找不到“回家的路”。人类“发展”已逐渐偏离本源，作为人类的共同家园的地球已经千疮百孔。人们渐渐失去生存的根基，“自然家园”与“精神家园”双双失落，从此陷入无家可归的生态绝境。

一、现代与传统的双重危机

“生态危机在很大程度上是人类文化的致命缺陷造成的。”[①]正如波特金说：“我们与环境相处的方式和我们的文化遗产以及大自然之谜息息相关。当人类日渐城市化和郊区化的时候，我们中越来越多的人逐渐与土地失去了直接接触。在人类抹杀自然环境遗迹的同时，我们与人类文化遗产中的重要部分也失去了联系。”[②]环境的恶化极易引起文化底蕴的没落，它会造成“精神之根”和“文化之根”的双重断裂。而要解决环境问题，就必然要如马克·塞格夫所

① [阿根廷]海因兹、迪德里齐：《全球资本主义的终结：新的历史蓝图》，徐文渊译，人民文学出版社2001年版，第129页。

② Daniel B. Botkin：Our Natural History：The Lessons of Lewis and C1ark，New York：G. P. Putnam’s Sons，1995，pp.270。

说："我们必须寻求其他概念和文化传统来优先解决环境和社会问题。"[①]由此，在 21 世纪的开始，人与生态的关系被推到文化反思的前沿，并成为一个难以回避的思想焦点。在对人类文明发展的质疑声和生态环境的恶化中应运而生的生态批评就是要通过文学来重审人类文化，来进行文化批判，从而修补由于人类追求物质文明发展而导致的人与自然不协调的对立关系。

《日头》是关仁山在继《天高地厚》《麦河》之后于 2014 年出版的"中国农民命运三部曲"的收官力作。小说通过金家、权家、汪家、杜家几代人错综复杂的关系，描写了冀东平原古老的日头村长达半个世纪的风云巨变的历史，再现了中国社会转型时期北方农村变动着的现实生活画卷。《日头》独特的章节布局非常引人注目。它以古钟为主线，以音乐"十二律"结构全篇，与宇宙的"二十八星宿"相关联，筑成了宏大高妙、新颖独特的时空结构，意味深长，暗含着深沉的哲学思考。"十二律"代表一年中的十二个月并含蕴着二十四个节气，而节气是中国农耕文明的产物，与世世代代面朝黄土背朝天的农民的生存方式密切相关。"十二律"构成了乡土中国的文化秩序。《周礼》中所谓"奏黄钟，歌大吕，舞云门，以祀天神"，说的正是乡土中国的思想核心。《左传》亦载"国之大事，在祀与戎。祀有执膰，戎有受脤，神之大节也"，强调的便是中国以农立国、以天为大的社会秩序与精神崇尚。它是日头村文化脉络的真实写照，也是乡土中国传统文化脉系的缩影。丰富的文化是人类在一定的地理空间中展开的，是社会实践活动创造出来的，是人类社会物质和精神财富的重要组成部分，它具有一定的历史延续性。中国的乡土世界沉淀了大量的历史文化，承载了多种文化传统。这些文化已经通过口头、行动、思想等集体无意识的形态沉淀在人们的日常生活中。正是这些文化建构了乡土小说的空间世界，不仅使得乡土小说有了沉重的历史感，其理想主义与民间立场也包含了文化回归的主题内涵。

《日头》中这样写道："日头村主要有四大姓，被称为四大家族。金家、权家、汪家和杜家。起初立村，杜家祖先主持布局。传说杜康这位老人白发如雪，脸呈桃容。老人手扶白须，嘴巴念叨：'一二三四五，金木水火土。'按杜康的指点，

---

① Mark Sagoff: The Economy of the Earth，New York：Cambridge University Press，1988，p.22。

四个家族，所居住地按五行分布：金木水火土。金家住西头；权家住东头；汪家住北头；杜家有木，青色，也住东头。而南头属火，是血燕和栗树的天地，围成一个圆圆的气场，拢着状元槐和古钟。……房子一住，杜家先人就预言说：‘金生水，水生木，木生火，火生土，土生金，金家生者汪家，汪家生着权家，权家生着血燕，血燕生着杜家。”[①]这里暗含了金家和权家之间在此后半个多世纪里的矛盾与斗争。作品从“文化大革命”写起，在小说的第一章，“文革”期间，权桑麻背后指使红卫兵砍状元槐、焚烧魁星阁和砸天启大钟，金世鑫为了保护日头村的这些文脉和精魂而丧命。到“文革”之后，金沐灶为完成父亲的遗愿而牺牲自己的爱情，全心全意地致力于魁星阁的重建。权桑麻父子为了家族利益以“金克木”为理由暗中阻拦金沐灶重建魁星阁为日头村续文脉。权桑麻最终成为日头村统治者，一直都试图要毁掉古钟、魁星阁和状元槐。因此，“重建魁星阁—阻挠魁星阁重建”成为这部作品的主要线索。权桑麻不仅是农村权力的代表，更是传统乡土社会宗法秩序的僭越者，是传统社会人伦的破坏者。实际上作品试图通过这个人物批判工业文明时代中国乡村掌权者试图摧毁传统精神领地和伦理规范，重建符合自己利益的乡村秩序和政治伦理。而作者塑造的另一个主要人物金沐灶，他奋力抗争，一直致力于保护古钟和状元槐并重建毁掉的魁星阁，则是对千百年来乡村的精神文化秩序和人伦道德的坚守，其实就是试图从文化根脉来寻求解脱农民命运困境的过程，并渴望在重建和守护中寻觅到一条有效的现代化之路，具有对民族传统文化遗存与乡村现代生存之间关系的哲理性思考的意味。可以说，金沐灶是有着明显清高脱俗之气的乡村智慧者，具有浓郁的传统士大夫的古典情调，也有着太多传统知识者的伦理观念。作者借金沐灶的形象对当下农民处境进行了不断的思考和探索：当下农民的命运该如何挣脱权力的束缚，农民在经济发展中迷失的灵魂该如何被拯救？金沐灶在佛教、道教、儒教乃至西方基督教、哲学等方面的知识中寻求答案。金沐灶说：“我看来，这些宗教在最高宗旨上意见不一，甚至争得厉害。可是细想想，入口不同，最终的道理是一致的。其实啊，就是善，就是爱！依缘而立，依善而行，万物同归，回归于无啊！”[②]在他对中国传统文化和西方宗教、哲学文化有了深刻的认识之后，从中找到了拯救的方法：“只有心中

① 关仁山：《日头》，人民文学出版社2014年版，第5页。

② 同上，第261页。

装着天下百姓，佛光方能显灵。”[①]也就是说一个人的灵魂只能通过自我的反省才能得到救赎。从这种认识基点出发，金沐灶被塑造成了具有自省意识和反省精神的孤独者形象。金沐灶对魁星阁重建的坚持就是希望人们在经济发展中对“家园”的背离、灵魂的堕落能够被魁星阁象征的文脉和恩德所唤醒和拯救。

作品通过对金沐灶和权桑麻两个重要人物形象的塑造，体现了传统与现代存在着某种悖论，前者代表着人性，后者代表着反人性，人类只有走出“现代”的迷雾，才能在“传统”与“现代”之间寻找到“家园”。这里暴露了作者对现代焦虑下的乡土文化守成与历史发展进程之间所存在的悖论的恐惧与惶惑，寄寓了作者关于文化理想与价值立场的深度思考，以及对农民现实生活和乡土文明未来命运的探索，使作品呈现出了独特的审美质素和思想质地。民族有“根”，文化亦有“根”。乡土社会是在传统文化土壤中生根发芽并建立起来的族群社会。诚如保尔·利科所指出的那样：“每一种文化对于思想观念和表达方式具有有限的能力，恰恰是使用我们‘自己的’范畴中的思想财富的解释本身，可使我们更好地理解‘其他的’范畴。也许在‘自己’和‘其他’之间的这一张力打开了通向重要发现的道路。”[②]关仁山在小说中设置了积淀着我们“自己的”深沉历史力量的“阴阳五行”“血燕”“红嘴乌鸦”“状元槐”“魁星阁”“天启大钟”等文化意象，它们是乡土文化传统的象征，是形成了千百年来的农民文化性格的基因，是中国乡村社会在遭受悲惨的历史与政治的磨难时可以抚慰灵魂、滋养心性的亮点，是跌宕起伏的地域史、家族史中保留的民间正义、悲情记忆以及儒道传统和自然风物的变迁。就如刘绍棠所说：“我意识到自己的时代，那是因为我在时间中。我不仅是生活在‘现在’，而且是生活于‘过去’的‘现时’；‘过去’就在‘现时’里，不是已经逝去了而是还在活着，还依然存在。”[③]在“文革”中，状元槐、魁星阁和天启大钟遭到破坏，金世鑫仰天长啸：“日头村的文脉断了，文脉呀！没了文脉，我们的子孙后代都

① 关仁山：《日头》，人民文学出版社2014年版，第261页。

② ［法］保尔·利科：《导论》，见［法］路易·加迪等：《文化与时间》，郑乐平、胡建平译，顾晓鸣校，浙江人民出版社1988年版，第20页。

③ 刘绍棠：《乡土文学四十年》，文化艺术出版社1990年版，第20～51页。

要成为野蛮人啊！”[①]作者在这里强调了乡土传统文化的延续性、潜在性、日常性等。乡土世界有着自己的历史、生活空间、社会结构、价值规范、人伦风俗，但是在各种政治、历史、经济等变革历史中，它们历次经受破坏和威胁，被压制、被边缘化、被妖魔化甚至被毁灭，被现代性的大历史所切断，出现了“文化断裂”。小说中状元槐最后向人类发出了警告：“人呐，你们要当心啊！”之后就自焚了，树根的黑灰里却砰然爆开了槐树的种子，闪亮的种子又埋入焦土。而同样能够向人类发出警告的天启大钟也轰然坠地，声音持续响了三天三夜而不绝。作者在这里通过想象和虚构，反映了人化的自然和自然的人化，人与自然通过精神性格的映照达到一种和谐的艺术关系。同时作者也是在寻找现代与传统互补共生的衔接点，是要把现代中国接续到历史、传统文化之中的一次努力。当然，这些描写并“不是出于一种廉价的恋旧情绪和地方观念，不是对方言歇后语之类的浅薄的爱好，而是一种对民族的重新认识，一种审美意识潜在历史因素的苏醒，一种追求和把握人世无限感和永恒感的对象化表现。”[②]

在外来文化的冲击和当下社会急剧转型的乡村，“固有的传统将被打破，原有的文化既面临浩劫也面临重建，这是乡土中国史无前例的价值命题，更是当下社会必须解决的现实问题”[③]。在小说的最后一章有这样一段故事情节：因精神空虚而吸食毒品最后身患肝病的猴头，在吃了杜伯儒开的状元槐老树皮的药后，身心都得到了医治。状元槐的老树皮在此处不仅是作为治疗猴头肝病的药方，更象征着日头村文脉和精魂对顽固不化的猴头灵魂的唤醒和拯救。当猴头的病奇迹般地好起来，并能够在魁星阁忏悔自己对金校长犯下的过错时，作者对意识和文化能够拯救农民灵魂的希望得到了实现。作品正是通过对人的生存、乡土社会文化的思考，在批判和探究人性与自然、传统与现代的悖论中，彰显了文学的内在精神，同时也寄寓了作者对乡土自然生命和精神生命的融合及重构人类生命永恒家园的追寻。

作品还写到“文革”结束后，日头村村民开始实施大包干。村民金三万组织施工队进城打工，日头村的掌权者权桑麻看到人员流失，提出建村办钢厂以

---

① 关仁山：《日头》，人民文学出版社2014年版，第11页。

② 韩少功：《文学的根》，《作家》，1985年第4期。

③ 景俊美：《论关仁山长篇小说〈日头〉》，《小说评论》，2015年第4期。

及联合袁三定开发披霞山铁矿等一系列措施。权桑麻代表着权力，袁三定代表着资本，权力与资本相勾结，让我们看清了浮夸的政绩观与恶意资本联手之后的利益陷阱。结果就是："你权桑麻高贵，毁了资源，污染了环境，你赚的哪分钱是干净的？"[①]"矿工苦来污染重，他发横财苦百姓。"[②]袁三定开发的"钢铁厂和铁矿把日头村包围了，到处飘着黑烟、粉尘和树叶。种的菜上都有一层黑黑的尘土，到集市没人要。""工业把土地弄脏了，河水泡浑了，长出的东西都是脏的。"[③]小说中还写道："一低头看见燕子河水脏得厉害。两岸的庄稼地大片撂荒，奇花异草疯长。成群的蚂蚱到处飞来飞去，到处留着它们的痕迹。庄稼地里，活动在日头底下的，除了孩子、老人就是老娘儿们。年轻后生们都进城打工去了，拦也拦不住。""燕子河河床窄，水面宽宽，水中漂浮着杂物，还有死猪、死羊。"[④]不少植被被污染得百年之内都不会再生长了。"披霞山被铁矿翻烂，成了光秃秃的和尚了。燕子河污染成黑泥汤子河了，血燕喝了燕子河水毒死一片一片的，剩下的血燕怕都要飞走了。村里贫富悬殊在一天天拉大，权家疯狂敛财，资金转移国外，村里充满了动荡的气氛……。"[⑤]由于日头村的饮用水被污染，孕妇感染病毒，孩童被查出先天性心脏病。就如雷切尔·卡森在著名的生态文学经典《寂静的春天》中说的，整个地球生命的历史是各种生物及其周围环境之间相互作用的历史。地球上包括植物在内的所有的生命都生存在一个自然规律内。可是人类为了提高自己的生存质量，对自然造成了严重的破坏。控制自然是人类的胡作非为，化学药物的广泛使用已经威胁着我们整个大地，这是我们巨大的不幸。"在人对环境的所有袭击中，最令人震惊的是空气、土地、河流以及大海受到了危险的、甚至致命物质的污染。这种污染在很大程度上是难以恢复的，它不仅进入了生命赖以生存的世界，而且也进入了生物组织内。这一邪恶的环链在很大程度上是无法逆转的。在当前这种环境的普遍污染中，在改变大自然及其生命本性的过程中，化学药品起着有害的作用，

---

① 关仁山：《日头》，人民文学出版社2014年版，第199页。
② 同上，第166页。
③ 同上，第163页。
④ 同上，第246页。
⑤ 同上，第295页。

它们至少可以与放射性危害相提并论。”[①]

由于引进外来资本发展农村经济，不仅污染了当地环境，而且失地农民仍然过着贫困的生活，于是，作品发出了“谁是土地的真正主人”的拷问。关仁山借金沐灶之口说：“我发现资本介入农村，比如钢厂，比如铁矿，比如我的铸铜厂，表面上看给农村带来了繁荣，实质上是对农村的剥削和掠夺。环境破坏了，资源严重消耗，老百姓却并没有得到多少实惠。”于是他发出了质问：“我突然发现，权家富了，袁三定富了，我也稀里糊涂地富了，日头村的乡亲，种地的农民并没有走向富裕。城市跟乡村的差距越来越大，这究竟是咋回事啊？为啥会这样呢？”[②]因此，他说他挣到钱的时候，有一种犯罪的感觉。这不是他想要的生活，他打拼了这么多年，不知道自己挣这么多钱干什么？活着究竟是为了什么？价值究竟在哪里？对于乡土中国来说，所谓现代化落到实处往往就是“城市化”的过程，是一个农村人口不断涌入城市、滞留城市、移民城市的过程，同时也使乡村生产方式、生活方式转变的过程，这个过程往往会打破以往的生存秩序并具有一定的辐射性。尤其是土地流转使乡下过剩的劳动力向第二、第三产业进行分化和流动。所以金沐灶叹息道：“我们的日头村啊，矿山毁坏着环境，土地撂荒，要不就是偷偷改变土地的性质，跑马圈地。年轻一代农民争着抢着往城里跑，就是不待见土地了。农业生产方式落后，缺少先进的生产方式和管理经验，农产品附加值不高，农业生产资料价格上涨太快，农业生产成本一再增高。农民文化素质低，具有一技之长的人很少很少。即便农产品价格暴涨，农民又有多少实惠呢？还不是让二道贩子赚走了。”[③]在现代化过程中，乡村似乎是一个必须要重新格式化的区域，对其进行的工业化和城市化，造成了乡村文明的日渐萎缩、乡村环境的被污染甚至毁灭。日头村原来的静态的宗法社会被现代的商业经济规则所改变，乡村原有的生活秩序被权力和金钱裹挟。

作品还呈现了城市化进程中日头村农民面临着失去土地、拆迁等一系列变

---

① [美]蕾切尔·卡逊：《寂静的春天》，吕瑞兰、李长生译，吉林人民出版社1997年版，第4页。

② 关仁山：《日头》，人民文学出版社2014年版，第263页。

③ 同上，第294页。

革。因为城镇化，要大拆迁，要盖高楼，一排排枝叶茂盛的小树被推土机压在下面，吱吱地呻吟着。“人们先是伐树，然后推土机跟进，一堆堆树根和湿润的黑土翻了出来。我先看见几棵白皮松树被伐掉，棵棵都是价值连城，无与伦比。菩提树倒下的那一刻，成群的血燕惊慌地飞走了。”[①]一眨眼变没了一座村庄。人们纷纷搬进了燕园新村的楼房，新楼房设施不全，常常停电，草坪和绿化都还没有搞好，下水管道常常堵得跑水。人工湖对岸的建筑工地，传来嗞嗞啦啦的电钻声。农民甚至把牛牵进了楼里饲养。藏身在高楼大厦中的人就像没有根的树。此时，权家仍然疯狂地对日头村进行掠夺。权大树在澳洲的项目不顺利，于是就又回到日头村筛铁粉赚钱。“现场一片风沙飞扬，遮天蔽日，污染了大片土地、庄稼和植被。”[②]因为不再拥有家园，而终始不能摆脱被遗弃的痛楚。所以毛嘎子感叹道：“菩提树没了，我再也回不了故乡了。”[③]正在经历着的社会转型让乡村文明几近崩溃，多少人望着“回不去的故乡”而发出哀叹。城市化的时代，乡村意味着贫穷，意味着落后，乡下人要摆脱物质上的贫穷，似乎就要牺牲精神栖息的家园。日头村的城镇化也是中国大部分农村的经历。随着中国城镇化建设的突飞猛进，工业文明不断侵蚀着乡土文明，不仅破坏了农村生态环境，也造成了农村文化的破坏，磨灭了人类的家园意识，扼杀了人的灵魂和美好天性。生态危机其实就是一场文化危机。关仁山冷静地看到了其中所暴露的问题：“从现实来看，我们目前的城镇化带有很大的盲目性和野蛮性。错误的政绩观与恶意资本的联手，借发展之名进行的野蛮拆迁，是极权政治与垄断资本的二位一体体制的必然结果，农民不是土地的主人，也不是田园的守望者，他们成为被这种体制任意驱赶的弱势群体。”[④]

现代工业文明使人与自然的关系出现悖论，发展现代工业是为了满足人的需要，高扬人的主体性，把自然看作是被人利用、为人服务的“他者”，这是人为自己谋利的一种荒谬的意识。这种认识“为现代性肆意统治和掠夺自然（包括其他所有种类的生命）的欲望提供了意识形态上的理由。这种统治、

① 关仁山：《日头》，人民文学出版社2014年版，第377页。

② 同上，第395页。

③ 同上，第328页。

④ 关仁山、张继合：《关于〈日头〉和“农民三部曲”》，《河北日报》，2014年9月12日第12版。

征服、控制、支配自然的欲望是现代精神的中心特征之一”。[①]这种膨胀的主体性也是导致人与自然关系紧张甚至对立的深层因素，它带来的是日益深重的生态灾难和人的精神危机。中国农村正在经历这样的悖论。《日头》既展现了现实的矛盾又以民间的立场跃现了文化的纠结与历史的撕扯，在当下与未来、传统与现实的维度里，展开了对乡土中国中一个个普通农民的时代际遇与精神状态的书写，寄寓着一定的批判意识和深刻的文化反思。作品展现的不仅仅是一场外在形式与制度的改革，而是从一个群体的意识形态和文化层面来观照中国的农村改革，更是一场精神内质与传统信仰的革命。就如徐刚所说："今后的历史还将继续证明这一点：对掠夺土地而得到的富裕或虚假繁荣的报复，将是饥饿、灾荒、一贫如洗的真正的贫困！"[②]这也是作者对农村的现实问题进行的理性思考。

在新的形势下，稳定的乡村农耕文明社会的解体是大势所趋。《日头》用魔幻的叙事手法，写出了经济转型时期乡土的困惑与生机，激荡着乡村政治文化、伦理文化、生态文化以及宗教文化等多种文化的碰撞。作者带着文化寻根的思维及对乡村大地和传统文化的审美情感，怀着强烈的怨怒和愤激对城市化、工业化给乡村带来的毁灭性冲击进行揭露和批判的同时，也表现了“传统文化皈依”与“土地复魅”的生态审美主题，渗透着浓重的历史感和忧患感，使其拥有着大地诗学般的生命质感。

二、生命意识与人的异化

生命意识本身具有质朴的美感，这也是生命魅力的本真。对“生命”的书写，是生态伦理立场的一种表现。《日头》不仅在意象和结构上是独具匠心的，还通过叙事主体的交叉切换表达了人类对自身生命的艺术化关注，在生命间的对视与倾听中，自发地将生命意识升华成生态伦理立场。出身于“四大家族”之一的汪家的敲钟人汪长轸，在小说中又叫老轸头。他是一个典型的中国传统

---

① 大卫·格里芬：《导言：后现代精神和社会》，《后现代精神》，中央编译出版社1998年版，第5页。

② 徐刚：《沉沦的土地》，人民文学出版社2005年版，第119页。

农民形象，既有勤劳、本分、坚韧、善良、忠厚的一面，也有固执、保守与狭隘的一面。他既是日头村的“当权者”——权桑麻书记的亲家，权国金的岳父，又是日头村的民间正义的维护者金沐灶的“准岳父”。情感上他站在金沐灶的一边，而生活中他又不得不妥协于他的亲家。他虽然怯懦，但因为他对待所有人和事都是发自内心的善良与真诚，所以让金沐灶、杜伯儒、权桑麻、汪树等日头村村民都由衷地认可并接纳他。日头村风云变幻的各个关键的历史转折节点都是通过老轸头的视角得以展开的。另一个叙述视角来自与之形成互补的富有畸形和奇幻色彩的毛嘎子。毛嘎子是“四大家族”中杜家的后代。毛嘎子有一些特异功能。他“眼睛不大，头发焦黄焦黄，他不长个，瘦小，像个小侏儒，说话龇牙咧嘴，小脑袋跟棉桃似的。他的脸上、脖子和手上都长着黑毛。”“毛嘎子是杜老七的儿子。他浑身是毛，兔头、兔耳朵，是个怪胎。”“他更像一只猴子，经常像猴子一样爬行。”[①]他能在天上飞，栖居在菩提树上，毛嘎子说话只有老轸头能听懂，而且还有一个怪现象，毛嘎子在天上哭，天启大钟就是笑声；他笑，钟就是哭声。毛嘎子还能到达天上的一个人间净土的理想村庄，名字叫云顶。他还有可以根据每个人所属的星宿的闪光给人解梦和预知未来的能力。他是见证日头村的灾难、兴盛与消亡的“局外人”，正所谓“旁观者清”，所以他在天空中以超脱的姿态观望、感慨、议论、预言着日头村发生的一切。可以说，这个独异的视角构成了强大的“本我”内核。作品中多次发出对人类的终极拷问：“我是谁？我从哪来？”金沐灶也说道：“毛嘎子的直觉让我们自问：‘我是谁？我有什么证据来证明，我是我自己，而不是我的肉体的延续？’”[②]当下社会，人们“不知道自身的意义在哪里。有些人不去考虑生命的价值，过着浑浑噩噩的生活；有些人不情愿地用传统的理性思维来把握个人的价值，或者是带着悔恨的情绪甚至是对社会的仇恨。他们绝望地为个人价值而战，然后得到的仅是精神上和情感上的虚无混乱以及同情的渴望。人与社会的生态和谐完全失衡了。人在失衡的社会生态环境中对于生活的意义茫然不知，并在这种虚无状态下痛苦哀叹”[③]。作品通过具有魔幻色彩的毛嘎子形象，理

① 关仁山：《日头》，人民文学出版社2014年版，第26页。

② 同上，第321页。

③ 申富英：《伍尔夫生态思想研究》，山东大学出版社2011年版，第23页。

性地剖析了农民人性的根底，在不断追寻中对人类生存与发展进行着灵魂的叩问与形而上的思考。这一视角既拥有着原始的活力、野性的深情，也有着对充满精神变异和污染的俗世的厌倦与逃离。

毛嘎子对日头村这一“故乡”的感情是十分复杂的，既依恋、怀念又回不去。“我回不去了，我的脚已经不能沾地了。”[①]“容不得我哭喊，容不得我转身，容不得我回望来路。”[②]“自己远离家园是多么的不幸。”[③]“我真的回不去了，我的躯壳我的灵魂我的记忆我的心智全都消失了。”“我飞翔的过程中要经过很多村庄和城市，可是，没有一个是我能下脚的地方……”[④]后新时期以来，农村城镇化和亿万农民涌入城市成为社会转型最重要的景观，离开了土地和自然家园的农民遭遇了空前的文化身份认同的困境，这种身份的“异化”切入了他们经历的痛苦挣扎的精神历程。毛嘎子在讲述着日头村的故事，日头村也在上演着人类历史发展的故事。这既是虚构，也是预言；既是象征，也是隐喻。在真与假、实与虚的交互中呈现了一种哲理思考。美国学者凯勒特认为破坏自然会导致思想和语言的贫瘠：“如果我们继续现有的对大自然的破坏政策的话，会不会就意味着人类的语言将越来越少地在形象上参照动物——最终导致思想和表达的贫瘠。”[⑤]就如《日头》中毛嘎子的语言只有老轸头能听懂。此外，作品还写到后来火苗儿也生了个像毛嘎子一样的毛孩。生态批评认为，现代化发展带来生态危机的同时，也带来了农民身份认同的迷失，带来了自然环境和社会环境的异化，势必导致人的异化。随着自然生态危机的不断加重和社会生态危机的日益加深，人类的精神世界也会越来越失衡，从而导致人类精神生态危机，更带来了人类生命力的丧失、萎靡和退化。自然生态的污染固然可怕，但人类精神生态的污染会加速人类的毁灭。作者对城市化进程中造成的人与自然的分离、人性的变异和“人种的退化”的忧虑与批判，带有浓厚乡土生态文

---

① 关仁山：《日头》，人民文学出版社2014年版，第59页。

② 同上，第66页。

③ 同上，第67页

④ 同上，第68页。

⑤ [美]S.R.凯勒特：《生命的价值——生物多样性与人类社会》，王华等译，知识出版社2001年版，第22页。

明价值取向。关仁山致力于对人与自然和谐的生命之歌、人性之歌的追寻，流露出现实意义上的生态关怀，最终形成一种精神力量与哲学命意。

社会一直进步，文明日趋发展，但人与自然之间的关系始终都是人类文明史上古老而悠久的命题。因此在走向现代化的途中，人与自然在现代理性观照下如何和谐相处、相互依存，以及在理性与感性、社会与个人、社会性与自然性等诸多层面如何相互交融共生的问题，在当今时代变得越加迫切与严峻。在一定范围内，各种解决环境问题的战略都与社会、文化及历史等因素紧密相连，提升了人们首先解决其在文化和历史上的深层原因的意识。同时越来越多严肃的作家和批评家都意识到生态问题绝不应简单归于现代工业文明的发展和人类社会发展政策失当，而是和整个社会的意识和文化紧密相关。

第六节　精神的原乡　“神性”的复魅

在“后现代”的语境中，文学带有一种自然神性复魅的浪漫情思，使失去精神原乡的作家们用浪漫主义重拾精神的原乡。尤其是一些带有“乡土情结”的作家，他们通过铺排当地的民俗风情，力图还原自然的神话和重拾人类在自然哺育下的生命史。如范稳、马丽华、阿来笔下的藏区风情，张炜的“野地”惊魂，姜戎的游牧风情，郭雪波的边地风情，迟子建的黑土地风情等，以知识分子的世俗情怀和审美观照寻绎世纪之交“人性”与“神性”的触摸与认知，作出了文化抉择，找到了灵魂依托，丰富了乡土文学的思想深度和美学维度。风俗是生活在一定区域范围内的人们世代沿革下来的行为模式或者规范，包括风气、礼节、习惯等。所谓“十里不同风，百里不同俗，千里不同情”，反映的就是在长期的社会历史生活中不同的地域、民族形成的传统生活文化。对某一地方风俗人情的描写，总能体现一方百姓特有的生存方式，蕴含、规范着乡土文学的生态美学特质，决定了乡土文学的艺术魅力和生命力。

民俗风情是乡土叙事回归自然的一条通道。冀东地域有着独特的地理位置，这里源远流长的少数民族文化塑造了特殊的民风民俗。由于关仁山长期生活于冀东农村，从小就受到那些最原始、最质朴的民间信仰的熏陶，也深深地热爱着那里的一切民俗风情。因此，在他的乡土文学世界里，冀东平原上的“雪莲湾”“麦河”“日头村”等不是纯粹的地理空间，也不是对真实冀东的纯现实主义写照，而是一个经过文学想象的文化心理空间。这里丰富的民情风俗，既是大自然留在他过往生命中的记忆在文学想象中的复活，也是他对中国传统文学精神中人与自然对话的继承和发展。因此，在他的作品中到处充盈着乡土民间的崇拜神灵、躲避鬼邪的神秘气息，而且他能够站在民间立场上叙写这一切。

一、辟邪巫术的描写

民间信仰认为辟邪物有一种神秘的威力，可以抵御鬼神，保佑安全。辟邪物最初为生产工具，后来才发展为用图腾、门神、钟馗等神灵辟邪。这些是民间质朴、憨厚的老百姓对世界、对命运的一种基本认识。在他们看来，人的命运或者人们做的任何事情都是受神灵左右的，崇拜神灵、驱鬼辟邪是他们生活的必需。因此，文学作品中的此类描写绝不是迷信，而是民间生活的本真、生命的本真、自然的本真的体现。

关仁山的“雪莲湾风情系列”小说生动、真实地描绘了冀东地区人们的生活风貌，为我们展示了一幅雪莲湾地区的民俗风情图。如《九月还乡》中，杨贵庄的人们过去很喜欢吹唢呐，慢慢地，在人们心里，唢呐成了能通神灵的神仙用物，是农民的护身符。将喇叭洞里塞满稻谷的唢呐挂在墙上或门首，便能够求吉祥、保平安、辟鬼邪。《风暴潮》中生活在老蟹湾的女人给出门的男人系上红丝绸做的腰带，这样不仅可以拴住男人的心，还能求得平安吉祥。另外，这里还有“旱年不娶，涝年不嫁”的民俗信仰，书中写到荣汉俊娶亲的那一年“先是浅旱，后是深涝”，就暗示了其婚姻不幸的必然性。老蟹湾还有个风俗：凡是迁坟的年头都要做茔地灯，茔地灯可以除邪，可以安魂，可以照福，家族的兴旺全靠茔地灯托着。

再如《白纸门》中，“白纸门是雪莲湾人的宗教”[①]，可以为虔诚的人们避

① 关仁山：《白纸门》，春风文艺出版社2007年版，第19页。

祸祈福。当七奶奶看到大鱼家没有白纸门，而且门下也没有“门槛儿”的时候，便预言这样的家庭要出事，果然大鱼因贩卖私盐而锒铛入狱。七奶奶最后为了解除蟹乱，化成了一扇“雷震枣木”门板。“雷震枣木”就是雷火劈断的枣木。“雷电是通神的媒介，人得雷可以驱邪治病。《道法会元》卷八记载：‘吾受雷公之抚，电母之威，以除身中万病，斩断百邪，驱灭万精。’木得电便成灵木，因为雷公已经把鬼怪妖魔从此木上驱走了，其他鬼祟见到此木也不敢靠近。雪莲湾民间常用线绳穿一块雷击木，戴在刚出生小孩的手腕上，或套在脖颈上，以为这孩子就好活了。”[①]雪莲湾人还信奉“红蛇”，谁也不能把“红蛇”从渔人生活里挑出来。“红蛇”是渔人生活中的一部分，被供奉为海神。红蛇消失，七奶奶相信定有不测发生。不久大雄就因迷上赌博输了 12 万并把小卖部也押上了。于是老人不辞辛苦地要把“红蛇”找回来，以为这样可以挽救一个已经沉沦的灵魂。雪莲湾多少代人都认为青色海螺壳具有灵性，拿它当爱情的信物。它是女人生活的靠背。拥有它就会一生幸运。所以当海螺壳摔碎时，大雄赶紧逮了一条鲶鱼，洒了血，并让麦兰子喝一碗童子尿，认为这样就可以破灾。当疙瘩爷得了大病以后，七奶奶剪“灵宝招魂符”为疙瘩爷收魂。当疙瘩爷和春花的房间里被认为有戾气时，七奶奶用白芷、白面和青石，加上朱砂一钱，雌黄一钱五，草心七根，天月德方水土各一升，和泥涂在响声之处，画符贴在泥上，说是能止怪响。大雄根据开雾时的景象判断出此时抢潮头鱼必有灾祸，结果下里洼村果然有三个渔民被淹死。每年的两次祭潮，被看成是海龙神显圣；开雾被说成是海龙神吹出的仙气；祭船神时要捂着浓浓的黑烟来冲邪气；往船桅上挂旗更是讲究“无论新船旧船易主都要挂旗，红艳艳的小三角旗都要由船主最亲近、最敬重的人往桅杆上挂，然后再由众人一起缓缓竖起桅杆。几十个小三角旗挂好后，还要挂一面红红的国旗”[②]。

《白纸门》中疙瘩爷在出国前让七奶奶给他卜一卦看乘飞机是否顺利。七奶奶给了他们两张缩地符：

画了两张“缩地符”，用剪刀剪成白纸，分别贴在麦兰子和疙瘩爷家的白

① 关仁山：《白纸门》，春风文艺出版社2007年版，第370页。

② 同上，第278页。

纸门上。门符是从古代的门神演变而来的，《护宅神历卷》中的各种护宅符中，就有很多神像。这是门符从门神脱胎的痕迹。……

第一项是取土，要取出发地雪莲湾和目的地两头之土，那边的土取不来，七奶奶就用海水代替，书写“千里一步”四字，是七奶奶给下达的指令。第二项，在地上书“万里”二字，用左右脚踏之，这是让人与之交感，以取得“万里一步”的法能，最后就要焚“缩地符”一道。[①]

“缩地符”是中国古代道士常用的一种神行术。就是通过画符把距离缩短，以达到人能神行的目的，从而保佑出行平安。这里的缩地符意思是让疙瘩爷和麦兰子的漫漫长途化为咫尺。

《天高地厚》中人们认为拆房时放几声雷子炮，可以驱邪、安魂儿。人们还认为黑蝙蝠能祛病，白蝙蝠不仅能治病还能让人长寿，红蝙蝠能让人起死回生。如果有五只蝙蝠同时出现，则代表了长寿、富裕、健康、好善和吉祥的福气。

二、饮食民俗的描写

俗话说“靠山吃山，靠水吃水”，雪莲湾人的衣食住行等一切生活物资都来源于这个海湾。他们吃的是海上的饭，例如《白纸门》中提到的食物：“一包油光光的猪蹄”“一盘煮熟的梭子蟹”“一盘五香花生米”“一盘面条鱼炒鸡蛋”等，还有香气四溢的海狗肉，海贝馅饺子，大虾、面条鱼、满籽蟹，等等。这些美味的海鲜都是雪莲湾人的家常便饭。书中写道：“七奶奶在麦氏家族里做的醉蟹是最好吃的。七奶奶做醉蟹的程序跟爷爷不一样，她先往大缸里洒上螃蟹，随后倒进米酒，掺上少许的盐粒、海带和大蒜等作料。”“雪莲湾人吃红烧鱼是极讲究的，吃前要看看鱼大骨是否被炸断了。断了就吃不得，谁吃了，不是海上翻船就是背万年时。”[②]对雪莲湾劳动妇女的服饰作者也做了描述：“雪莲湾的女人干活都围着头巾，头巾分红、黄、蓝和黑四种颜色。围头巾戴口罩

---

① 关仁山：《白纸门》，春风文艺出版社2007年版，第312页。

② 同上，第257页。

的，大多是没出嫁的姑娘，她们怕海风把脸蛋吹黑了。她们与人交流只靠手势和眼睛。那些戴头巾不带口罩的女人都是媳妇，嘴巴很骚，不停地说笑。”[①]

三、狩猎民俗的描写

生活在雪莲湾的人们不仅打鱼，他们还狩猎。但是同山林狩猎不同，这里的猎户主要是捕猎海狗。例如《白纸门》中疙瘩爷凭借自身的力量与海狗进行较量，他认为生命是平等的。在猎取海狗后，还要在村里吆喝几声，大家便都来分享。而对于当地人们杀海狗的风俗也有详细描述：

雪莲湾杀狗的土法儿，疙瘩爷解下缠在腰间的海藻绳，网一小圈儿，拴了个活套儿，递给四喜。这是雪莲湾杀狗的土法儿，活套儿放在地上，套里放块骨头或饽饽。人唤狗，狗低头一吃，一抻绳子就套住狗脖儿，然后将狗吊在歪脖老树上，从水缸里舀一瓢凉水往狗嘴里灌，哏喽一下子噎死狗，再扒皮开膛。[②]

四、人生礼俗的描写

人生礼俗也可称为人生礼仪，是复杂多样的社会民俗中的重要组成部分。指的是人在一生中几个重要环节上所经历的具有一定仪式的行为过程，主要包括诞生礼、成年礼、婚礼和葬礼。人生礼俗最能体现一个地方的民俗风情，也是当地社会、历史、道德、家庭等各方面风貌的集中体现。从出生、成人、结婚到去世这一完整人生旅程的民间习俗可以透视一个地方的人们的生死观、祸福观、世界观等，反映了人们对世代沿袭的传统文化的态度和立场。关仁山在小说中向读者呈现了一系列的人生礼仪习俗，展示了故乡冀东地区质朴的风土人情和淳朴善良的民性，也透视了中华民族传统文化的价值所在。

延续香火、传宗接代是中华民族千百年来共同的文化心理，人们通过各种

---

① 关仁山：《白纸门》，春风文艺出版社2007年版，第305页。

② 同上，第295页。

方式来期待、庆祝诞生，于是形成了丰富多彩的庆生民俗。《白纸门》中，雪莲湾渔民们恪守“不孝有三，无后为大”的祖训，极为重视生儿育女。当麦兰子婚后一直没能生小孩的时候，七奶奶便用红布条子蒙上她的眼睛去摸门钉来求子。《风暴潮》中老蟹湾有个传说，不孕者只要抱养一个孩子就能带来子嗣繁盛，所以赵家自从抱养了赵振涛后，就接二连三生了两子四女。二雄家得子之后，儿子在满月这天请人唱家庭皮影戏进行庆祝，祝福孩子健康成长。《醉鼓》中描写了更为奇特、有趣的生小孩习俗。打鼓世家的后人必须在醉鼓声里呱呱坠地，以示孩子长大后能够勇敢而光荣地继承打鼓的家业。《麦河》中有“保爹饭”的习俗，凡是体弱多病的孩子都要找一个“保爹”。这个“保爹”须是残疾人，离这个村庄越远越好。他们认为残疾人阎王爷不留，命硬。有了残疾人做“保爹”，孩子的身体就硬朗。

《白纸门》中通过对大雄与麦兰子成婚时完整仪式的描述，为读者展现了雪莲湾人的结婚习俗。婚前，大雄特意去找十三咳为自己与麦兰子的命相算上一卦，看是否相符。结婚当天早上去死去的娘和师父的墓地报喜，与长辈分享喜事。婚礼中要举行添籍谢娘仪式，新娘子唱“谢娘歌”。拜天地以后的婚宴酒席称为“合欢酒”，书中是这样描写的：

一方世界一方天，各有其民俗，各有其运道。大雄的婚礼诸事井井然，完完全全合了大雄的意思。拜天地后喝得“合欢酒”，也是很讲究的，酒席中的六荤六素十二道菜应该没有鸭和葱。因为“鸭”与“押”同意，怕以后蹲大狱;吃葱怕吃掉好运。吃喜酒时还忌空盘相叠，以免重婚，红烧鱼条条鱼骨完好。大雄都查了一遍，喜不自禁，再也不忧以外的事了。晚上闹夜还有几桌。……[①]

雪莲湾还有出嫁者忌讳遇到出嫁者的习俗，称作“喜冲喜”，被认为会折损新娘子的寿命，一旦遇到就要新娘子相互换花以破灾。

除此之外，关仁山还注意到了冀东农村中普遍存在的换亲和转房婚等特殊

---

① 关仁山：《白纸门》，春风文艺出版社2007年版，第356页。

婚姻形式。在《天高地厚》中，荣汉俊兄弟与姚来香姐妹的婚姻就是换亲，这是因为家庭经济条件困难娶不起媳妇而产生的一种婚姻形式。转房婚是当丈夫死后，妻子便嫁给丈夫的兄弟的一种婚姻形式。如梁大力死后其妻可以嫁给弟弟梁双芽。兄长亡故，小叔与嫂子结为夫妻，可以使财产、劳力以及孩子等都不流失。

作品中也有涉及丧葬礼俗。《白纸门》中家里死了男人，就要摘下左扇白纸门随同下葬，死了女人就要摘下右扇随同下葬，此后这门就黑洞洞的空着。因此，只要从门上就可以看出其家庭成员生死情况。《风暴潮》中对鲍月芝的丧礼的描述："如今的蝙蝠村，大凡讲究一点的人家办丧事皆沿旧例，凡沾亲带故的乡民邻里都受到邀请，大家也都上些礼钱，送些花圈、布幛、纸钱之类。"①

五、民俗语言的运用

民俗语言也是民俗文化的一个重要组成部分，而且它本身既是一种民俗事象，又是民俗事象的载体。民俗语言包括民众在日常生活中惯用的俗语、谚语、歇后语、称谓语、流行语、吉利语、委婉语、俏皮话、招呼语和在特殊场合或仪式中使用的行话、黑话、隐语、咒语、禁忌语、祷词等。这些丰富多彩的语言习俗是人民群众在长期的生产劳动中逐渐累积和传承下来的，是他们日常生活的真实写照和情感的自然流露，也是值得我们后代珍惜和继承的智慧结晶。

关仁山作品中运用了大量的具有明显的冀东海文化气息的方言口语，如称渔民为"渔花子"，把风暴潮来临叫作"发天"，把娶媳妇叫作"混闺女儿"，管第三者插足叫"野秧子"。还有如"悬吊吊"是"不稳妥"的意思；"撅趾撅趾"来形容走路的样子；"瞎咧咧"指的是"胡说八道"；"黑咕隆咚"形容天色黑暗；"板板棱棱"形容穿得很整齐；"别介"是"不、不要"的意思；"秃啦光叽"形容光秃秃的样子；"钱挣海了"形容挣了很多钱等。

俗语和歇后语是民俗文化的一类，是民间喜闻乐见的一种语言形式。它直接或间接反映了民俗，渗透于社会生活的各个角落，体现了民间文化氛围的轻

① 关仁山：《风暴潮》，人民文学出版社1999年版，第212页。

松活泼、幽默俏皮。关仁山小说中纯熟地运用了很多歇后语和俗语，如“酒淡不如水，人穷不如鬼”“头顶插扇子——出风头”“屎壳郎倒驴粪球子——自娱自乐”“老式窗户——条条框框多”“蚂蚁挡道——翻不了啥大车”“土豆充地瓜——没骨头的货”“整一块石头当屋子——没门”“老虎吃蚊子——白张嘴”“秋后的黄瓜棚——空架子”“包脚布做孝帽——杠子上天”“穷人乍富，挺腰腆肚儿”“前半辈儿看老，后半辈儿看小”“天上的仙鹤不如手中的家雀儿”“忙得我脚后跟打脑勺子”“嫁鸡随鸡嫁狗随狗，嫁给老船海上走”“马槽里多出个驴脸来”“十年河东十年河西，莫笑叫花子穿破衣”“鱼走水鸟飞天两清”等。这些歇后语、俗语的运用，既取得了犀利、幽默的艺术效果，又给文章带来了浓郁的生活气息和地域文化色彩。

此外，作品还穿插了民间口口相传的故事和传说，也反映了濒海地区人们的民俗生活及特有的心理状态。如《天高地厚》中关于梁、荣两家从乾隆年间就开始的世仇，梁家老祖梁崇安的故事，关于蝙蝠镇得名的传说等；《白纸门》中麦氏家族在乾隆八年时吃醉蟹的故事，黄大船师为妻子造船的故事，等等。另外还有一些民间歌谣，如赵小乐在黑沉沉的夜晚躺在船板上吼了起来：

天黄黄，海泱泱
赶海爷，多情郎
等妹妹，闹虾荒
口儿干，心儿凉
大腿根，乱痒痒
梦醒来，讨婆娘

关仁山善于在小说中运用大量的土里土气的方言口语、俗语、歇后语和民间故事传说等，字里行间流露出对故乡人和事的亲切远比那些经过冥思苦想而来的华丽辞藻的堆砌更感染人，衬托了生活在这里的人们的勤劳朴素、乐天知命，同时也是农业文明铸就的理想的精神生态的呈现。正如鲁迅先生所说：“方言土语里很有些意味深长的话，我们那里叫‘炼话’，用起来是很有意思的，恰如文言的用古典，听者也觉得趣味津津。各就各处的方言，将语法和词汇更加提炼，使他们发达上去的，就是专化。这于文学，是很有益处的，它可以做得比仅仅用泛泛的话头的文章更加有意思。”[1][1]

生态美学在对诗性美学和神性美学的追求中，通过对原始生命意识的崇拜、对民间信仰或宗教信仰的“复活”、对民俗礼仪的描摹，建构了文学多重的审美维度。用自然本土的人文文化将自然生态的问题转化为对精神生态问题的关怀，意在寻求解除人类精神危机的良方。纵观关仁山的乡土小说创作，以地域的山川风貌、人文景观为场域，以民俗风情为场景，以方言俚语为伴奏，以民间理解世界的方式为灵魂，形成了自己独特意味的审美叙事形态。其对特定的地域环境进行的可观、可感的描述和再现，不仅彰显了文化的多样性，也是作者站在人与自然和谐重构的立场上对民间文化内蕴的生命神性意识的传扬，是农业文明中人与自然共享生命活力的辉映。这与乡土中国源远流长的“万物有灵论”和生态文化中自然复魅的宗旨是密不可分的。

总体而言，关仁山的冀东乡土小说创作，虽然不是以聚焦生态环境为主，也不是以描写人与自然的关系为核心，但是，并不意味着其作品就鲜有生态内涵。相反，浓烈的生态关怀几乎充溢着他的每一部作品。正如生态批评家所言：“文学作品虽然不能直接参与环境保护运动，但是却可以间接地通过影响人们的思想观念，促进他们在文学想象的世界中提高对大自然的认识，对人与自然之间、人与人之间关系的再思考，引导人们探寻生存于大地的真谛。”[2]因此，深入开掘关仁山乡土书写中的生态内涵，有利于把对其创作的研究推向深入，对解构当下京津冀严重的环境危机，重构现代文明，极具参照意义。

---

① 关仁山：《白纸门》，春风文艺出版社2007年版，第237页。

② 王喜绒、李洁、王永祥等：《生态批评视域下的中国当代文学》，中国社会科学出版社2009年版，第242页。

第七章　山海文学创作中的生态意识

文化是人类社会所特有的伟大创造。一个国家的历史文化，是这个国家的形象特征，一个民族的历史文化，是这个民族内蕴特质的缩影，一个地域的历史文化，是这个地区人文精神的结晶。俗话说，一方水土养一方人，近山者仁，近水者智，山水相依之地，必有龙蛇出焉，秦皇岛就是这样一块风水宝地。

第一节　山海文学概论

在中国，很多地方的名字是展示古今风貌的生动画卷。也可以说它蕴含着流淌的市井文化，体现了可触摸的地方历史。举凡人们的生息劳作、理想憧憬、价值观念、逸事传说，乃至一些重大历史事件，都可以在地名中找到串串踪迹，令人遐思。　秦皇岛境内最早出现的有文字记载的地名就是《禹贡》中记载的碣石，属冀州。地处古碣石地区的秦皇岛，在商代，属文明昌盛的孤竹古国，国都便在今卢龙城附近；商被灭后，孤竹又归属周朝；至公元前 664 年，孤竹被齐灭，孤竹古国历经约 940 多年。而“秦皇岛”之名最早见于明英宗天顺五年（公元 1461 年）杨琚《秦皇岛》一诗，其中有“古殿远连云缥缈，荒台俯瞰水潺湲”之句。明弘治十四年（公元 1501 年）《永平府志》中有关于秦皇岛的记述：“秦皇岛在抚宁县东七十里，有山在海中，世传秦始皇求仙常驻跸于此。”万历年间，蒋一葵在《长安客话》中记述得更为详细：“关（山海关）南六里有孤山，屹然独立于海上，四面皆水，俗呼秦皇岛……俗传秦皇至此山见荆，愕然曰：‘此里师授吾句读时所用朴也。’下马拜，荆皆垂首向地，如顿伏状，至今犹然。石上有秦皇下马迹，因名秦皇山。”之后，地方史志和文人诗作中多有记述。到清代，又有秦王岛之说。秦王岛之名最早见于康熙八年《抚宁县志》，其中有“秦王岛误秦皇岛，在县东七十里，四面皆水，惟岛居中，唐太宗征高丽驻跸于此，岛上荆条伏生。相传秦王下拜，伏。”秦王岛之名传说与李世民征高丽回师途中经此地有关。至此之后，一直到民国年间，地方史志和文人诗作中，则将秦皇岛与秦王岛并用。

秦皇岛是中国首批 14 个沿海开放城市之一，也是冀东地区的重要滨海城市，地处环渤海经济圈中心地带，是东北亚重要的对外贸易口岸，有世界第一大能源输出港，是东北与华北两大经济区的结合部，区域位置极为特殊。它襟燕山、傍渤海，拥有自滦河口以东，经昌黎县南七里海，抚宁区南洋河口，北戴河区戴河口、联峰山、老虎石、金山嘴、赤土山，海港区汤河口、东南山新开河、沙河口，山海关区南海口、老龙头，至关门外的黑山头、姜女坟、止锚湾止，长达 162.7 千米的海岸线，沿岸曲折，多天然港湾，海域总面积约 1805 平方千米。这里燕山壮美，大海雄阔，雄关虎踞，可谓文化资源丰富、自然禀赋优越，汇集了多样性、质优性和独占性等诸多地域特点。

秦皇岛以其景色之胜、山海之险，曾引夷齐让国、徐福渡海、秦皇求仙，后又有魏武挥鞭临碣石观海、姜女寻夫、汉武巡幸、唐宗驻跸等。特别是建于商初、亡于春秋的古孤竹国给这一地域留下了丰厚的文化底蕴。而由明、清至现代，山海关一直为兵家必争之地，明代民族英雄戚继光、熊廷弼、袁崇焕等都在这里留下了他们的征尘。由于历史和现实中的地缘关系，使这里有着博大的历史文化、深远的宗教文化和精彩的民间文化。同时，草原文化、平原农耕文化、海洋文化、滦河文化、孤竹文化、长城文化、战争文化、移民文化等共同交合，形成了自己独特的文化筋脉，推动着当地政治、经济、文化发展的稳健步伐。

有着两千多年悠久历史的秦皇岛，一如那滔滔渤海、巍巍燕山，以其深厚的历史文化底蕴和独特的自然资源滋养了一代又一代的作家。他们出生或是长期生活、学习在秦皇岛地区，立足于一方水土，以山、海为题材，以秦皇岛的过去和现在的社会生活、风俗民情以及时代发展为背景，创作了大量的描写这片土地的青山秀水碧海、反映时代变迁和人们的精神面貌、歌颂家乡美好的自然风光和人性、表现独特的山情海韵和富有深厚历史文化传统的地域灵光、弘扬优秀文化传统、揭示深刻的社会内涵且具有整体创作风格和共同的审美追求以及内在美学意蕴的文学作品，如解俊山的《大海的呼唤》《山海船韵》，阎明国的《海滩》《风潮不到岸》《鳄吻上的炊烟》，董宝瑞的《五峰长翠》《碣石观海》，马国华的《大道岭》，奚学瑶的《燕塞湖随想》《鹰鸽夜话》，林闻的《静静的栗园》《金银色唱片》，梅里的《戒河》《佛耳山歌》，等等。因此，我们把它称之为“山海文学”。

第二节　乡村生态的文化思考

著名经济学家戴利曾谈道：“贪得无厌的人类已经堕落了，只因受到其永不能满足的物质贪欲的诱惑。……贪得无厌的人类在心理和精神方面的饥渴是不会满足的；实际上，眼下为越来越多的人生产越来越多的东西的疯狂愚行还在加剧着人类的饥渴。备受无穷贪欲的折磨，现代人的搜刮已进入误区，他们凶猛地抓挠，正在使生命赖以生存的地球方舟的循环系统——生物圈渗出血来。”[①]秦皇岛作家梅里的长篇小说《河戒》就体现了对历史巨变中的环境的隐忧。小说通过20世纪50年代以来青龙河畔几个家族、几代传人的命运纠葛和人生道路，描述了作家故乡母亲河青龙河两岸人世的变迁，展示了中国北方乡村的社会史、风俗史、心灵史。尤其是作品对王氏家族三代人在青龙河上繁衍生息的生动描写，表达了一个沉重的主题，即在历史变迁、经济发展的进程中，以河流为代表的自然环境，是值得我们倍加珍惜和保护的，社会进步不能以毁灭环境为代价。作品体现了古老的东方生态智慧及鲜明的地域特

① ［美］赫尔漫·E. 戴利，肯尼思·N. 汤森，《珍惜地球——经济学、生态学、伦理学》，马杰等译，商务印书馆2001年版，第179页。

色，凸显了崇尚自然、敬畏生命，营造和谐统一的适宜生存的精神家园和自然家园的生态意识。

一、 融生命于自然的生态意识的自觉

人与自然的关系是生态文学的基本命题。其实人类很早就开始关注自然与人的关系，努力寻找和发现人与自然的秩序成为很多民族传统文化的最初内容。人类文明的发展史，在某种意义上来说就是人类与自然关系的不断融合与疏离的演变史。现代化进程对自然资源没有节制地消耗与掠夺，使人类越来越远离生存栖居的自然家园。自然是自由的象征，是人类灵魂休憩的本源之地，自然以其自然性滋养了万物，丰盈了众生。可是，在所谓的现代文明社会，金钱与权势、物质与欲望的日益膨胀导致了严重的生存危机、精神危机和道德危机。对此，梅里心怀忧虑地在小说《河戒》中揭示了工业浪潮不仅打破了安静的田园生活，也撩动了原本安逸的村民的心，人们对家园的热爱和归属感被物质社会的喧哗所淹没，彰显了作家对现代文明带来的弊端的醒悟。

中国传统文学中神话、传说等充满了丰富的生态智慧，这虽然与早期先民“万物有灵”的观念有关，但更深层的原因恐怕是人类在生存中领会到的人与土地以及其他自然生命间的共存关系，从自我的生命体认中懂得了感恩和敬畏。因为自我力量的贫弱让他们在生活中小心翼翼地呵护着神灵所赐予的一切。他们认为一旦冲撞和得罪了这些神灵就会招致可怕的后果，或许这是人类强化自我生命意识的一种方式。在《河戒》中，由于古老传统中对自然的敬畏和崇拜，使这里的百姓都有意无意地保持着与周围自然环境的和谐共生状态。作品着重描述了王氏家族对青龙河的依恋。“王三木有幸生长在青龙河边上，他有一种无比的幸福感和优越感。尽管他能识一些字，在前村后店算得上是一个有远见的聪明人，可是他却无法用语言准确地表达出对青龙河的那种热爱的情怀。他从小就牢记住了爹临终前握住他的手嘱咐的话：千万不能离开这条河！没有这条河就没有咱老王家！爹最后还说了一句：‘这是你爷爷，不是，是你爷爷的爷爷留下的话！’爹死后，王三木更爱这条河了，

而且爱得更加深沉。”[①]王氏家族三代人的命运遭际贯穿整部小说，构成了故事的主体。这个家族传承着古老的孤竹国的文化气脉，与青龙河有着很深的渊源。王家世代居住在青龙河畔，以摆渡和打鱼为生，他们坚信自己的祖先就是留居在青龙河中的通灵乌龟，它可以保佑子孙万代昌盛兴旺。因此，家族中的每一个人都格外敬畏这条河及河中的每一个生灵，王三木、王石根父子尤其如此，即便以打鱼为生，也注意节制，从不过度捕捞，让河中的鱼类有充分的休养生息的时间和空间。“王三木甚至认为青龙河上空飞翔的鸟类也是有灵性的，不能随便捕杀。李秋生、王石根小时候曾在河上抓到两只野鸭，王三木知道后，不仅打了儿子一个耳光，而且在河边摆上供桌和香烛，向河神谢罪，并发下毒誓，今后绝不再犯。他坚信青龙河是有神灵的，河上的万物都是有灵性的，是不可侵犯的，谁伤害了它们就将遭到报应。”[②]

生态中心主义认为每一种自然生命都有其内在的价值，都是值得我们敬畏和保护的。《河戒》中对那些自然生命温情呵护的细致描绘非常动人。作者力图将人与自然的关系置于浓郁的地域文化氛围中加以呈现，凸显出人与大自然应该和谐相处的诉求。王氏家族世代守护着青龙河，尽力维护河岸两侧生态系统的平衡，这种行为也潜移默化地感染了好上峪村的其他村民，除了三年自然灾害这样的极端时期外，大多数村民都认可并推崇王家的做法。王三木曾在河岸边的沙土旁发现一只待产的大乌龟，他马上在河边设香祷告，并召开家庭会议，让全体家人二十四小时轮流值班看护这只乌龟，确保它不受伤害。瘿脖书记得知情况后，又召集村民们都来保护乌龟，直到所有小龟顺利出世并安全入水。而这次的护龟行动也确实给村民们带来了好运。王三木一家都爱鸟，他家后院的老榆树上住了一窝黎鹊鸟和八啦鸟，鸟儿们每天一大早就对着王三木的窗户叽叽喳喳叫个不停，王三木认为这是鸟儿们催促他早点起床去干活。王三木将这些叫声翻译成人语。小黎鹊们出窝试飞时，王三木和妻子二芹头给它们喂食、喂水，还整天守候着它们，生怕孩子们和猫狗们伤害这些小鸟。冬天下雪时，王三木担心鸟儿们饿着，就在自家庭院撒上粮食让它们来啄食。王三木

---

① 梅里：《河戒》，长江文艺出版社2013年版，第158页。

② 周颖：《论梅里小说《河戒》中的生态思想》，《燕山大学学报》（哲学社会科学版），2013年第4期。

去世后，王石根坚持着父亲的做法，每逢冬日里下大雪，就在青龙河边扫出一片空地，给鸟儿们撒些高粱、玉米和谷子。有些胆小的山鸡不敢来吃，王石根和他的家人就在人迹罕至的山脚下另扫出一片空地并撒下谷黍，帮它们顺利度过严冬。对自然万物的生命灵性的体验是生态世界观的基本内涵，王家人的思想和行为带着民间朴素的呵护生命的意识，他们把感觉、心灵和思想都融入大自然中，汲取灵性，极力保存人与大自然原初的和谐，这就是他们生态人格的具体化。

小说中最具诗情画意的段落是李秋生和百灵鸟的故事。作为王三木的徒弟，李秋生不仅跟师父学会了摆渡的技能，而且也像师父那样，对青龙河上的自然万物生灵充满了爱护。他曾在河滩上捡到一只百灵鸟幼鸟，于是每天打食喂养它，小鸟渐渐地也对李秋生很依恋，一见到他就叽叽喳喳地叫，仿佛在和他说话。小鸟长大后，李秋生想将它放回山林，可是那鸟总是不愿离去。李秋生和周米儿相互喜欢，但出于种种顾虑，婚事一直没能定下来。百灵鸟似乎知道两人的心事，于是一天早晨，它衔起一颗麦粒放到李秋生手里，又衔起另一颗，早早地等候在周米儿屋外，周米儿打开房门走到院子里时，百灵鸟就飞到她的肩上，将这颗麦粒放到她手里。善解人意的百灵鸟在有意撮合这对有情人。小说给我们勾勒出一幅人鸟之间其乐融融的动人画卷，字里行间洋溢着作者对自然生命的深挚情意。荷尔德林说，人充满劳绩，但却诗意地栖居在大地上。人生本应是充满诗意的，但今天，人却在物质生活日益丰富中抱怨生活的枯燥与单调、冷漠与乏味。似乎“劳绩”成了生活的主旋律，精神和灵魂整日处于劳顿之中，这样，我们更需要文学来照亮和引领我们通达诗意的空间。

小说中与王氏家族形成鲜明对照的是赵氏家族，以道德危机映衬了生态危机。赵家的赵兰鹤、赵青鹤两兄弟自幼顽劣不堪，经常干些偷鸡摸狗的勾当。长大后，更是善于巧言令色、贪婪自私。两人曾多次暗地里捕捉青龙河里的乌龟到集市上贩卖，甚至用炸药捕鱼，致使青龙河的鱼类、蟹类和龟类大量死亡。王三木多次训斥并告诫两人，这是缺德绝户的事，会遭到报应的，但两兄弟却置之不理。最终赵兰鹤在一个春天的早晨被炸药炸死在青龙河上。于是，赵青鹤认为这是王三木对着青龙河诅咒造成的，对王三木和青龙河又恨又怕，由此两家结怨。“三年自然灾害”时期，赵青鹤带头捕食青蛙，并活活地将青蛙的两只后腿剁下，把残蛙再放回河水里，很快水塘里就漂浮满痛苦地等死的残蛙，非常残忍，把王三木气得晕死过去。于是，赵青鹤害怕再次受到王三木的诅咒，落得跟哥哥同样的下场，整天提心吊胆，文中写道："赵青鹤做了孽事，做了噩梦，又气晕了王三木，他有些紧张，他真的担心那蛙们会找上门来向他讨还血债，或者老天爷惩罚他，遭报应。"[①]这种恐惧焦灼的心理最终演变为变态的报复。到了"文革"时期，由于他擅长见风使舵，当上了造反派头子，于是指使人烧毁了青龙河岸边的老柳树，还在青龙河里投放鱼糖精，造成大量鱼类死亡。改革开放后，又由于他到处投机钻营，阴险狡诈，成了暴发户。虽然他表面上风风光光，但因为做了太多的孽事，内心深处始终充满恐惧与焦虑，最终掉进青龙河的大沙坑中被淹死，他生前又恨又怕的青龙河成为最后的归宿。笔者相信自然是有灵魂的，这灵魂无处不在，自然也是会说话的，它一直在告诫你天理和人道。

人类的生活离不开大自然，人类不仅从大自然中获得生活资料，还在一定的自然生态中孕育了属于他们的文化传统。人类的历史就是在与大自然的交往中把生于斯、长于斯的土地改造为家园故土的历史。长期以来，中国传统文化中对自然崇尚的思想对作家产生了深刻的影响。自然在不少文学作品中作为某种精神或者观念的象征出现，这是源于作家的思想深处的。梅里的小说《河戒》处处充满了自然的气息和浓郁的生态意蕴。梅里试图还原自然在文学中的本我地位，让其如其所是地呈现出自我的存在。乡村的世界、山野的世界、河流的世界……就是乡村普通百姓的日常世界，表现了作者对故乡和大地的朴素的情感，引发读者对今天人与自然关系的追问和生态不断恶化的根源的思考。

二、传统文化与现代文明冲突中的故园悲歌

自然生态的变化对文化生态的影响是巨大的，从生态人类学的角度来看，任何人类的文明都是自然选择和适应的结果。自然生态关乎每个民族、每个族群、每个城市以及乡村未来文化的走向和生活的福祉。生态危机不仅是自然的危机，人类生存的危机，也是文化的危机。自然是他们文化的根，一旦自然生

① 梅里：《河戒》，长江文艺出版社2013年版，第109页。

态遭到破坏，他们原有的文化生态就失去了根基。故乡对于每个人来说，既是自然的存在，又是精神家园。尽管很多人后来由于求学或者工作等原因离开了家园故土，但是他们始终对生于斯长于斯的故乡怀有一种深切而复杂的情感，哪怕故乡是贫穷的，落后的。这种精神上的依恋是潜意识的显现，甚至可以说是一种文化情结。梅里小说的原动力就是对故乡的关注、热爱。自然情怀和家园之梦是其生态文学创作的基点。而这一写作取向是在他童年关于故乡的美好记忆和被污染、破坏的现实冲突中产生的。他见证了故乡生态慢慢恶化的过程。“我家的门前就是青龙河。河的两岸长满了高大茂密的杨柳树。小的时候，我和村里的小伙伴们在那里钓鱼、洗澡、打水仗、滑冰车，也在树林子里抓过兔子、掏过鸟窝、套过知了，还在沙滩上捡过鸟蛋、烧过蛤蟆，总之，一切坏小子们可能想到的坏事，我们都干过。青龙河是我们这些农村孩子最幸福的乐园。”“也是一天早晨，突然，青龙河里响起了一声巨大的爆炸声，水柱冲天，接下来便是水花落在河面上的哗哗声响，再接下来便听到河岸上的人们疯狂地喊起来，快来捞鱼呀，有人炸鱼啦。从此，炸鱼的事几乎天天都有，而且越炸越凶。”“青龙河继续被人们所蹂躏，恨不得置她于死地而后快。那年春天，青龙河上游忽然来了一大队人马，他们开山放炮，热火朝天地折腾了几个月，然后从上面筑了一道大坝，挖了一条大渠，把青龙河引走了，说是为了解救一个城市里人们的饮水问题。青龙河被引走，青龙河就像得了半身不遂，下肢干死，不能动弹。从此，下面的土地也便失去了风水，失去了灵性。”①

“20 世纪 80 年代以来的工业化和城市化的狂欢，加重了对生态的严重破坏和对自然的无尽掠夺；90 年代以来时尚的奢靡消费观更助长了对自然的蹂躏和践踏，致使生态环境遭到前所未有的破坏。”②特别是 80 年代末以来的乡镇企业的飞速发展，占用了大量的耕地，破坏了无数的山林。这种恶性繁华的趋向，几乎达到了“看到河就想到开发它的水电；看到树，就想砍下来卖木材；看到石头，就想挖出去筛矿；看到一块地，就想盖上房子；看到一只飞鸟，就想弄到笼子里或者炖到锅里”③的程度。在中国当代社会漫长的现代化转型过

① 梅里：《关于〈河戒〉的闲话》，《中华读书报》，2013年8月14日，第20版。

② 田浩：《20世纪80年代以来中国生态诗歌发展论》，《湘潭大学学报》2007年第2期。

③ 冯永锋：《边做环保边撒谎——写给公众的环保内参》，世界知识出版社2009年版，第171页。

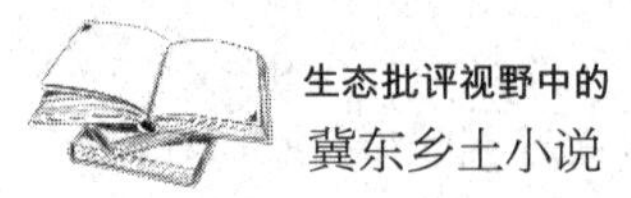

程中，农村传统的乡土文明遭到城市文明的冲击，人们的生活方式、思想观念、思维模式均受到影响，以往的农耕文化被打破，而新的文化秩序还没有建立，出现了文化的断裂时期，造成人们无所适从的失落感与焦虑感。正如沈从文在《长河・题记》中说的："表面上看来，事事物物自然都有了极大的进步，试仔细注意注意，便见出在变化中那点堕落趋势。"梅里在生活中亲历了工业文明对周围事物及自身生活的改变，目睹了物质对日常生活的遮蔽，工业化发展进程给古老乡村文化带来的"失忆"，功利主义对传统文化及自然生态、精神生态造成的巨大破坏。《河戒》中将这种焦灼的状态通过青龙河的断流隐喻性地表达了出来。小说后半部分主要涉及两件大事，一件是引青入瀛工程，一件是王石根之死，并且两者呈因果关系。子孙永远守护着青龙河是王氏家族祖上的遗训，因为这条河里有王家的祖先，是家族的精神和灵魂，因此，青龙河的兴衰关乎王氏家族的命运。王三木、王石根、王水强祖孙三代都一直坚守祖训，精心呵护着青龙河的一切。然而为了缓解瀛州市的用水压力，要实施引青入瀛工程，就是在青龙河上游修水库，将河水全部引走。这样好上峪村的青龙河就会彻底断流，这一消息宛如晴天霹雳给王石根带来沉重的打击。于是，他不停地跑到青龙河边烧香祷告，求老天爷给瀛州降大雨，以为这样就不用把青龙河的水引走了。他每天早晨都跑到青龙河上看它是否已被人引走，并且整天守在河边，哪怕是晚上回家睡觉，也总是梦见青龙河水。王石根被这种焦虑折磨得几乎精神崩溃，逢人便问修水库的事，大家都觉得他快要疯了。李秋生和周米儿最能理解王石根的感受，因为青龙河是好上峪村人世代生活的源泉，是他们的衣食父母，一旦河水断流，村民们将失去生存的根本，当然村民都不愿意让人把河水引走。然而个体的力量太渺小，终于有一天，在黄眉山上响起了一连串开山引水的炮声，这也意味着王氏家族将被彻底摧毁，心力交瘁的王石根终因受到强烈的刺激而倒在了青龙河边的大柳树旁，再也没有起来。此后不久，青龙河果然断流。"王水强等所有的人亲眼看见了那青龙河变窄、变细、变成了几潭死水，变成了一片黑泥，一道泪痕，一道哭泣了千百万年的泪痕。麦子、王水强、李秋生、李水清等所有人的脸上也留下了道道泪痕。"[①]接着小说又对

① 梅里：《河戒》，长江文艺出版社2013年版，第262页。

好上峪村未来的处境和命运做了暗示："自青龙河断流后，漆梁县就真的未出大官且百业不兴。据风水先生讲，原来百十年内这地方要出一个真龙天子，可是现在断了龙脉，断了奶汁，那龙就夭折了。漆梁县常常呈现出股股妖雾邪气。"[①]"青龙河的断流，昭示着一种灵魂的毁灭，也预示了某种心灵丑恶的肆虐与膨胀。"[②]作者以一种神秘主义的笔法表达了对青龙河断流后的担忧："当自然生态环境遭到破坏后，人文生态环境也将相应恶化，恶化了的人文生态环境进一步作用于自然生态环境，从而导致自然生态环境走向万劫不复的深渊，两者之间相互纠缠，最终陷入恶性循环的怪圈。"[③]同时也给予我们警示：今天尽管我们不相信上帝的存在，也不相信所谓的万物有灵，但是人类对自然的崇敬绝不应断绝。自古以来中国就是将对自然的崇敬上升为一种宗教的崇拜，这也从某种程度上规训了人们的行为，使人们的行为有了某种节制，这种力量是道德驯化所达不到的。今天，我们不能因为没有神明为自然撑腰，万物就沦为自命强大的人类的羔羊。就如俄罗斯思想家奥斯宾斯基所说："地球是一个完整的存在物……我们认识到了地球——它的土壤、山脉、河流、森林、植物和动物的不可分割性，并且把它作为一个整体来尊重，不是作为有用的仆人，而是作为有生命的存在物。"[④]人类作为大自然的一部分，不能凌驾于其他自然生命之上。当我们肆意践踏其他生命的时候，"随着对其他生命痛苦的麻木不仁，你也失去了同享其他生命幸福的能力"。甚至于"谁习惯于把随便哪种生命看作是没有价值的，谁就会陷入认为人的生命也是没有价值的危险中"[⑤]。科学的发展不断给人类以自信并助长了人类的狂妄自大，而自然也会伺机地给人类的贪婪和倒行逆施以痛殴。"随着时间的流逝，人类才发现所有的惩罚都是属于人类自己的。"[⑥]

青龙河断流后，好上峪村的村民不得不改变生存方式，年轻人纷纷去了漆梁

① 梅里：《河戒》，长江文艺出版社2013年版，第263页。

② 梅里：《关于〈河戒〉的闲话》，载《中华读书报》，2013年8月14日，第20版。

③ 何怀宏：《生态伦理——精神资源于哲学基础》，河北大学出版社2002年版，第450页。

④ 陈泽环、宋林：《天才博士与非洲丛林——诺贝尔奖获得者阿尔贝特•史怀泽传》，江西人民出版社1995年版，第161页。

⑤ 史怀泽：《敬畏生命》，陈泽环译，上海社会科学院出版社1996年版，第23页。

⑥ Aldo Leopold. A Sand County Almanac，New York：Oxford University Press，1949，pp.224-225。

县城或瀛州市讨生活。而王水强不肯背弃祖训，仍然留在青龙河畔，即使河里没了水，但还有几百亩的沙滩，于是他与李水清、申大志一起把这片河滩承包了下来，准备植树造林、饲养家畜和鱼类。六百多亩荒滩在全村人的努力下很快种满了树，让绝望的好上峪人又重新看到了希望。然而河滩下面的矿藏资源又引起了一些贪欲者的注意，赵青鹤的儿子赵松就是其中之一。赵家在改革开放之初搬迁至漆梁县城，经过数年的投机钻营，成了暴发户。赵松为了达到开采河滩矿藏的目的，派手下的地痞流氓整天在河滩旁寻衅滋事，王水强上前跟他们讲理，却被一刀刺死。此后，河滩上几乎所有的树木被焚毁，开始了大规模的挖沙、开矿的罪恶行径。珍贵的矿藏资源大多是不可再生的，在商业利益的驱动下对其进行无限制的开采，必将对生态自然环境造成致命的伤害。人类社会由农业文明向工业文明转化，不仅摧毁了大自然，显然也无益于人性，但这一切似乎都不以个人意志为转移，现代化的车轮终究是不可遏制地排山倒海般驶来。

在小说中，王氏家族与赵氏家族的矛盾与冲突，其实就是良知与贪欲的较量。令人不能释怀的是，小说最后并没有让正义战胜邪恶。幕后黑手赵松仍然趾高气扬地觊觎着河滩下的矿藏。而王氏家族此刻遭遇重创，呈衰颓之势，他们的后代能否继续与财大气粗、嚣张跋扈的赵家抗衡以重建昔日美好的家园，我们无从知晓。小说结尾略显仓促，作者以欲言又止的无奈给我们留下更深的忧虑与伤感：昔日波澜壮阔的美丽的青龙河已成为遥远的过去，古老的乡村生态文明将逐渐走向没落，丧失了精神家园的人们将何处安放他们精神和灵魂？小说呈现出了深沉的悲剧意识。

《河戒》以从容的笔触、生动的细节、幽默的风格记述了时代的更迭、河山的变迁、风俗的传承、人生的沉浮、心灵的嬗变，引发我们对中国农村命运的深切思考和对世道人心深长的忧虑，也引发了我们对人与自然关系的深刻认知，给人留下了诸多关于生态文化的思考。作者在尊重生命、赞美自然的文化语境下，展示了人们对这条河流简单、淳朴而深沉的爱，建构了人与自然和谐的生态文学话语体系，彰显了文学尊重自然生态的品格。作者在《关于〈河戒〉的闲话》中说：“青龙河的毁灭，她象征了一种希望的破灭，也预示了某种腐朽制度的灭亡。青龙河的毁灭，她应该把昏庸者唤醒，这也许就是我写作《河戒》的全部目的。”[1]事实上，今天的乡村早已不是当代生态危机的避难所了，它一旦遭到环境污染或破坏，几乎没有任何应对能力，只能默默承受。作者站在生态立场上思考人与自然的关系，审视和反思导致生态危机的工业文明，难免为乡村开发的盲目和破坏生态行为担心忧虑。随着农村生态环境的恶化，人口的持续增长，城乡差距的加大，乡村百姓的生存必将越来越艰难，越来越痛苦。毕竟，对自然生态有着直接依赖的农业生产和传统生活方式保持同一性的乡村文化来说，一旦他们的自然环境发生变化，他们原有的生活方式和文化传统就会不可避免地随之改变。因此，我们不能重蹈覆辙，不能让自然环境的破坏导致文化的衰落乃至消失。乡村生态是自然生态和文化生态的重要组成部分，人与自然的和谐及文化生态的和谐都离不开乡村生态的和谐，我们应该在建设和谐社会和生态大文化的现实语境下，加强乡村生态环境保护和传统文化保护，这是与发展乡村经济一样值得深思的课题。作品中构建的乡村生态体系与贪婪的物质主义、个人主义形成鲜明的对比，并以此回应对人类生存状态的思考：如何解决现代文明的高速发展所带来的弊端，如何让身处精神“荒原”的现代人回归自然、重建人与自然之间的关系、构建和谐的生态系统。

第三节　自然与人性的生态调和

《佛耳山歌》是梅里继《河戒》后推出的又一部长篇力作。在这部 70 多万字的小说中，梅里凭借宽阔的叙述视角、现实主义的笔触全景式地展示了冀东农村的当代风貌，描绘了当下社会转型时期乡村面临的种种现实问题。但这种全景并不是农民生活的简单陈列与堆叠，而是经过了艺术的选择、过滤与加工，因而其意义不在于全，而在于构筑了一个具有独特地域文化特征的乡村自然与人性和谐共生的优美画卷。

美国生态学家霍尔姆斯·罗尔斯顿说：“当我们探寻的不是资源，而是我

① 梅里：《关于〈河戒〉的闲话》，《中华读书报》，2013年8月14日，第20版。

们的根源时……人们就会发现，自然环境是生养我们、我们须臾不可离的生命母体。”[①]中国当代作家张炜也曾说：“我觉得作家天生就是一些与大自然保持紧密联系的人，从小到大，一直如此。他们比起其他人来，自由而质朴，敏感得很。这一切我想都是从大自然中汲取和培植而来。所以他能保住一腔柔情和自由的情怀……我发现一个作家一旦割断了与大自然的这种联结，他也就算完了，想什么办法去补救都没有用。”[②]从这些充满激情的话语，我们可以想见其从当前中国生态环境急剧恶化中感受到的致命伤痛和对作家应承担起唤起人民众生态意识的社会责任感的呼吁。梅里从《河戒》的创作开始就关注人与自然的关系。他的成长经历使他与大自然始终有一种天然的亲近感。对故乡风土人情以及自然景物的描写成为其作品不可缺少的一部分。梅里对故乡奇山异水的生动描写，体现了他对家乡的热爱和对中国传统文化中自然与人文和谐统一的哲学意趣。在《佛耳山歌》中所描绘的神奇的自然景象、塑造的淳朴善良的人物形象、构建的充满诗情画意的乡土世界体现了他独特的生态情怀。

一、自然美的诗意描绘

长篇小说《佛耳山歌》从命名起就表达了作者对故乡佛耳山、青龙河的依恋之情。小说开篇就用含情笔致描写了这片神奇的土地。故事发生在羸州市漆梁县佛耳峪村。有古老的漆水（今称青龙河）蜿蜒流淌，没有人能够说得清楚它是从哪一天开始流淌的，不知道它穿越了多少崇山峻岭，来到了美丽的佛耳峪村。“它从西北淌来，顺着山势，向东流去，一头撞在佛耳山上，又一挺身向西飘去，把这里的青山沃土半包围起来，蜿蜒成一个大半岛。岛上桃花遍地，松柏参天，苍鹭翔舞，鹿走蛇欢。”[③]明代时在这里“从东到西筑起了长城。长城从东面佛耳山的山顶上顺势而下，越过青龙河，然后爬上黄蜂岭”[④]。人们又在河西岸上修筑起了瓮城，在半岛的山顶上建起了围城，由蒋、宋、陆、沈

① [美]霍尔姆斯·罗尔斯顿：《哲学走向荒野》，刘耳、叶平译，吉林人民出版社2000年版，第98页。

② 张炜：《绿色的遥思》，文汇出版社2005年版，第102页。

③ 梅里：《佛耳山歌》，作家出版社2014年版，第1页。

④ 同上。

四名军官带领百名士兵在此驻扎。后来他们在此建起村落。一个道士到此云游，站在佛耳山山顶往下一看，不禁赞叹此乃风水宝地，宛如释迦牟尼的大耳轮状，于是将该村取名为佛耳峪村。村北有一座白玉庵，里面供奉着白玉佛。千百年来，白玉佛保佑着佛耳峪这片土地风调雨顺，五谷丰登，没有匪患，没有瘟疫，没有战乱。因此，现如今，佛耳峪仍然是一片美丽的土地。“青龙河从西北的青山里蜿蜒而来，在佛耳山脚下情意绵绵地飘过，然后告别亮马山，欢呼着，歌唱着，一路西行而去。河的西岸是一大片开阔的湿地，湿地上长满了芦苇、野草，它们随风起伏、荡漾，就像万顷波涛一样滚滚向前。河的东岸是壮美如画的佛耳山，大自然的鬼斧神工造就了它的高峻、奇伟与雄武。面向青龙河的一整面全部是刀削斧劈的悬崖，而悬崖上又处处长满了古老而沧桑的故事。”[①]“红日站在了佛耳山的最高峰上，太阳的脸更加红润，也更加热烈。此时，整个佛耳峪村，还有青龙河，以及那大片湿地，都被太阳光笼罩在她温暖的怀抱里。佛耳峪人把佛耳山的最高峰称作耳轮峰，而把它中间的一座峭壁奇峰称作耳豆峰。近年来，耳豆峰的峭壁上住着成千上万只仙鹤。就在宋清宇把目光转向耳豆峰的一刹那，突然，仙鹤们披着金色的霞光从悬崖上俯冲下来，它们有的直接扑到水里觅食，有的却在地上奔跑起来，有的成双成对相互亲吻，有的三五成群跳起了舞蹈，有的单身汉还跳起了独舞，还有的却是仰天唱起了歌谣……青龙河上，静谧的村庄内和山谷里，到处都回荡着仙鹤们美妙的歌声，整个青龙河岸俨然就是一个天然的大舞台。”[②]在梅里的笔下，自然界生机盎然，生命繁盛，一种生命的蓬勃活力也映衬出了另一种生命的蓬勃活力，呈现出一片美轮美奂的人与自然和谐相处的“桃花源”，展示了人类诗意栖居的生存图景，也体现了作家对现代文明进程中人与自然、物质与精神、社会发展与环境关系的审美反思。 切生命都是受自然化育而生成，自然因为有了生命而充满生机。大自然也是人类生存的唯一背景，人本身是这背景中最生动的部分，人与自然、人与人构成了一种相互依赖的互动共生的生命场。

人与自然和谐共生是人类追求的生存理想。《佛耳山歌》中对大自然美好景色的不厌其烦地呈现，不仅给读者一种视觉的美感，一种精神的愉悦，同时

① 梅里：《佛耳山歌》，作家出版社2014年版，第2页。

② 同上，第3页。

也是一种文本中的地域文化风景，是一种自然美的鲜活的存在，涌动着作者对自然浓浓的爱意。如“山顶上的烽火台巍然耸立，一缕炊烟横在半山腰间，纹丝不动，山下是陆峥嵘家的大片果园。一阵清风吹来，一股芳馨的果香扑入宋清宇的鼻子。宋清宇有些陶醉。他张开嘴，使劲吸了一口，然后闭上眼睛。等他睁开眼时，一只苍鹰正从亮马山的那一边盘旋升起，它窥视着，静听着，分析着，速度很慢，就像一架侦察机，渐渐地越过围城，一步步向白玉庵这边移动。这是佛耳峪每天都上演的小戏，有时一两只，有时却是三五只，甚至是十只八只一起出现，场面十分壮观。加之地面上的青山，古老的村落，雄伟的长城，奔腾的青龙河”。[①]苍鹰为什么天天光顾佛耳峪，它们看中了佛耳峪什么？因为这里有青山，有绿水，有树林，有很多小鸟。“耳豆峰下是青龙河和大片湿地，水草丰茂，鱼虾繁生，因此，耳豆峰住满了仙鹤。”[②]“一天，夜里下起了一场中雨，早晨起来天却晴了，佛耳峪的天空上只有一层薄薄的鱼鳞一样的白云。山里传来了一阵阵布谷鸟的啼叫声，声音此起彼伏。这几年，生态环境改变了，山里的野鸟也多起来。从前，就是佛耳峪这样的山里，也只能是在早春的时候才能听到几声布谷鸟的催春鸣唱，现在却好，布谷鸟天天都在叫，把整个佛耳峪催得都没有一个懒人了，就连庄稼都比其他村长得疯快。让佛耳峪人不解的是，从前那些常年生活在山里的大黄鸟、猫头鹰之类的，还有那些没名没姓的野鸟，现在都堂而皇之地登堂入室，来到了佛耳峪村，而且就在人家的院子里大摇大摆地筑窝生仔，仿佛就是要主动跟你创造和谐，分享地球幸福似的。还有塘里的和河边上的蛙儿们，往日它们只在春天繁殖的季节里大鸣大叫，如今已是盛夏，它们却还是一叫到天明，仿佛是要跟那些鸟们争出个高低上下似的。林木掩映着佛耳峪村的青砖草舍，鸟语和蛙鸣淹没了鸡鸣犬吠。”“宋清宇举着一个网抄子在聚精会神地向东面佛耳山方向眺望，只见河的对岸，山上的仙鹤沐浴着金色的阳光，乘着清爽的山风，排着队飞下山来，降落在青龙河西岸的大片湿地上。阳光从佛耳山顶斜射过来，照耀着湿地，整个湿地就像一个五光十色的大舞台。仙鹤们并不急于觅食，而是在相互亲昵，晾翅，

---

① 梅里：《佛耳山歌》，作家出版社2014年版，第5页。

② 同上，第14页。

舞蹈，还有的在跳跃，奔跑，尽享着美好和幸福。”[①]小说中这样的描写还有很多处。这样的自然景物不仅有着生机勃勃的生命力，更是作者以平等、敬畏自然的心态的表达，这种幽静和谐之美也是人类心灵与灵魂理想的栖息地。作者通过人物的讲述以及自身的体验和感悟告诉人们：大自然的怀抱是所有生命的家园，如果遵循大自然自己的规律，自然资源会满足所有生命的基本要求，也会呈现出原生态的清新、健康、和谐和美丽。正常情况下，自然生长的万物根本不需要人的干预，森林、草原、江河、湖泊、湿地等原初的自然状态无比和谐，无比健康，无比美丽。和谐是众美之源，人与自然的和谐，使人有了皈依，使人感到悠闲、安乐、惬意、舒逸。

二、人性美的激情展示

人性，是文学创作的起点和归宿。生态危机归根到底是人性的危机。现代社会进程中，对物的利的追求，金钱与权力的不平等逐渐使人变得虚假、贪婪、丑恶，摧残着人们的精神家园。生态整体观认为，世界是自然、人、社会共同构成的复合生态系统。人作为整个生态系统的一部分，不仅是自然的存在物，更是有意识的能动的社会存在物。因此，人与人之间的关系也同人与自然的关系一样，是生态批评关注的重要问题。怀着对社会现实的关注与对人的命运的关切，从人与人、人与社会生态关系的视角出发，梅里对世代生活在佛耳峪村农民们的生存状态和精神状态给予了深切的关注。《佛耳山歌》中写道：转眼到了新世纪，中国农村正经历着天翻地覆的变化，由于农村实行经济转型，一些农民纷纷进城打工。以郭有田为代表的一类农民，进城打工 20 余年，仍然不能在城市安身立命，于是重新回到家乡，但是他们已经没有了属于自己的土地，而且当时的土地政策是三十年不变，于是“有田”变成了“无田”，他成了失地农民。就如宋清宇所说：“中国农民，他不可能一步就走进城市，他需要几代人才能真正地融入。因此，在你没有真正走进城市的时候，永远不能放弃土地，否则就是自掘坟墓。”这些失地农民成了身份尴尬、处境艰难、贫困卑微的“游民”。于是他们不满当前政策，聚众闹事，不断上访。新任村干部

---

① 梅里：《佛耳山歌》，作家出版社2014年版，第34页。

贾德正又横霸乡里，胡作非为。这些令佛耳峪村的正直的老支书蒋学仁忧心忡忡，心急如焚。改革开放以来，相对于城市，中国农村的发展是缓慢的、滞后的。农民对市场经济的适应能力也是较低的。但是在新形势的推动下，农村不能固守老一辈的传统生活模式不放，必须适应新的环境、新的观念。于是，为了改变佛耳峪村落后、病态、混乱的现状，老支书冲破重重阻力，千方百计动员大学毕业回乡创业的有为青年宋清宇担任村干部，希望让他能够带领一群有知识、有文化的年轻人组成新班子，带领佛耳峪走出困境。小说中写到宋清宇走马上任后，与其他具有先进思想观念的新一代农民一起制定新政策，解决了土地问题、就业问题，让农民有了奔头，生活不再困窘。他还不惜牺牲个人利益，办起了农村生态旅游业，从而使佛耳峪走出低谷，重新焕发了勃勃生机，使佛耳峪走上和谐发展之路。

梅里对乡村生活明显带有诗意化处理的痕迹：小说里的人物几乎都是勤劳、善良、诚恳的，男人仗义、豪爽，女人美丽、能干。每个人都是美好的。即使吃喝嫖赌什么都干的贾德正最后也痛改前非，成为佛耳峪旅游业发展的主力。这里人与人之间都是相亲相爱的，尤其是最后的大团圆结局：他们收获了友情、爱情和亲情，表达了对人与人之间和谐亲近审美感受的渴望。佛耳峪也成了人们向往的美好家园。这部作品是用淳朴的乡土叙事写就的一曲乡村恋歌。在自然与人性、文化的观照中寄寓了重建人类自然家园和精神家园的美好理想，构建了人与自然和谐共生的生态乌托邦，表现了对人类社会发展和对人类精神家园建构的独特思考。

第四节　生态审美取向中的对立与和谐

一、对自然生态和谐、有序的歌吟

大自然的美是客观存在的，而对这种美的描绘和展示有时需要审美主体的体察与感悟。特别是今天，面对全球性的生态危机，伴随着方兴未艾的环境保护运动，人们将审美的热情倾注于自然，让自然美的歌唱成为新的审美时尚。文学在解构—重构现代文明的诉求下，通过执着于原生态的自然美来反衬现代都市生存环境下人们对自然美的渴求。正因为文学创作主体对自然美的彰显与提升，实现了文学对自然美的探索、发现、传播的作用。所以，文学对自然美的再现不仅体现了作家的审美情趣、审美品质，也推动了对自然美的书写成为生态文学的一个重要的表现手段。

马国华，1965 年出生于河北省秦皇岛市抚宁农村，1987 年开始文学创作，现为河北省作家协会会员，秦皇岛市作协长篇小说研究会副会长。出版有中篇小说集《背景在背面》。于 2014 年出版的长篇小说《大道岭》以保护长城为题材，真切面对生态现实，表现出对环境问题的深深忧虑，引起读者的关注。

小说《大道岭》中，作者对自然美进行了独到的观察与呈现，展示了壮美与优美集于一身的地域美，书写极富生态意识。作品中最有特色的景观就是古长城。“仰目看时，长城正如一条巨龙，绵延着，把人的思绪也扯到很远。”这里虽然没有泰山的帝王之气，没有华山的奇险，没有黄山的仙风道骨，也赶不上嵩山、武当山、峨眉山等可凭借千百年不断的香火给人以寄托，但是，恰恰因为这里有长城，它能够给人一种历史的沧桑感。它很容易能够让人的思绪穿越到战争频仍的古代，让人联想到狼烟四起、金戈铁马的战争场面，怀古思今，物是人非。如作者借导游之口说：“我们滨海市的山景也不错呢，春赏绿中鹅黄，夏赏满山野花，秋赏霜中红叶，冬赏雾凇雪原，并且山里的长城都是原始的，不像北京八达岭长城都是修缮的，览古怀今还是原样的好……”[①]这里对大道岭的自然景色的独特和自然资源的优势进行描绘，增添了对自然环境地域性认知的符号感，体现了不同于中国南方的自然之壮美，使原本少人问津的偏僻之地有了一种摄人魂魄的力量。

作者还善于把自然界的沉静、优雅变成一种美妙的意境，从而达到在对自然美的欣赏与领略中进行生态意识的思考和精神上的升华。这种自然美的感受和捕捉无疑体现了作者从大自然中感受到的生命的力量，同时表达了对人类中心主义思想的批判。如作品中这样写道：“看漫山的森林，每个树梢枝

① 马国华：《大道岭》，中国文联出版社2014年版，第131页。

丫上都已经有新芽冒出头了，点点鹅黄，配之以历经寒冬的苍松墨绿，就更让人感慨生机的力量。山坡上，枯草之间，新生的草叶也早就探出头来，很显然是第一次看到这个世界，却出生自不知更迭了多少万代的种子。它们目前还只能依附、掩藏在前辈的荫护之下，想要看得更多更广，就只能不断地长高，而去年的枯草最终要化成新草的养分。这种平衡便构成了一种完美，真应该让自以为聪明的人类无地自容了。”[①]生态智慧告诉我们，整体的自然生命世界是自生、自律、自化、自成的，是和谐、有序的，它们以自然自己之力保持生态平衡是最好的生态还原办法。这种生命伦理要求人类放弃与大自然对立甚至为敌的欲望，从大自然中寻找生命智慧，让所有的生命融入生生不息的大化生命之流，让万物都享受着生命的自由和美好，从而实现现代文明在生态维度上的自我校正。

当孟如风和薛莲两个人登临刚修好的一段长城之上，放眼四望，群山苍莽，雨后湿气生成的雾霭盘亘于崇山峻岭和山谷之间，仿佛仙境一般。于是，诗人孟如风拿出笔，一气呵成写出了一首赞美诗并且对着大山朗诵起来：

又是一个春天，如约而来，/又是一场细雨，融化了冬天。/我们用自己的年轮，/一次次感觉明媚和温暖，/在尽情赞美的时候，/期待春光永驻，花开无限。

然而季节毕竟是周而复始，/我们盼来了春天就到了夏天。/姑娘们在这个季节出嫁了，/她们开始孕育皱纹和艰辛，/偶尔有邻家女孩笑出青春，/在无限的时空里，谁在悲哀，/再也跨不回光阴的门槛。

失去的就永远不能回来了，/蹚过的那条河，/却不是原来的对岸。/在对着新芽凝思的时候，/我想着前些年自己的照片。

春天啊，看来我是不能让你永恒的，/却无法嘲笑秦始皇在海边的祈盼。/坐下来，嚼一把刚冒芽的草，/奇怪的味道无法下咽。/忽然想起应该马上做些什么，/只是因为，/眼下的春光又已走远。

原来，我们并不是传说中/万能的主宰啊，/我们并不能阻止七九河开，/

---

① 马国华：《大道岭》，中国文联出版社2014年版，第252页。

八九归燕，/我们只能在天热的时候拿起扇子，/在天冷的时候添件衣衫。

那么，还等什么，/春天的绿草注定要把秋天染黄，/我们的黑发注定要泛起白斑。/那就先给自己挖好坟墓吧，/然后回转身来，/把通向坟墓的道路拓宽……[①]

与人相比，自然是伟大的，生命是恒久的。通过这首诗让我们想起了老子《道德经》中所说："夫物芸芸，各复归其根。归根曰静，静曰复命。复命曰常，知常曰明。不知常，妄作凶。"这里告诉我们天地万物纷纷扰扰，周而复始，最后都要归到根上，就是都要回归大自然。往复本来就是自然生命的常态，如果人类领悟了这种规律，也就洞明世界的本质，也就不会狂妄自大，不会纠结于各种欲望，不会为了自己的欲望，而去任意妄为。妄为，就会给自己带来恶果。"大道无形，人类就算再能折腾，又怎能折腾出道德范畴？"[②]作者还论述道："地球上最初并没有生命，可后来不知怎么就产生了生命，有植物，也有动物。这些生命一茬又一茬地生存、繁衍、毁灭，残骸和尸体不断地沉积到地下，慢慢地就产生了煤炭和石油这样的资源。这些资源，最终竟是为后来更高级的生命准备的。远古的动植物一茬茬地灭绝，历经亿万斯年，就是为了今天的人类能够拥有资源，这是一种多么不可思议的安排呀。那么玄妙何在？目的何在？"[③]人在大自然面前是多么的渺小。作者此处的论述无非是试图努力求得人对大自然的神秘与威严的敬畏之情。希望树立生态中心主义，使大自然的主体地位得到尊重。

生态写作既是作家试图重构人与自然和谐关系以及生态伦理的努力，也是作家从个体经验出发，对自然奥秘以及生态哲学的感悟，体现了作者对人与自然和谐相处的生态意识的追求以及对现实生态状况的批判。在《大道岭》中，作者匠心独运地叙写了有关大道岭名称的由来。很古的时候，天上有一对神仙夫妻，有一次下界游玩，就到了这儿的大山里，他们看到风景很美，就决定留下来不走了。可玉皇大帝不允许，非要他们回去，他们想把儿女留下来，因为

---

① 马国华：《大道岭》，中国文联出版社2014年版，第252页。

② 同上，第229页。

③ 同上，第247页。

他们觉得这个地方这么好，他们自己享受不了了，就让他们的孩子享受。可是孩子们听说爹妈要到天上去做神仙，觉得还是做神仙好。于是这对神仙夫妻就做了一法，斩断了孩子们的仙根，从此，他们就留在这里做凡人了。可是孩子们一直想着做神仙，于是就依据老子的《道德经》潜心修炼，所以这个地方就叫“大道岭村”。后来，薛莲和孟如风又帮着文联主席重新编了一个关于大道岭来历的故事：戚继光在这里筑长城的时候，这里还没有村子，只有士兵驻扎在营城。后来长城修完了，这些驻扎的士兵因为对亲手垒的长城有了感情，都不想走了，戚继光就同意让他们留下来了。从此以后，他们每天都到长城上巡视。可这里远离人世，生活很苦，他们又不忍心伤害山里的动物，不去打猎，每天只能摘些野果子充饥，这属于道法自然，所以这个营城就改了名字，叫大道岭村了。薛莲和孟如风这么改的目的是提醒人们保护动物，希望能以此对人们起到潜移默化的作用。保护动物、平等对待诸种生命，就是中国传统哲学生态智慧的体现。

二、对立与和谐之间的困惑

人是自然之子，生态文学中大自然不仅仅作为作家抒情写意的背景和手段，更是以大自然为主体的视角出发，从生态学角度来打量大自然，把握自然生命的生与死、仁慈与残酷等。这是宇宙大生命孕育出来的生态之美。在这种自然生态规律面前，人很难说是爱还是恨，是喜欢还是害怕，是恐惧还是惊叹，我们只能对大自然的神秘力量深感敬畏。《大道岭》小说从2008年的一场持续三天的特大暴雨写起，这场雨不仅淹了许多道路、村庄，还浇塌了位于冀东湾水县境内北部燕山上的一段古长城。作品一开始就体现出了鲜明的生态意识。“已经很多年没有下过这么大的雨了。说不清从什么时候开始的了，感觉上，好像就是近几年，天时已经严重不正了，该冷的时候不冷，该热的时候不热，该下雨的时候不下雨，该下雪的时候却飘雨丝。有明白的人说，这都是人类敢于改造大自然和大力发展工业的结果，还说再这样下去的话，整个人类都将失去前途。但这种趋势就像刹不住的列车，很难停下来，除非彻底出轨或在某个地方撞个粉碎。”[①]接着写到了暴雨和长城的坍塌，使位于附近的大道岭村出现了奇异的现象，一个是村民在暴雨中看到了立体电影：眼前不再有瓢泼大雨，而是清晰地看见了远处的山和山上的长城。长城上的各个烽火台正狼烟四起，有许多身着古代士兵服装的人正在长城上四处奔跑，不停地呐喊着，却听不清他们究竟喊的是什么。这段情形大约持续了十五分钟，最后在一阵更强的闪电和惊雷声中突然消失，村民们眼前也重现了厚厚的雨帘。另一个是由于受到沉重打击而二十余年不开口说话的刘大军，突然说话了，而且还具有了特异功能，不仅知道每个人过去的事，还能准确预测将要发生的事。再一个就是倒塌的那段长城也很奇怪，根据其所在的地势，按照常理，长城应该向南北两个方向倒，但实际情况居然是向一面倒塌，好像有什么巨大的力量在北面猛推了一把似的。这个力量肯定不是风能做到的，那么，这个外力是从哪儿来的呢？这些诡异神秘的因素，给读者留下了扑朔迷离的感觉。同时也寓示了宇宙自然是神秘和神奇的，我们人类不过是广阔宇宙中很微小的一分子，还有很多神秘的自然力量是我们人类所未知的，因此，人类应该怀着谦卑和敬畏之情对待一切，而不应该盲目自大地认为我们可以任意奴役和掠夺大自然。作品还借曾经有过同样的特异功能的刘老师之口感慨道：

我们人类，都认为自己就是这地球的主宰，有史以来可能从来没有见过比我们更高级的东西，只知有我，不知有他，为了生存，我们可以藐视地球上其他的一切，想移山就移山，想填海就填海，想抽石油就抽石油，想烧雨林就烧雨林，动不动还要弱肉强食，挑起战火。特别是最近几年，资源浪费得已经不成样子了，空气污染得已经不成样子了，可我们还在寅吃卯粮，吃着子孙饭，干着绝户事，要是真没有比我们还高级的东西出来管一管，我们还有前途吗？当然你们可以说，我有这样的想法太悲观，可以说新能源技术革命正在进行中，可我们也得正视现实啊，这才几年的时间啊，天不蓝了，水不清了，冰川融化得越来越快了，气候越来越糟糕了，今年连南方都遭遇了严重的冰雪灾害，可我们开发的脚步还在不断伸向任何能触及的角落。只要能挣钱，一切都是为了

① 马国华：《大道岭》，中国文联出版社2014年版，第1页。

钱，就忘了未来。[①]

作者对当下人类因为自己的唯利是图、急功近利而对自然掠夺的无法无天，感到十分愤慨和无奈，甚至希望能够借助天外来客的力量来制止人类对大自然的疯狂破坏：

……当前世界经济局势和环境、资源状况，最后得出结论说，如果照这样下去，资源再生的速度远远落后于使用的速度，污染的速度又快达到了临界点，那么地球可真的抗不住了。目前已经有不少科学家在发出呼吁，要各国政府注意节制，可这样的声音太小，几乎被求发展的大潮淹没了。这或许是人们还心存侥幸，或许真的是势头太猛，刹不住车了，除非有另一种巨大的力量来当头棒喝，并足以让地球上的所有人彻底清醒。而能够达到这样效果的，除了真有上帝现身外，更贴边的也就只能是外星人的干预了。[②]

在未来的新的百年世纪，人类迫切需要解决的问题就是环境问题。资源匮乏、生态破坏和环境污染是制约人类可持续发展的瓶颈。现代的功利主义、实用主义以及人类的自私自利正像打开的潘多拉盒子一样，给地球带来了极大的破坏，毁坏了空气、河流、山川，毁坏了人类的生命健康和赖以生存的自然家园。英国知名的经济学者 E. F. 舒马赫（1911—1977）说：“现代人体会不到自己是自然界的一分子，反而视自己为命中注定可以主宰及征服自然界的外在力量。现代人甚至大言不惭地说要与大自然搏斗，却忘记了如果他们战胜自然，转眼即已处在败方。”[③]可以说，征服大自然的胜利就是人类最大的失败，而且往往是万劫不复的失败。大自然所具有的生态智慧远远超过人类的小智慧，若不虚心聆听和尊重大自然的智慧，人终究会铸成大错，害人害己，并殃及子孙。在当下的中国，人们也知道：

---

① 马国华：《大道岭》，中国文联出版社2014年版，第83页。

② 同上，第90页。

③ [英]E.F.舒马赫：《小的是美好的》，李华夏译，译林出版社2007年版，第4页。

这些年随着经济的发展，资源和污染问题确实越来越严重了，但这些问题并没有被忽视，而是暂时还无法解决。别的不说，现在人人都知道发展是主旋律，你能因为要给子孙留些资源就不再发展了吗？能等着再生资源研发出来再发展吗？而要发展，污染就是如影随形的，尽管都在尽力采取措施避免污染，可前期的污染已经把病坐下了，现在再有一点小小的污染也像是压在骆驼身上的几根稻草，说不准到什么时候就无可救药了。谁说地球没有脾气？前些年印尼的海啸，美国新奥尔良的飓风，今年年初中国南方的冰灾，五月份四川的地震，若说和环境没有一点关系，那只是装傻充愣、自欺欺人罢了。但说一千道一万，这毕竟是个很矛盾的问题，在发展的要求与未来的不测之间，人们还没有理由不选择发展。谁知道地球的抵抗力极限在哪里呢？若是还有几百年，几千年，依现在科技的发展速度，又怎么会没有解决之道？人应该刚进入齐腰深的水里就担心淹死吗？除非是确切地知道，在这齐腰深的下一步，肯定就是万丈深潭，若不敢肯定，仅凭想象和猜测，那不成了杞人忧天了吗？①

的确，灾难没有到眼前，人们又怎么会有所顾忌？“说地球的抵抗力极限还有百年千年，那只不过是愿望罢了。因为，在他们的记忆里，二三十年前的环境和现在就迥然不同。那时候是天蓝水清，生机处处，可如今，再想享受这样的环境，也只能到那些还没有开发过的地方去寻找了。人们在欣慰于成就的同时，是不是忽略了代价呢？平常只想着发展，确实无暇着眼未来，而当专心思考未来的时候，如今人们的作为也确实太能引起忧虑了。”②是啊，人们对百年千年后的将要发生的事，觉得太遥远了，所以无心关注。可是依照现在的发展速度和对生态环境的破坏速度，谁能知道地球的毁灭需要多少年呢？也许几十年？也许上百年？不管多久，我们应该做的就是从现在开始付诸行动，保护环境永远不会太早。因此小说中有重点地描写了两个年轻的生态保护者形象孟如风和薛莲。作品充满魔幻意味地叙述了这两位年轻艺术家的经历。

小说中的两位主人公薛莲和孟如风都在滨海市文学艺术圈里小有名气，薛莲是个画家，但也爱好诗歌和散文创作，孟如风是个诗人。孟如风因为长相英

① 马国华：《大道岭》，中国文联出版社2014年版，第91页。

② 同上，第113页。

俊又有才学，吸引了很多爱慕者，他跟很多女孩子恋爱过，最后都没有成功，于是就落下了作风不好的坏名声。人人都避之唯恐不及，写的作品很有水平，可是没有编辑给刊发，于是他不再写诗，也没有心情写诗，找了份企业秘书的工作，淹没在市井中。经过五年封闭生活的反省，他浪子回头，脱胎换骨，完全改变了生活态度。薛莲大学毕业后，由于年轻貌美，在事业上也算一帆风顺，但是在感情上却不如意。虽不乏各种富二代、官二代等很多人的追求，可一直没有中意的。她认为只是缘分未到而已。后来她与孟如风因网络结缘，相知相爱。消息传开后，两人的恋情受到网络的各种侮辱谩骂和攻击，但是并没有影响到两个人的感情。就在风波即将过去时，却迎来了另一个噩耗，薛莲被诊断出胃癌晚期，最多只有半年的生命期。这给两人带来了重大的打击。后来，薛莲向孟如风说起了自己多次做的同样内容的梦，梦里有山，有水，有长城，是一个没有去过的地方，但是又很清晰。于是孟如风让她把梦境画了下来。“是一片崇山峻岭，长城在其上蜿蜒，近景处，则在小山坡的缓坡地带，坐落着一个小村庄。”[①]于是，孟如风把画复印了很多份并分发给朋友，希望能够找到与画面相似的地方。几天后，果然有朋友认出了那个地方，说曾经去游览过。最后，他们终于找到了这个叫大道岭村的村庄，就是薛莲梦中的地方。

薛莲坐在长城的烽火台上，四顾着周遭的景物，却已经没有了熟悉的感觉。但在她的意识深处，却又总觉得有一种召唤，让她留下来，并且有一种所获甚丰的诱惑。她就想，反正自己已经是要死的人了，死在哪里也都是在这个地球上，为什么就不能独出心裁地死在这崇山峻岭中呢？这里的每一座山都像是一座大坟，她若死在城市里，会享受到这样的大坟吗？于是她对孟如风说：“我不明白这个地方为什么会召唤我，但我知道那个梦境肯定是有什么意义。一时半会儿，我还参悟不透，所以我想就住在这里，直到想明白或死在这里，你能陪我吗？”[②]

当然，现在薛莲提出任何要求孟如风都会答应的。于是他们在长城根下一个背风的地方扎下帐篷，两个人开始了出世般的生活。薛莲每天坐在烽火台上，望

① 马国华：《大道岭》，中国文联出版社2014年版，第27页。
② 同上，第28页。

着崇山峻岭，细细寻找着大山可能发给她的声音。他们喝着山里的水，有时采摘山上的山枣、榛子、楸子和一些不知名的野果吃。住了半年之后，奇迹发生了，薛莲身上的癌细胞居然消失了。人们猜测可能是山上的水和果子有治疗癌症的成分。从此，两个人与大道岭村就结下了不解之缘。为了保护生态，他们试图劝说开发商邢大通取消长城旅游开发计划。但是，邢大通却振振有词地说："我这是旅游开发项目，不是开办工厂，既不冒烟，也不排污，最重要的，我们还能做到以开发促保护，所以，我们不但不能破坏环境，还能更好地保护环境呢……"。[①]果真如其所说的那样吗？显然不是的。所以孟如风又进一步对其解释道：

我们都知道，任何一种原始的生态环境都在多年的适应中有了一种平衡，咱不说植物，就说动物，据我们了解，由于大道岭村这个地方比较闭塞，以前很少有人打搅，所以山中基本维持了很平衡的生物链，这里有黑熊、狼、野猪、狐狸、狍子、野兔、山鸡、蟒和蛇等多种动物，我们在山上住的时候，夜里就常常听到狼叫声，平常也能看到这些动物穿行在山林之间，为此还害怕过，也曾经做过相应的防备。从这一点上看，假如我们在这里搞了开发，大量的游人进入山里，就只能把这些动物再往深山里赶了，而侵占其他动物的生存之地，已经成为人类的恶行之一，我们也去做，很明显就是一个错误。说一句冠冕堂皇却很正确的话，这个地球并不只是人类的，和我们生活在一起的，还有许多动物，我们的地位应该是平等的，谁也没有赋予过人类是地球霸主的地位。这就是所谓的大环境的概念。当然，你也可以这样认为，这里的山大得很，人进来了，动物就往里躲，有什么关系呢？但是，古语说，勿以善小而不为，勿以恶小而为之，我们要是能理解一下那些动物的感受，同情一下他们的处境，这个开发计划不进行，就是善莫大焉了。[②]

萨克塞曾说："生态哲学的任务就是把人是整体的一部分这个通俗的道理告诉给人们。"[③]整个大自然是一个整体，人只是其中的一部分，作为部分的人

① 马国华：《大道岭》，中国文联出版社2014年版，第92页。

② 同上。

③ [德]汉斯·萨克塞：《生态哲学》，文韬、佩云译，东方出版社1991年版，第49页。

不能凌驾于整体之上。不仅单部分不能生存，如果一个部分损害了整体，那么这个部分也是无法生存的。而且自然界中的生命是在普遍联系中共荣共生的。“人类不仅仅由于生态破坏而确实面临灭绝的危险，而是因为生态问题本身就是生命问题”。[①]虽然道理很简单，人们也目睹了当前生态环境的恶化、野生动物的减少等状况，可是当其与发展产生对立的时候，人们往往选择后者。就像小说中的开发商邢大通所说：“你这样讲我不能说没有道理，可咱们这个开发计划，并不是攸关我一个人的利益的。也就是说，开发这里，如果只是让我一个人挣钱，那我宁可不要这个钱，也要维护这里的生态平衡。可事实是，我投了资受益者还是那些山里的农民呢。如果没有这个项目，他们只能在那些贫瘠的山地里土里刨食，摘些果子，就算现在总有新品种，可仅仅依靠土地，又啥时候走向小康？”[②]要发展，为了人，就只能不顾环境，现实是很无奈的。县委陈书记也说，这种无奈都是感同身受的，可是从政的也好，经商的也好，都担当着很重要的社会责任，必须想办法让老百姓过上好日子。基于这个角度考虑，大道岭长城的开发是利大于弊，不能只因为影响到一些动物，就不发展。于是，在开发后短短的一年时间，“这里的一切都变了，山路山外都通了路，长城塌了又垒上了，傻子变成了超人，一些人在这里丢了性命……一切都是由开发引起的”[③]。作者在这里有意让不同的声音进行辩论，各自陈述合理性，从复调般的对话，反映出当前生态保护和地方经济发展之间的两难问题。孟如风站在大自然的立场上，为大自然争得权益，是为了维护人类的长远利益。而邢大通和陈书记是站在人的发展的立场上，为人的利益做辩护，尤其是谋求发展、脱贫致富的当下利益。的确是，当前处于社会转型期的中国，发展和保护环境之间存在着尖锐的矛盾。究竟谁是谁非，似乎难以论断。但是，如果从长远利益的角度理性地来看，我们不得不提出这样的疑问：所谓的好日子是什么？现代要过好日子是不是就必须要破坏环境？如果人类赖以生存的大自然被破坏了，生态失去了平衡，人类所谓的好日子还能持续多久？所谓的好日子，

---

① 鲁枢元：《百年遗漏——中国文学史书写的生态视阈》，《文学评论》，2007年第1期，第181页。

② 马国华：《大道岭》，中国文联出版社2014年版，第92页。

③ 同上，第249页。

不过是生活更便利，物质更丰富，使人们的各种欲望不断地得到满足。可是，当人们过上了所谓的好日子之后，为什么幸福感却越来越低？生活在物质极大丰富、生活极其便利的大都市中的人们为什么喜欢一有节假日就往有山有水、鸟语花香的大自然中跑？为什么越来越多的人精神抑郁、心理扭曲，自杀率上升？人们每天吸着雾霾，喝着必须经过机器过滤净化的水，吃着有各种安全隐患的食品、蔬菜，各种恶性疾病发病率持续走高，人们住在钢筋水泥中渴求着绿色，各种自然灾害频发，难道这些就是好日子吗？正如恩格斯说："我们不要过分陶醉于我们对自然界的胜利。对于每一次这样的胜利，自然界都报复了我们。"[①]《大道岭》揭露了人与自然环境之间的阻隔状态，犀利地批判了自然生态的破坏导致的人性的异化。

更为可贵的是，孟如风和薛莲两位生态保护者，并没有待在书斋里冥想大自然，也不是在人们面前空谈环境保护意识。他们脚踏实地地去付诸行动。甚至认为，能够为保护大道岭的生态环境牺牲也是很有价值的，他们已经成为彻底的生态保护主义者。埃勒认为："使环境问题更为严重的是人们的态度。很多人现在还不愿行动起来，因为他们还看不到他们的行为对整个环境问题所能产生的影响。"[②]为了能够保护大道岭的生态环境，他们答应了做景区经理的聘请。他们也知道，保护生态与经济利益之间一定会发生冲突，所以，这个经理的职位是要承担风险的。但是，薛莲想到，是大道岭这个神异的地方救了她的命，自己已经是死过一次的人了，如果因为在保护环境过程中，她们最大的贡献只有生命的话，那她就把生命回报给这里灵异的大山，让这里的动物和植物仍享受以往的平静，以实现另一种意义上的生态平衡。后来，由于游客有吃野味的需求，村里人纷纷到山上去打野生动物卖给饭店。比如只狍了可以卖上几百块钱，饭店里出现了全狍席，刘松柏的饭店，因为卖土法烹饪的狍子，非常受游客的欢迎，每天的纯利润竟能超过四千块钱。开饭店人们听说一只狍子可以卖上三四千块钱，便都去山里追狍子，没开饭店的，则把追来的狍子卖给饭店，而且每只价格上涨到五百块钱。聪明的村民

① 恩格斯：《自然辩证法》，《马克思恩格斯选集》第3卷，人民出版社1972年版，第517页。

② Vernard E11er，The Simple Life：The Christian Stance Toward Possession，Grand Rapids，Ml：Eerdmans，1973，pp. 35。

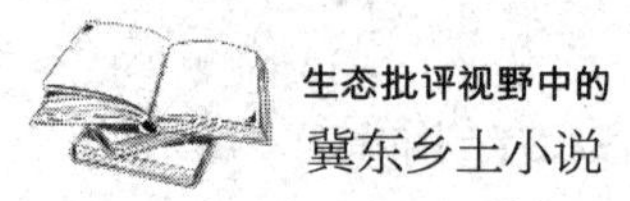

举一反三，知道了山上的野兔、山鸡、林狗子（狐狸）、各种鸟等其他野生动物肯定也很值钱，于是出现了追狍子的，下夹子的，挖陷阱的，用粘网捕鸟捕山鸡的，在大道岭成了风。这个消息传到薛莲和孟如风的耳朵里后，他们非常震惊，也非常生气。因为他们知道，这些动物虽然不在重点野生动物保护之列，但是正因为有了它们，才维持了大道岭的生态平衡。平常，村民们打只野兔、捡只狍子，毕竟是很偶然的事，村里人借此打打牙祭也未尝不可，但是在饭店里把这些动物作为主菜，而且那么多人都来品尝，这样用不了多久，山上的动物就会被打光的，没了这些动物，生物链就要断了，生态平衡还怎么维持？于是他们赶紧去找村干部刘松柏。刘松柏对他们的说法却不以为然，他认为："要说这样就能把山里的动物打光，这也太悬了吧。你知道这里的山有多大吗？从这进去，一直走，恐怕半年也走不到头，只能是越走越深。咱不说别的，光是这狍子，就不知道有多少，再说它们也不是不下崽了，哪能说没就没了呢？"[①]也许有许多人的想法都跟刘松柏一样，认为动物也是不断繁衍的，所以是吃不光的。作者接下来借薛莲之口向读者耐心地做出了解释："就现在的情况来讲，村里的饭店每天仅狍子就要消耗掉十只左右，以每年有半年的时间经营来计算，就有将近两千只狍子被吃掉，那么你算一算，是不是用不了几年，这里的狍子就会绝迹？而任何动物，种群数量都是有底线的，低于这个底线，它们的繁衍就会倒退，慢慢地，就彻底绝迹了。就像这山里的树，你砍了再栽，那小树又怎能一下子就长起来？野生动物也是这样。"[②]刘松柏觉得说得有道理，于是就去跟村民转达了薛莲和孟如风的意见。可是，村民们根本听不进去，他们压根就没有生态意识，满脑子都是钱，这么便捷的挣钱渠道，他们怎么肯心甘情愿地放弃。捕杀活动不但没停止，还让周边别的村落也得到了这个信息，都去山里乱捕乱杀，一时间山里的动物们都大难临头了。无奈，薛莲和孟如风只好把这种情况报告给县委书记林诚，林诚觉得这件事后果很严重，于是通知林业、公安等部门马上进行调查处理。勒令村民不许再操这个营生，否则不只是没收、罚款，还要坐牢。这才制止了村民的捕杀行为。但是，由于村民是被迫停止了猎杀野生动物的行为，而

① 马国华：《大道岭》，中国文联出版社2014年版，第288页。

② 同上。

不是从根本上理解了不能捕杀的缘由，他们缺乏生态常识。所以，被制止后怨声载道，甚至相互仇恨。由此可见，唤起人们的生态意识才是一个国家环境保护事业的根本动力。作家叶广芩在她的作品中尖锐地讽刺道："中国人的特点是，遇到任何物种，首先被刺激的就是食欲，这实在是一种陋习，我们应该更改的陋习。"[①]并且十分厌恶和反感地说："人的嘴是万恶之源。人的嘴是动物的坟墓。"[②]郭雪波在《沙葬》中借云灯喇嘛之口激烈地批判道："人是个太残忍太霸道的食肉动物，你看看你们这些不信佛的人，啥不吃？天上飞的，地上跑的，水里游的，吃得那个全乎，那个贪劲……人啊，早晚把这个地球吃个干净吃个光！唉，你说说，人这玩意儿还有救吗？"[③] "人就像一群旱年蝗虫，吃完了这片田地飞往那片田地，一片一片地吃干吞净。最后啃自己的脚脖丫子。"[④]中国人只要经济条件好了，就开始追求"食不厌精，脍不厌细"，当这种饮食文化肆意地指向各种野生动物的时候，就是表面上的文雅，实质上的惨无人道和极端的愚蠢和野蛮，最终带来生态灾难。作者们对中国人沉湎于口腹之欲的疯狂进行了尖锐的揭露和批判。说到底，其实灾害都是人类自己逆天而行制造出来的。

小说的最后，县委书记林诚受到薛莲和孟如风生态保护思想和行为的感召和影响，开始重新认识怎么样才是真正地为老百姓服务，为人民服务，所谓的政绩是什么？就是让一切都和谐地发展。因此，他要求开发项目的承办单位必须修改方案，中心原则就是体现环保，能实现可持续发展和统筹发展，这才是不折不扣地落实科学发展观。这也让他感觉到了一种境界的升华。为了给大道岭找到一条真正的与自然契合的发展之路，他积极参加村主任的竞聘，在竞选宣言中说，这一年大道岭发生了巨大的变化，从好的方面说，大家都富裕起来了，可从坏的方面说，也为此付出了惨痛的代价。自从这里开发之后，人变得六亲不认了，只认得钱。钱，难道比亲情、比生命还重要吗？钱可以让大家过上滋润的生活，是在不损害公共利益和别人的利益的前提下，与大自然和谐共

---

① 叶广芩：《老虎大福》，太白文艺出版社2004年版，第226页。
② 叶广芩：《老县城》，中国工人出版社2004年版，第224页。
③ 郭雪波：《郭雪波小说自选集·天出血》，百花洲文艺出版社2002年版，第79页。
④ 同上，第98页。

处，能多为别人做些好事。而不是花天酒地，胡作非为，人的享受是无极限的，永不知足的，同时烦恼就来了。从长远来看，开发景区的收入是有代价的，人的享受，害的却是山里的其他生灵。最近大家总听见狼叫吧，那就是在警告我们，别为了自己种庄稼，就踩了别人的苗。于是他决定拿出自己积攒的640多万元，上了一些相关的设备，对当地的野菜、野果、粗粮、水果等进行干果制作、真空包装，打出品牌，还可以养殖狍子、山鸡等，这样两三年之后，大家都能富裕起来。作品的最后，还写到了由于景区开发，闹起了狼灾，狼群发起了对人类的报复行动。最后不得不彻底关闭了景区。“能感受快乐和痛苦的不光是人，动物也同样，它们的生命是极有灵性的，有它们自己的高贵和尊严。我们应该给予理解和尊重。”[①]作品警示我们：人类在大自然面前保持适度的敬畏和谨慎是必要的。

作品最后用一片偈语作结：

不死不活，岁月蹉跎。本作乌有，却梦南柯。当谢灵宇，好生之德，怎奈愚钝，短见脑拙。为己之利，巧取豪夺；为国之利，滚滚战车；为今之利，遍地城郭；为后之利，金窝银窝。水不见鱼，大漠行驼；地不见绿，废气污浊。何事应少，人不自思，不及虫蛾。贤达警语，说也白说，哥本哈根，徒费唇舌；终引天怒，雨始滂沱，雪积百尺，又兆冰河，地摇不止，水亦灭国，瘟神见喜，死神作歌，人疯鸟乱，百兽成魔。虽有天怜，醒者几何。……[②]

虽说是偈语，但并不难解析。尽管作品最后出人意料地用了魔幻现实主义手法，整个故事原来只是南柯一梦，但是显然作者是特意用这样的构思来彰显呼吁可持续发展、保护环境、净化心灵、催人自省的主题。作者在后记中明确表示：“进入21世纪，可持续发展与环境问题已经成为发展中的主要问题，如何在发展中保护环境，实现可持续发展，是当今人类必须要找到答案的重要课题。本书表达了这样一个观点：不要说垒在长城里的那块砖与你没有任何联系，

---

① 叶广芩：《老虎大福》，太白文艺出版社2004年版，第226页。

② 马国华：《大道岭》，中国文联出版社2014年版，第335页。

就像一只蝴蝶在巴西轻拍翅膀，可以导致一个月后得克萨斯州的一场飓风。”[①]这意味着人与自然生命深处的精神联系。整部作品从生态立场来重新审视现代文明，发现现代文明聪明的一面也是其最愚蠢的一面，人类追求自我解放的一面就是大自然被奴役的一面，人类社会物质极大丰富的同时就是对大自然的浩劫。如果人类能够及时觉醒，把真善美还给大地，大地会还给我们更多的真善美。就如现在河北与内蒙古交界的塞罕坝林场，是一片 90 万亩 4 亿棵树的人造林，相邻的草原草肥水美。这是林场职工花 30 多年的时间人工植树形成的，如果没有这一片森林，坝上草原就会越来越沙漠化，滦河源头也就没有了保护，风沙还会进一步侵害北京和天津。回归自然就意味着现代人要放弃物质欲望导向的生活，要转变人类中心主义的价值观，要重新去感受大自然的脉动，与万物交流，感受宇宙大生命的美妙与庄严。

自然生态问题犹如一面镜子，照出了现代工业文明无法隐匿的病态，每一个有良知的人都无法回避这种病态的可怕。自然界对人类生存的影响，人类对自然环境的不断探索和认知，贯穿着人类整个生存史，也成为作家从事文学创作活动的经验来源以及情感关注的对象和思想表达的主体。随着生态保护运动的深入，人们纷纷从不同的角度介入和参与到生态保护阵营中来。生态文学无疑是其中重要的组成部分。守护正义和良知，慰藉人的心灵和情感是文学的使命和责任，文学在任何时代都不可能脱离现实，它总是关注、批判和反思社会。生态文学的魅力在于它用自己的独特方式表达生态灾难、生存困境、自然与人、正义与良知等与生态有关的话题。作为一位对家乡生态危机有着责任意识和敏锐观察力的作家，作者怀着博大的人道关怀和社会责任感，从人的发展和自然的发展来看待生态问题，呼唤社会生态道德的重建和生态价值的重归，希望能够最终实现人与自然的和谐统一。他的作品既具有写实与魔幻相结合的艺术手法，又具有直面现实的批判性。

---

① 马国华：《大道岭》，中国文联出版社2014年版，第336页。

结　语

中国是一个疆域辽阔、有着悠久文明史的文化大国，它所属的各个区域在长期的发展历史中形成了独立的文化传统和发展规律。因此，我们在研究作为中华文化的重要组成部分的中国文学时，必须强化空间维度的介入，关注作家、作家群体的地理分布、组合和迁徙，以及一定区域内的自然条件、信仰、风俗、制度等对文学创作的影响，展示丰富多彩的文化脉络。一般来说，一个具有原乡背景的作家，他的创作具有地域鲜明的文学个性，离不开地域的地缘、气候、风俗、语言以及深厚的历史文化传统的影响。不要说一个大的地理文化板块，即便是一个省、一个区县，也会有不同的文化传承和地域文化特色，它们对文学的影响是潜在的，也是相对稳定的。对于作家来说，故土是生命中永远存在的家园意识。故乡的生活是最接近其生命本真的状态的，人们对乡土具有天然的融在血液里的依恋感或亲和感。虽然他们后来也许远离了故土，但是每片乡土对他们来说都是独特的生命圈、生命链和文化生态、精神生态的所在。家乡独有的植物、动物、民俗、民风、民歌、民间传说、口头流传的地方历史等都是独一无二的地域文化。正是这些地域文化的差异性使具有乡土情结的作家有了“差异性”，并使其作品也自觉地呈现出了地域文化书写、地域自然书写和地域性乡土话语言说，从而形成了地域乡土文学。它是作家对文学的地方性与本土化的一种坚守。在全球化的文化语境中，它可以避免文学格调和模式上的单一化和趋同化，可以让人们看到丰富多样的文学。

从生态批评视角回顾中国当代文学的发展历程，我们不难发现：地域生态小说已经成为当代文坛的一大景观。它们以浓郁的生态意识、独特的地域文化色彩、鲜明的风俗人情以及带有清新的泥土气息的自然书写彰显了独树一帜的艺术特色。纵观中国新时期以来的文学创作，思潮不断涌现，呈此起彼伏之势，但地域乡土文学却显示了恒久、隽永的生命力。其强大魅力，昭示了中国文学从古至今都与地域存在着不解之缘。正因如此，在全球化大潮的冲击之下，中国文学自始至终捍卫着自己独特的历史文化记忆的尊严。

地域是文学批评中的一个重要概念，“地域积淀了历史上各种行动的伦理后果，因此，风景就是历史，历史就是风景。关注地域和风景实际上就是关注社会历史，反之亦然。这种对地域和社会历史的同时关注包含着独特的道德生态学，为历史和生态批评丰富了关系网络”①。对于20世纪末以来的中国文学来说，生态学理念对作家创作的影响是深远和多方面的，它不仅影响、制约和规定着不同区域作家们的精神气质、审美情趣、思维方式和作品的艺术风格、表现手法等，而且还孕育出了众多让人瞩目的作家群体和作品。如贾平凹的《怀念狼》、京夫的《鹿鸣》、张炜的《九月寓言》、阿来的《空山》、郭雪波的《银狐》等作品，通过对神性自然的伟岸、纯净、神奇、安详的描写，寄托了人类的理想与信念，同时也揭示了在处理人与自然之间关系时的复杂的心理矛盾和情感纠葛，期冀重新寻找人类与其他自然生物和谐共处的“诗意的栖居”。

对于优秀的地域文学来说，生态意识绝不应该仅仅只是其中的某种点缀或者装饰。事实上，它在营造和烘托小说的氛围、塑造和刻画人物形象和性格、传达作品审美意蕴等众多方面，都有着不可估量的价值和作用。文学鲜明的生态意识是民族文化意识中的重要组成部分。我们知道很多优秀的中国作家在自己的作品中都构筑了自己的“一方水土”世界，活生生地展示了一方水土里的人和物，其深厚的文化意蕴，显现了动人的审美情致。

自20世纪90年代后期以降，由于不断追求社会经济发展，中国现代化进程不断加速以及城市化格局的出现，带来的生态问题越来越明显，环境破坏的程度堪忧。社会要发展就必须要利用自然资源，而自然资源又不是取之不尽用之不竭的，资源的耗竭又会影响社会经济的发展，这种发展悖论对人的精神冲击越来越剧烈。从全球化视角来看，生态危机除了给人类自身的生存带来危机外，也会导致人的精神陷入矛盾、焦虑、无奈、恐惧的困境。人类的祖先来自

① 王晓华：《生态批评——主体间性的黎明》，黑龙江人民出版社2007年版，第177页。

大自然，人类也一直把大自然看作自己的精神家园和文化之根。自然生态遭到毁灭和破坏，不仅关系到现实世界，也可触及人的精神领域，使得人类面临着精神家园的失落和“失根”的威胁。特别是中国城市化进程脚步的加快，也使越来越多的中国人处于与自然隔绝的状态，人们发现自己所追求的物质盛宴并不能满足精神上的需求，心理落差很大，于是有了一种精神上的悲剧与悲情。时代嗅觉敏感的作家们秉着文以载道、关注社会、关注人生的价值取向，以深沉的忧患意识开始切入生态话题，认为生态危机出现的根源，不仅仅是整个生态系统的问题，更是整个人类文化系统的问题。他们开始通过文学作品探索生态灾难的文化根源和精神因素，通过生态叙事表露出了精神寻根、文化寻根的诉求，以期感染和促动人们开始重新思考科技发展的双面性、传统伦理观的局限性以及对人类进行再启蒙的必要性。

生态批评理论传入中国之后，以鲜明的生态意识对创作文本进行有别于传统的批评和研究，很快成为文学批评领域的热点话题。生态学视角的自觉介入，使文学创作和文学评论都获得了新的视角和新的价值体现，文学再一次“干预现实”，与人类的生存现状与终极关怀紧密联系，为纯文学“重建宏大叙事，再造深度模式”[①]提供机遇。发挥文学是人学的真正意义。生态批评试图通过文学文本的生态哲思来实现人类与自然之间和谐共处的生态整体系统的平衡发展，使“文学批评”在重建人和自然和谐关系方面的美学功能上受到越来越多的关注。它促使人们反思过去数千年来的观念和行为，领悟文学中所传达的生态思想，促进人们生态意识的觉醒。其既具有理论性也具有实践性，它使文学批评获得了更广阔的视野。

在这一理论视域下，中外文学史上大量的文学作品成了生态批评者们关注的对象。他们努力建构一种生态批评的思维方式和阅读方式，不断挖掘文本解读和阐释的可能。实际上，我国生态批评关注的核心内容主要是通过人类自身对自然的观察和体验，批判和揭露文本中的反自然的态度，肯定人与自然的整体关系。其理论视域和文本视域还相对狭窄，尚需努力扩展其学术视野的多向度、包容度。在此背景下，本研究在系统梳理、分析了生态批评的发展脉络及

① 鲁枢元：《生态批评的空间 • 前言》，华东师范大学出版社2006年版，第2页。

其与中国文化、文学的内在深层联系的基础上，尝试将生态批评运用于地域文学评价，试图以生态批评的基本方法来审视冀东文学。在内容上既涉及明显的具有生态意识写作的作家作品，也研究那些并非明显具有生态写作倾向的作家作品。

人类社会走进21世纪，生态危机已经成为世界范围内最突出的问题之一。随着我国经济社会发展的不断深入，加强生态文明建设越来越重要。党的十八大提出了“大力推进生态文明建设”的战略决策，它是关系人民福祉、关乎民族未来的长远大计。党的十九大又进一步确立了建设“美丽中国”的战略目标。建设“美丽中国”是个系统工程，首要任务就是提高全民的生态意识。而文学在此发挥着其他意识形态工具所无法替代的作用。本课题就是要通过文学来重新审视人类文化，进行文化批判，从而表达文学研究者对生态环境实际问题的关注，相信文学所蕴含的丰富而宝贵的精神资源对人的认识、教育和感化作用。希望人们通过领悟文学所传达的生态思想，促进人们生态意识的觉醒，把生态观念渗入人们的思维方式和日常生活中，提升人民大众的整体素质，促使他们自觉参与到生态文明建设中去，为实现“乡村振兴”战略，建设绿色中国、美丽中国，提升区域社会政治、经济、文化的全面、健康发展作出贡献。

参 考 文 献

一、外文著作：

[1] 恩斯特·卡西尔．人论[M]．上海：上海译文出版社，1985.
[2] 汉斯·萨克塞．生态哲学[M]．文韬，佩云，译．北京：东方出版社，1991.
[3] 奥斯特瓦尔德．自然哲学概论[M]．李醒民，译．北京：华夏出版社，2000.
[4] 海德格尔．人，诗意地安居[M]．郜元宝，译．上海：上海远东出版社，1995.
[5] 费迪南·费尔曼．生命哲学[M]．李健鸣，译．北京：华夏出版社，2000.
[6] 黑格尔．美学[M]．朱光潜，译，北京：商务印书馆，1981.
[7] 迈克·克朗．文化地理学[M]．杨淑华， 宋慧敏，译．南京：南京大学出版社，2005.
[8] 泰勒．原始文化[M]//庄锡昌．多维视野中的文化理论．杭州：浙江人民出版社，1987.
[9] 凯·安德森，莫娜·多莫什，史蒂夫·派尔，等．文化地理学手册[M]．李蕾蕾，张景秋，等译．北京：商务印书馆，2009.
[10] R J 约翰斯顿．地理学与地理学家[M]．唐晓峰，译．北京：商务印书馆，1999.
[11] 特瑞·伊格尔顿．文化的观念[M]．方杰，译．南京： 南京大学出版社，2006.
[12] 马林诺夫斯基．文化论[M]．费孝通，译．北京：中国民间文艺出版社，1987.

[13] 大卫·布林尼．生态学[M]．上海：生活·读书·新知三联书店，2003.
[14] 赫胥黎．人类在自然界的位置[M]．北京：北京大学出版社，2010.
[15] 阿里夫·德里克．后革命氛围[M]．王宁等，译．北京：中国社会科学出版社，1999.
[16] 约翰·布林克霍夫·杰克逊．发现乡土景观 [M]．俞孔坚，陈义勇，等译．北京：商务印书馆，2015.
[17] 露丝·本尼迪克特. 文化模式[M]．王炜，等译．上海：生活·读书·新知三联书店，1988.
[18] 克利福德·格尔茨．文化的解释[M]．韩莉，译．南京：译林出版社，1999.
[19] 洛夫．实用生态批评：文学，生物学及环境[M]．北京：北京大学出版社，2010.
[20] 布伊尔．环境批评的未来：环境危机与文学想象[M]．北京：北京大学出版社，2010.
[21] 诺斯克，平奇．城市社会地理学导论[M]．柴彦威，等译．北京：商务印书馆 2005.
[22] 雷切尔·卡逊．寂静的春天[M]．吕瑞兰，李长生，译．长春：吉林人民出版社，1997.
[23] 戴斯·贾斯汀．环境伦理学[M]．林官明，杨爱民，译．北京：北京大学出版社，2002.
[24] 苏珊·朗格．情感与形式[M]．北京：中国社会科学出版社，1983.
[25] 赫尔曼·E 戴利，肯尼思·N 汤森．珍惜地球——经济学，生态学，伦理学[M]．马杰，译．北京：商务印书馆，2001.
[26] 孟德斯鸠．论法的精神[M]．张雁深，译．北京：商务印书馆 2005.
[27] 丹纳．艺术哲学[M]．傅雷，译．桂林：广西师范大学出版社，2000.
[28] 阿尔贝特·史怀泽．敬畏生命[M]．陈泽环，译．上海：上海社会科学出版社，1996.
[29] 斯达尔夫人．论文学[M]．徐继曾，译．北京：人民文学出版社，1986.
[30] 荣格．荣格性格哲学[M]．李德荣，译．北京：九州出版社，2003.

[31] 勃兰兑斯．十九世纪文学主流[M]．北京：人民文学出版社，1997.

[32] 雷纳·韦勒克．近代文学批评史：第一卷[M]．杨岂深，等译．上海：上海译文出版社，1987.

[33] 青木正儿．中国文学思想史[M]．沈阳：春风文艺出版社，1985.

[34] 普列汉诺夫．论西欧文学[M]．北京：人民文学出版社，1957.

[35] 尔尼雪夫斯基．美学论文选[M]．北京：人民文学出版社，1957.

[36] 普列汉诺夫．普列汉诺夫哲学著作选集[M]．上海：生活·读书·新知三联书店，1962.

[37] Richard Hofstadter. The Age of Reform: From Bryan to F D R[M]. New York: Alfred A Knopf, 1955.

[38] Jonathan Bate. The Song of Earth[M]. Cambridge, MA: Harvarrd University Press, 2000.

[39] Joseph W Meeker. The Comedy of Survival: Studdies in Literary Ecology[M]. New York: Charles Scribner's Sons, 1972.

[40] Karl Kroeber. Ecological Literary Criticism: Romantic Imagining and the Biology of Mind[M]. New York: Columbia University Press, 1994.

[41] Glen A Love: Revaluing Nature Toward Ecological Literary Critisim[C]//Cheryll Glotfelry, Harold Fromm. The Ecocriyicism Reader: Landmarks in Literary Ecology. Athens: University of Georgia Press, 1996.

[42] Donald Worster. Nature's Economy: A History of Ecological Ideas [M]. Cambridge: Cambridge University Press, 1994.

[43] William Rueckert. Literature and Ecology: An Experiment in Ecocriticism [C]//Cheryll Glotfelry, Harold Fromm. The Ecocriyicism Reader: Landmarks in Literary Ecology. Athens: University of Georgia Press, 1996.

[44] Cheryll Glotfelty, Harold Fromm. The Ecocriticism Reader: Landmarks in Literary Ecology[C]. Athens: The University of Georgia Press, 1996.

[45] Karl Kroeber. Ecological Literary Criticism; Romantic Imagining and the Biology of Mind[M]. New York: Columbia University Press, 1994.

[46] William Howarth. Some Principles of Ecocriticism[C]// Cheryll Glotfelry , Harold Fromm . The Ecocriyicism Reader : Landmarks in Literary Ecology. Athens: University of Georgia Press, 1996.

[47] James S Hans: The Value(s) of Literature[M]. Albany: SUNY Press, 1990.

[48] Scott Slovic . Ecocriticism : Storytelling , Values , Communication , Contact[C]//Proceedings of the Western Literature Association Conference. Salt Lake City, Utah: 1994.

二、 中文著作

[1] 黄怀信. 鹖冠子校注[M]. 北京：中华书局 2014.

[2] 左丘明. 春秋左传[M]. 昆明：云南人民出版社，2011.

[3] 吕不韦. 吕氏春秋[M]. 北京：北京联合出版公司，2015.

[4] 班固. 汉书 [M]. 北京：中华书局 2007.

[5] 司马迁. 史记[M]. 北京：中华书局，2013.

[6] 郦道元. 水经注疏：第 1 卷[M]. 南京：凤凰出版社，2014.

[7] 刘勰. 文心雕龙 [M]. 北京：人民文学出版社，1958.

[8] 魏征. 隋书·地理志[M]. 北京：中华书局 1997.

[9] 韩愈. 昌黎先生文集[M]. 上海：上海古籍出社，2013.

[10] 魏徵，等. 隋书[M]. 北京：中华书局，1973.

[11] 李吉甫. 元和郡县图志[M]. 北京：中华书局，2008.

[12] 欧阳询. 艺文类聚[M]. 上海：上海古籍出版社，1995.

[13] 纪晓岚. 四库全书[M]. 昆明：云南人民出版社，2011.

[14] 刘熙载. 艺概[M]. 上海：上海古籍出版社，1978.

[15] 刘师培. 刘师培中古文学论集[M]. 北京：中国社会科学出版社，1997.

[16] 诸子集成[M]. 北京：中华书局，1986.

[17] 沈德潜. 说诗晬语笺注[M]. 北京：人民文学出版社，2013.

[18] 沈德潜. 沈德潜诗文集[M]. 北京：人民文学出版社，2011.

[19] 周振甫．文心雕龙今，译[M]．北京：中华书局，1986.
[20] 陈戍国校注．礼记校注[M]．长沙：岳麓书社，2004.
[21] 郭沫若，闻一多，许维．管子集校[M]．北京：科学出版社，1956.
[22] 鲁迅．汉文学史纲要[M]．南京：江苏文艺出版社，2008.
[23] 张岱年，方克力．中国文化概论[M]．北京：北京师范大学出版社，2004.
[24] 汪曾祺．晚翠文谈[M]．杭州：浙江文艺出版社，1988.
[25] 陆文夫．陆文夫文集[M]．苏州：古吴轩出版社，2006.
[26] 陈序经．文化学概论[M]．长沙：岳麓书社，2010.
[27] 伍蠡甫．西方文论选：下卷[M]．上海：上海译文出版社，1979.
[28] 谢昭新，张器友．地域文化与文学艺术创新[M]．合肥：合肥工业大学出版社，2013.
[29] 刘洪涛．湖南乡土文学与湘楚文化[M]．长沙：湖南教育出版社，1997.
[30] 费振钟．江南士风与江苏文学[M]．长沙：湖南教育出版社， 1995.
[31] 周晓琳，刘玉平．空间与审美——文化地理视域中的中国古代文学[M]．北京：人民出版社，2009.
[32] 樊星．当代文学与地域文化[M]．武汉：华中师范大学出版，1997.
[33] 李继凯．秦地小说与“三秦文化”[M]．北京：商务印书馆，2013.
[34] 靳明全．区域文化与文学[M]．北京：中国社会科学出版社，2003.
[35] 周晓风，张中良．区域文化与文学研究集刊[M]．北京：中国社会科学出版社，2010.
[36] 欧阳可惺，钟敏．区域文学的律动 ：《天山》流变与新疆当代文学[M]．广州：暨南大学出版社，2014.
[37] 朱晓进．“山药蛋派”与三晋文化[M]．长沙：湖南教育出版社， 1995.
[38] 李长中．生态批评与民族文学研究[M]．北京：中国社会科学出版社，2001.
[39] 薛敬梅．生态文学与文化[M]．昆明：云南大学出版社，2008.
[40] 王晓华．生态批评——主体间性的黎明[M]．哈尔滨：黑龙江人民出版社，2007.
[41] 杨义著．文学地理学会通[M]．北京：中国社会科学出版社，2013.

[42] 刘德清，邓声国. 文化视野下的古代文学研究[M]. 北京：国家图书馆出版社，2009.
[43] 王春林. 乡村书写与区域文学经验[M]. 太原：北岳文艺出版社，2015.
[44] 延娟芹. 西北地域文学与文化[M]. 银川：宁夏人民出版社出版，2012.
[45] 文讯杂志社. 乡土与文学：台湾地区区域文学会议实录[M]. 台湾：文讯杂志社，1994.
[46] 王卫平. 中国当代文化建设与文学批评[M]. 北京：中国社会科学出版社，2014.
[47] 张伟. 中国海洋文化学术研讨会论文集[C]. 中国海洋文化学术研讨会. 北京：海洋出版社， 2013.
[48] 曾大兴，夏汉宁. 文学地理学[C]. 中国文学地理学暨宋代文学地理研讨会. 北京：人民出版社，2012.
[49] 曾大兴. 文学地理学研究[M]. 北京：商务印书馆，2012.
[50] 胡兆量，韩茂莉，冯健. 图说中国文化地理[M]. 北京：北京大学出版社，2013.
[51] 唐晓峰. 文化地理学释义[M]. 北京：学苑出版社，2012.
[52] 茅盾. 茅盾全集：卷 18 [M]. 北京：人民文学出版社，1989.
[53] 王恩涌. 中国文化地理[M]. 北京：科学出版社，2008.
[54] 张步天. 中国历史文化地理[M]. 长沙：湖南教育出版社，出版 1993.
[55] 王会昌. 中国文化地理[M]. 武汉：华中师范大学出版社，1992.
[56] 钱穆. 中国文化史导论[M]. 北京：商务印书馆 1994.
[57] 王恩涌. 文化地理学导论 人·地·文化[M]. 北京：高等教育出版社，1991.
[58] 李金善，等. 河北文学通史[M]. 北京：科学出版社， 2010.
[59] 王长华，崔志远. 河北新文学大系[M]. 石家庄：河北教育出版社，2013.
[60] 张京华. 燕赵文化[M]. 沈阳：辽宁教育出版社，1995.
[61] 曲金良. 海洋文化概论[M]. 青岛：青岛海洋大学出版社，1999.
[62] 崔志远. 当代文学的文化透视[M]. 北京：人民文学出版社，2007.
[63] 崔志远. 燕赵风骨的交响变奏[M]. 北京：作家出版社，2001.

[64] 胡克夫．滦州历史文化系列[M]．石家庄：河北教育出版社， 2013。
[65] 白郎．中国人文地脉 [M]．成都：成都时代出版社， 2011.
[66] 沈从文．沈从文全集：第七卷[M]．太原：北岳文艺出版社，2002.
[67] 国语[M]．上海：上海古籍出版社，1978.
[68] 景遐东．江南文化与唐代文学研究[M]．北京：人民文学出版社，2005.
[69] 袁行霈．中国文学概论[M]．北京：高等教育出版 1990.
[70] 唐圭璋．诗词丛编[M]．北京：中华书局 1986.
[71] 梁启超．中国学术思想变迁之大势[M]．上海：上海古籍出版社，2006.
[72] 汪曾棋．汪曾棋全集[M]．北京：北京师范大学出版社，1998.
[73] 王万森，吴义勤，房福贤．中国当代文学五十年[M]．北京：中国海洋大学出版社，2006.
[74] 张承志．北方的河[M]．济南：山东文艺出版社，2001.
[75] 张卫中．汉语与汉语文学[M]．北京：文化艺术出版社，2006.
[76] 杨玉生．燕文化[M]．北京：方志出版社，出版 2005.
[77] 陈平．燕文化[M]．北京：文物出版社， 2006.
[78] 宁可．中华文化通志：第 2 典 地域文化[M]．上海：上海人民出版社，1998.
[79] 詹文宏， 孙继民， 李金善．中国地域文化通览：河北卷[M]．北京：中华书局，2014.
[80] 李少群．地域文化与文学研究论集[M]．济南：山东教育出版社，2010.
[81] 李少群，乔力．齐鲁文学演变与地域文化[M]．北京：人民出版社，2009.
[82] 陈庆元．文学：地域的观照 [M]．上海：上海远东出版社，2003.
[83] 薛小惠．美国生态文学批评研究[M]．北京：北京大学出版社，2013.
[84] 王诺．生态学研究概论[M]．上海：学林出版社出版 2008.
[85] 张艳梅，吴景明，蒋学杰．生态批评[M]．北京：人民出版社，出版 2007.
[86] 鲁枢元．生态批评的空间 [M]．上海：华东师范大学出版社，2006.
[87] 吴景明．生态批评视野中的 20 世纪中国文学 [M]．北京：中国社会科学出版社，2014.
[88] 王喜绒．生态批评视域下的中国现当代文学[M]．北京：中国社会科学

出版社，2009.
[89] 党圣元，刘瑞弘. 生态批评与生态美学[M]. 北京：中国社会科学出版社，2011.
[90] 李长中. 生态批评与民族文学研究[M]. 北京：中国社会科学出版社，2012.
[91] 宁梅. 生态批评与文化重建 [M]. 南京：南京大学出版社，出版 2011.
[92] 余达忠. 生态文化与生态批评[M]. 北京：民族出版社，出版 2010.
[93] 刘青汉. 生态文学 [M]. 北京：人民出版社出版 2012.
[94] 鲁枢元. 自然与人文 [M]. 学林出版社出版 2006.
[95] 汪树东. 生态意识与中国当代文学[M]. 北京：中国社会科学出版社，2008.
[96] 吴秀明. 中国现当代文学史与生态场[M]. 北京：中国社会科学出版社，2009.
[97] 胡志红. 西方生态批评研究[M]. 成都：四川大学出版社，2005.
[98] 宋丽丽. 文学生态学建构——生态批评的思考[M]. 北京：北京语言大学，2005.
[99] 周尚意，孔翔，朱竑. 文化地理学[M]. 北京：高等教育出版社，2004.
[100] 胡兆量，阿尔斯朗，琼达，等. 中国文化地理概述（第三版）[M]. 北京：北京大学出版社，2009.
[101] 王会昌. 中国文化地理[M]. 武汉：华中师范大学出版社，1992.
[102] 陈正祥. 中国文化地理[M]. 上海：生活·读书·新知三联书店，1983.
[103] 林语堂. 吾国与吾民[M]. 南京：江苏人民出版社，2014.
[104] 贾平凹. 商州[M]. 北京：人民文学出版社，2008.
[105] 曾大兴. 中国历代文学家之地理分布[M]. 武汉：湖北教育出版社，1995.
[106] 戴伟华. 地域文化与唐代诗歌[M]. 北京：中华书局 ，2006.
[107] 田中阳. 区域文化与当代小说——对中国当代小说一个侧面的审视[M]. 长沙：湖南师范大学出版社，1996.
[108] 李鹏程. 当代文化哲学沉思[M]. 北京：人民出版社，1994.
[109] 钟敬文. 民俗学概论[M]. 上海：上海文艺出版社，1998.

[110] 南帆，刘小兵，练署生．文学理论[M]．北京：北京大学出版社，2008.
[111] 刘伟铿．地域文化研究[M]．南宁：广西民族出版社，2004.
[112] 程美宝．地域文化与国家认同[M]．上海： 生活·读书·新知三联书店，2006.
[113] 杨义．重绘中国文学地图[M]．北京：中国社会科学出版社，2003.
[114] 王诺．欧美生态文学[M]．北京：北京大学出版社， 2011.
[115] 王诺．生态批评与生态思想[M]．北京：人民出版社，2013.
[116] 何怀宏．生态伦理——精神资源与哲学基础[M]．保定：河北大学出版社，2002.
[117] 袁行霈．中国文学史[M]．北京：高等教育出版社，2005.
[118] 郭沫若．中国古代社会研究[M]．北京：商务印书馆 2011.
[119] 赵增楷．当代小说结构探索[M]．南宁：广西人民出版社，1990.
[120] 贾平凹．秦腔[M]．北京：作家出版社，2005.
[121] 鲁迅．门外文谈[M]．北京：北京出版集团 2014.
[122] 冯永锋．边做环保边撒谎——写给公众的环保内参[M]．北京：世界知识出版社，2009.
[123] 陈泽环，宋林．天才博士与非洲丛林——诺贝尔奖获得者阿尔贝特·史怀泽传[M]．南昌：江西人民出版社，1995.
[124] 杨立元．唐山作家论[M]．长春：吉林大学出版社，2008.
[125] 唐建南．生态批评的多维度实践[M]．北京：世界图书出版公司，2017.
[126] 王育烽．生态批评视阈下的美国现当代文学[M]．济南：山东大学出版社，2013.
[127] 吴海清．乡土世界的现代性想象[M]．天津：南开大学出版社，2011.
[128] 黄轶．中国当代小说的生态批评[M]．北京：北京大学出版社，2014.
[129] 张小琴．中国当代生态文学研究[M]．北京：中国社会科学出版社，2013.
[130] 黄轶．新世纪乡土小说的生态批评[M]．上海：东方出版中心，2016.
[131] 薛敬梅．生态文学与文化[M]．昆明：云南大学出版社，2008.
[132] 李玫．新时期文学中的生态伦理精神[M]．北京：中国社会科学出版社，2016.

[133] 何申. 多彩的乡村 [M]. 北京：人民文学出版社，1999.
[134] 何申. 年前年后[M]. 天津：百花文艺出版社，1997.
[135] 何申. 热河官僚[M]. 长沙：湖南文艺出版社，2008.
[136] 何申. 热河鸟人[M]. 广州：广州出版社，2002.
[137] 何申. 乡村无眠[M]. 北京：台海出版社，2015.
[138] 何申. 乡村英雄[M]. 北京：解放军文艺出版社，2001.
[139] 关仁山. 白纸门[M]. 沈阳：春风文艺出版社，2007.
[140] 关仁山. 大雪无乡[M]. 天津：百花文艺出版社，1997.
[141] 关仁山. 风暴潮 [M]. 北京：人民文学出版社，1999.
[142] 关仁山. 福镇[M]. 天津：百花文艺出版社，1997.
[143] 关仁山. 麦河[M]. 北京：作家出版社，2010.
[144] 关仁山. 日头[M]. 北京：人民文学出版社，2014.
[145] 关仁山，王家惠. 唐山大地震 [M]. 北京：新世界出版社，2010.
[146] 关仁山. 天高地厚 [M]. 石家庄：河北教育出版社，2008.
[147] 关仁山. 关仁山小说选[M]. 石家庄：花山文艺出版社，1994.
[148] 梅里. 河戒[M]. 武汉：长江文艺出版社，2013.
[149] 梅里. 佛耳山歌[M]. 北京：作家出版社，2014.
[150] 马国华. 大道岭[M]. 北京：中国文联出版社，2014.

后　　记

在我终于可以写下“后记”这两个字的时候，心中万分感慨又茫然无措，是既高兴又忐忑。高兴的是，历时将近三年，经过数十次的修改，如今终于完成了这部书稿，有如释重负之感；但同时也感到一丝忐忑，不知经过几百个日夜的努力与付出，能否得到学界同仁的认可。当然，也因为自己的学术水平有限而留有很多遗憾，并略感意犹未尽。本书是我 2017 年度承担的河北省社会科学发展研究项目“生态批评视野下的冀东文学研究”（项目编号为：201703050102）最终成果，并得到河北省高校人文社会科学重点研究基地——河北科技师范学院冀东文化研究中心立项资助。

本研究选题的确立最初得益于 2016 年在北京大学中文系做教育部青年骨干教师国内访问学者时的学术积累。在为期一年的访学期间，利用北大图书馆和国家图书馆，查阅、复印了大量的中外生态文学、生态思想研究、生态批评理论著作，阅读了大量的生态文学作品，选听了相关课程，并与一些教授进行了学术交流。本书主体部分主要是于 2017 年 9 月至 2019 年 3 月在老挝国立大学语言学院中文系任教期间完成的。老挝是目前生态环境保护得最好的国家之一。山林小溪、田野菜畦、炊烟繁星，这里是宁静和质朴的，也是单调和闭塞的。在这里可以感觉到大自然的呼吸，可以听到来自内心深处的声音。尽管这里的人们贫穷，但在简单的世俗生活外，他们有着丰盈的精神世界，他们随时可以用歌舞把内心的感情毫无保留地宣泄出来，在集体狂欢中恣意挥洒生命的激情，那种人与人之间的亲密、人对自然生命的敬畏和感恩时时感动着我。不禁常常让我想起与之形成鲜明对照的现代工业文明下高速发展的生活，就如泰戈尔在《问》诗中说的：“今天/我的声音窒息/我的笛子吹不出歌舞。/我的整个世界消失在漆黑的噩梦里。/因此/我问你/含着泪/一个问题——那些污染了你空气的/那些扑灭了你的光明的/你能饶恕他们？你能爱他们？”正是在老挝经历了原生态的、自然质朴的生活，使我经历了灵魂的焦灼、思想的历练、情感的深化，让我深入理解了生命和世界，打开了我对生态哲学理论整体思考的通道，把对生态文学的思考迁移和延伸到各个方面，让我从心底对生命中所收获的一切都充盈着深深的感恩和谢意。

本书主要从生态批评及区域文化的角度研究冀东当代具有代表性的文学现象和作家作品，既有整体概述，也有具体探析，力争以生态思想与文学创作的相互影响为视角来讨论冀东文学创作取得的实绩，同时希望从冀东文学创作中进一步挖掘冀东丰厚的文化底蕴，以期给河北作家和河北文学研究者一些新的启示。我力图从多个理论角度来阐释冀东文学创作的面貌及取得的成就，但事实上，当一些理论不管是文化地理学、文学地理学还是生态文学批评等，在和具体的文本阐释相契合的时候，就发现所涉及的一些命题、思想以及具体的论述，显得是那么不堪推敲，再加上我学力的不足，对许多问题的研究思考还不够深入透彻，因此我为贯彻在书中的一些观点和方法的未必妥当而深感遗憾，希望在以后的研究中能够不断地修正和补充。另外，由于国内生态文学的发展还没有形成规模，生态批评也刚刚起步不久，中国的生态批评话语还在建构中，因此本书有些研究角度的切入也许是贸然的，甚至是冒险的，同时也是很艰难的。庆幸的是我没有放弃，终于坚持了下来，而且我要感谢自己这一次在学术生涯中的艰难前行。

另外，在研究过程中，也由于有一些难以克服的困难以及篇幅所限，使本课题的研究不够深入和全面。还有一些具有生态视野的作家作品没有纳入。不过，这也为本课题的后续研究留下空间。

一晃回国已近一年，在这乍暖还寒之日，由于突然袭来的新型冠状病毒疫情而不能按时返校。想象校园中的花草树木在微凉的风中摇曳，再现着生命的绚烂，勾起了我对美好自然的渴望，对美好家园的热爱。美国生态批评学者劳伦斯•布伊尔曾说：“生态批评通常是在一种环境运动实践精神下开展的。他们深切关注当今的环境危机，很多人——尽管不是全部——还参与各种环境改良运动。他们还相信，人文科学，特别是文学和文化研究可以为理解及挽救环境危机作出贡献。”就在本书即将出版之际，国家发展委员会印发了《美丽中国建设评估指标体系及实施方案》，通过具体的衡量指标为我们勾勒出了“美丽中国”应有的样貌。“美丽中国”凝聚了所有人的期盼，此时，唯愿个人对生态的理解和思考，能唤起更多人对生态的关注，珍视属于我们的每一株生机勃勃的花草树木，每一片蔚蓝的天空，每一泓纯净的湖水，用有限的生命去无限地守护我们的自然家园，在生命与生命的对话中探求存在的终极意义。仰望星空，脚踏实地，相信“美丽中国”已经触手可及，离我们越来越近了。

回想这一路走来，离不开众多人的关心、支持和帮助，在这里一并感谢！

首先，本书的出版得到了河北省高校人文社科重点研究基地——冀东文化研究中心立项资助，在此表示衷心的感谢！

其次，感谢我的导师北京大学中文系陈晓明教授，在百忙之中给予我的指导和帮助。在我一度动摇时，是他的鼓励与对本课题研究的学术意义的肯定，使我坚持了下来。

感谢燕山大学出版社张蕊编辑，她的热情、耐心、严谨的工作态度给我很大的触动，感谢她的辛勤工作让本书得以顺利出版。

再次，还要感谢河北科技师范学院文法学院的各位领导和老师们，是他们的关心、支持和鼓励使我能够坚持到今天，我要深深地感谢他们。

最后，就是一直默默给予我关心和支持的家人，他们永远是我不断前进的动力和最后寻求的归宿，我要特别地感谢他们！

还有许多在学术道路上给予我帮助的人，由于篇幅有限，在此我就不一一列举了，对于他们我不能一一回报，只能铭记在心。谨以此书，献给所有爱我的人和我爱的人！

郭艳红

2019年1月初稿完成于万象老挝国立大学

2020年3月定稿于河北秦皇岛